Gestão de Pessoas em Empresas e Organizações Públicas

O GEN | Grupo Editorial Nacional – maior plataforma editorial brasileira no segmento científico, técnico e profissional – publica conteúdos nas áreas de ciências humanas, exatas, jurídicas, da saúde e sociais aplicadas, além de prover serviços direcionados à educação continuada e à preparação para concursos.

As editoras que integram o GEN, das mais respeitadas no mercado editorial, construíram catálogos inigualáveis, com obras decisivas para a formação acadêmica e o aperfeiçoamento de várias gerações de profissionais e estudantes, tendo se tornado sinônimo de qualidade e seriedade.

A missão do GEN e dos núcleos de conteúdo que o compõem é prover a melhor informação científica e distribuí-la de maneira flexível e conveniente, a preços justos, gerando benefícios e servindo a autores, docentes, livreiros, funcionários, colaboradores e acionistas.

Nosso comportamento ético incondicional e nossa responsabilidade social e ambiental são reforçados pela natureza educacional de nossa atividade e dão sustentabilidade ao crescimento contínuo e à rentabilidade do grupo.

Joel Souza **Dutra**
José Antonio Monteiro **Hipólito**
Nathalie de Amorim **Perret** Gentil Dit Maillard
Ney Nakazato **Miyahira**

Gestão de Pessoas em Empresas e Organizações Públicas

Os autores e a editora empenharam-se para citar adequadamente e dar o devido crédito a todos os detentores dos direitos autorais de qualquer material utilizado neste livro, dispondo-se a possíveis acertos caso, inadvertidamente, a identificação de algum deles tenha sido omitida.

Não é responsabilidade da editora nem dos autores a ocorrência de eventuais perdas ou danos a pessoas ou bens que tenham origem no uso desta publicação.

Apesar dos melhores esforços dos autores, do editor e dos revisores, é inevitável que surjam erros no texto. Assim, são bem-vindas as comunicações de usuários sobre correções ou sugestões referentes ao conteúdo ou ao nível pedagógico que auxiliem o aprimoramento de edições futuras. Os comentários dos leitores podem ser encaminhados à **Editora Atlas Ltda.** pelo e-mail faleconosco@grupogen.com.br.

Direitos exclusivos para a língua portuguesa
Copyright © 2019 by
Editora Atlas Ltda.
Uma editora integrante do GEN | Grupo Editorial Nacional

Reservados todos os direitos. É proibida a duplicação ou reprodução deste volume, no todo ou em parte, sob quaisquer formas ou por quaisquer meios (eletrônico, mecânico, gravação, fotocópia, distribuição na internet ou outros), sem permissão expressa da editora.

Rua Conselheiro Nébias, 1384
Campos Elísios, São Paulo, SP — CEP 01203-904
Tels.: 21-3543-0770/11-5080-0770
faleconosco@grupogen.com.br
www.grupogen.com.br

Designer de capa: Rejane Megale
Imagem de capa: Orbon Alija | iStockphoto
Editoração Eletrônica: IO Design

CIP-BRASIL. CATALOGAÇÃO NA PUBLICAÇÃO
SINDICATO NACIONAL DOS EDITORES DE LIVROS, RJ

Gestão de pessoas em empresas e organizações públicas / Joel Souza Dutra ... [et al.]. - 1. ed. - São Paulo : Atlas, 2019.

ISBN 978-85-97-01958-2

1. Administração de pessoal - Brasil. 2. Administração pública - Brasil. 3. Recursos humanos - Brasil. I. Dutra, Joel Souza. II. Título.

19-54562   CDD: 658.30981
                CDU: 658.3(81)

Leandra Felix da Cruz - Bibliotecária - CRB-7/6135

Nota Sobre os Autores

Joel Souza Dutra

Professor livre-docente da Faculdade de Economia, Administração e Contabilidade da Universidade de São Paulo (FEA/USP). Consultor das principais empresas do país em gestão estratégica de pessoas e sócio-instituidor da GROWTH Consultoria. Autor de diversos livros e artigos sobre Gestão integrada e estratégica de pessoas, Gestão de carreiras e Processo sucessório e liderança.

José Antonio Monteiro Hipólito

Bacharel, Mestre e Doutor em Administração de Empresas pela USP. Sócio da GROWTH Consultoria e Pesquisador da Fundação Instituto de Administração (FIA). Professor e palestrante nos temas Remuneração e recompensas, Gestão de desempenho, Competências, Planejamento da força de trabalho e Estratégias de gestão de pessoas.

Nathalie de Amorim Perret Gentil Dit Maillard

Bacharel em Administração Pública pela Fundação Getulio Vargas (FGV), Mestre em Administração pela Pontifícia Universidade Católica de São Paulo (PUC-SP) e Doutoranda em Administração pela USP. Sócia da GROWTH Consultoria e Pesquisadora da FIA.

Ney Nakazato Miyahira

Bacharel em Administração de Empresas pela FGV, Bacharel em Direito pela USP, Mestre e Doutorando em Administração de Empresas pela USP. Sócio da GROWTH Consultoria e Pesquisador da FIA. Professor e palestrante nos temas Remuneração e recompensas, Gestão de desempenho, Competências e Estratégias de gestão de pessoas.

Apresentação

Há muitos anos temos acompanhado, por meio de pesquisas ou por intervenção prática, as dificuldades, as soluções e as conquistas de inúmeras Empresas e Organizações Públicas[1] no aprimoramento e na aplicação de suas ferramentas e métodos de Gestão de Pessoas. Essas pesquisas e experiências nos dão três certezas:

A primeira é que alguns pilares conceituais que temos utilizado para suportar a Gestão de Pessoas têm se mostrado suficientemente robustos para serem aplicados em qualquer tipo de organização, seja ela privada, pública ou sem fins lucrativos. Servem como referência para explicitar as expectativas da organização em relação à atuação dos profissionais e orientá-las para o desempenho (metas ou competências); para que as pessoas possam pensar seu desenvolvimento, alocação, mobilidade; e são aplicados na forma de rituais capazes de estimular a sua utilização prática (rituais de avaliação, *feedback* e diálogos de desenvolvimento). Afinal, entendemos a relação de trabalho como uma relação de troca à qual deve-se agregar valor tanto para a organização quanto para seus profissionais e que, para otimizá-la, é necessário nos apoiarmos em bases sólidas e na clareza e transparência dos critérios e regras que balizam essa relação.

A segunda certeza é que cada organização é diferente, singular, e, por isso, necessita de soluções específicas. É essa certeza que faz com que conduzamos cada projeto, cada experiência como única e que nos leva à adoção de metodologias de intervenção participativas. Só por intermédio delas é possível obter resultados ao mesmo tempo aderentes à realidade, consistentes e legítimos. Permitem, também, que o próprio processo se constitua em meio para a construção de uma ambiência favorável à implantação da solução, na qual a equipe do cliente esteja segura e qualificada nos conceitos e metodologia utilizados e que haja o compromisso e respaldo da liderança e de profissionais-chaves e formadores de opinião para sustentarem o processo.

---

[1] No decorrer do livro deixamos apenas a nomenclatura Organizações Públicas, mas ela contempla todos os tipos de organização: tanto as da administração direta quanto as da administração indireta.

Apesar da singularidade de cada organização, temos percebido pontos em comum na Gestão de Pessoas em Organizações Públicas, derivados de aspectos regulatórios e culturais e que trazem questões próprias a esse tipo de organização. Por exemplo, como construir um modelo que possibilite a mobilidade profissional, fundamental para conciliar as necessidades da organização e o interesse das pessoas ao longo do tempo, dado que a migração entre cargos deve considerar a aplicação de concurso público amplo? Como lidar com as expectativas dos profissionais em termos de reconhecimento e valorização em organizações cuja estrutura de carreira é lenta, entre outros?

Questões como essas que, com maior ou menor intensidade, permeiam qualquer organização pública[2] trazem uma *terceira certeza*: a de que gerir pessoas em Organizações Públicas se constitui em grande desafio. Desafio oriundo de sua natureza e propósito, da complexidade das relações e, também, derivado de regulações e históricos que lhe são específicos. O caminho para entendermos as idiossincrasias das Organizações Públicas e suas necessidades e dilemas em Gestão de Pessoas foi longo, difícil, mas instigante. Mas fomos beneficiados nesse caminho por termos encontrado parceiros em nossos clientes muito bem preparados tecnicamente, colaborativos e conhecedores de seu contexto. Parceiros com os quais construímos efetiva relação de parceria, avançamos na reflexão conceitual, discutimos soluções práticas, com os quais aprendemos muito e a quem devemos este agradecimento.

Há alguns meses, reunidos em equipe e fazendo um balanço de nossas experiências, entendemos que era o momento de compartilharmos esse aprendizado: foi ali que optamos pela elaboração deste livro. Seu intuito não é ser prescritivo, apontar uma *verdade* ou uma *maneira certa* de gerir pessoas em Organizações Públicas, afinal, neste momento, já deve ter ficado claro para o leitor que não acreditamos em soluções prontas ou únicas. Seu propósito é de compartilhar experiências, apontar possibilidades, colocar questões, dar elementos e, sobretudo, instigar o leitor a analisar sua própria realidade e a encontrar suas próprias soluções. Entendemos que, dessa forma, estaremos contribuindo para o aprimoramento da Gestão de Pessoas nas Organizações Públicas brasileiras.

Iniciamos, no Capítulo 1, resgatando brevemente os desafios da Gestão de Pessoas nas Organizações e sua evolução na realidade brasileira. Esse histórico deve servir como pano de fundo para a compreensão do que se segue.

---

[2] Reconhecemos que existe grande diversidade, também, entre as Organizações Públicas e que estas estão longe de se constituírem em um conjunto homogêneo. Ao longo do livro, procuramos trabalhar sobre o que é comum a grande parte delas, evitando entrar em questões muito específicas.

No Capítulo 2 apresentamos conceitos fundamentais para a Gestão de Pessoas, como Cargos, Eixos de Carreira, Níveis de Complexidade e Competências, discutindo-os à luz das necessidades e particularidades das Organizações Públicas.

O terceiro capítulo inicia uma sequência dedicada a cada um dos principais processos de Gestão de Pessoas. Em cada capítulo que se segue apontamos as bases do processo discutido, seu funcionamento e possíveis soluções e caminhos para dilemas próprios das organizações públicas. Assim, dedicamos o Capítulo 3 à Gestão da Carreira, discutindo o papel da organização e o papel das pessoas na gestão de carreira; reforçamos a importância de associarmos o reconhecimento na carreira à ocupação de espaço e à assunção de responsabilidades pelo profissional. Sabemos que a mobilidade profissional é essencial para o desenvolvimento, por isso, nesse capítulo, refletimos sobre esse tema e como lidar com ele na realidade das Organizações Públicas.

O Capítulo 4 é dedicado ao processo de Avaliação e Gestão de Desempenho. Nele, explicamos os principais tipos de instrumento de avaliação utilizados nas organizações, sua finalidade e processo de aplicação. Destacamos algumas dificuldades e armadilhas típicas da aplicação desses instrumentos nas Organizações Públicas e apontamos para cuidados e caminhos alternativos. No Capítulo 5 abordamos o Desenvolvimento Profissional, enfatizando sua abrangência, pois não pode ser sinônimo de acúmulo de conhecimento técnico, mas deve estar associado ao preparo do profissional para lidar com mais complexidade, como defendido ao longo de todo o livro.

O Capítulo 6 tem como foco a Valorização das Pessoas, ou seja, são explorados os mecanismos para remuneração fixa, variável e outras formas de reconhecimento e recompensas. Além de apresentarmos algumas questões próprias da remuneração em Organizações Públicas, mergulhamos na discussão sobre os critérios que devem alimentar cada tipo de sistemática de reconhecimento, uma vez que ainda percebemos muita dúvida e confusão sobre esse ponto. Exploramos, também, os riscos da associação direta entre resultados da avaliação de desempenho e consequências remuneratórias (matematização) que, em muitas realidades, traz problemas crônicos à gestão de desempenho. Ao tratarmos de Remuneração Variável exploramos a importância de se discutir a origem dos recursos que financiam o programa e de se introduzir mecanismos de flutuação do pagamento condicionados aos resultados alcançados. Por fim, abordamos recompensas não financeiras, assunto que tem sido tratado de maneira muito distinta pelas Organizações Públicas com as quais interagimos.

O Capítulo 7 apresenta um tema que tem suscitado atenção cada vez maior nas Organizações Públicas: o Planejamento da Força de Trabalho (PFT).

Tem recebido atenção tanto pelos custos associados ao pagamento da mão de obra, normalmente elevado pelo fato de essas organizações serem em sua maioria intensivas em mão de obra, quanto pela rigidez e custos relacionados a ajustes no quadro, o que faz com que se tenha que planejar suas necessidades com antecedência. Aqui sugerimos ampliar a compreensão sobre a finalidade do PFT, não o limitando a encontrar o número necessário de profissionais ou servidores para que a organização possa operar bem, mas para que sirva como base para decisões de mobilidade profissional e para a identificação de oportunidades de aperfeiçoamento organizacional e de seus profissionais (como revisão de processos, introdução de tecnologia, capacitação da liderança etc.).

Após explorarmos os principais processos de Gestão de Pessoas, ingressamos, no Capítulo 8, na missão de discutirmos como trabalhar a introdução dessas ferramentas e o que podemos fazer para que se constituam em efetivos instrumentos de Gestão. Abordamos nesse capítulo a utilização de Comitês de Gestão de Pessoas e pontuamos como lidar com possíveis dificuldades e resistências típicas da introdução de novos mecanismos de Gestão de Pessoas.

Os Capítulos 9 e 10 são dedicados ao trabalho com a liderança e com profissionais-chaves que têm papel crítico para a efetividade dos processos de Gestão de Pessoas. No Capítulo 9, tratamos do Desenvolvimento das Lideranças, fundamental por conta da complexidade e sofisticação da gestão em Organizações Públicas, que imputa ao líder a tarefa de analisar o contexto e lidar com dificuldades próprias desse tipo de organização. Ademais, deve-se considerar a natureza transitória da posição, na qual o gestor *está gestor*, mas pode deixar de sê-lo por se tratar de cargo ou função de confiança. Em complementação, exploramos no Capítulo 10 o processo sucessório estruturado. Nele, discutimos não apenas sucessão para as posições de gestão, mas também o processo de escolha e formação de profissionais para posições críticas, inclusive de natureza técnica. Abordam-se a importância do processo sucessório, a forma de estruturá-lo e seus desdobramentos.

Fechamos o livro (Capítulo 11) sinalizando os desafios que se avizinham para a Gestão de Pessoas e que certamente impactarão as Organizações Públicas nos próximos anos. Trata-se de um convite à reflexão e a que nos preparemos e preparemos nossas organizações para o futuro que se aproxima.

Gostaríamos de deixar registrado nosso agradecimento, mais uma vez, aos nossos clientes e, também, aos colegas e amigos do Departamento de Administração da FEA (Faculdade de Economia, Administração e Contabilidade) da Universidade de São Paulo e da FIA (Fundação Instituto de

Administração) da Growth Desenvolvimento de Pessoas e Organizações, com os quais mantivemos e mantemos uma contínua troca de experiências e conhecimento.

Este livro é resultado de longas discussões com colegas e amigos, dentre os quais gostaríamos de destacar os Professores Cassiano Silva, Ademar Orsi e André Luiz Fischer, e também é resultado de um suporte constante por parte de Elaíse Rocha Lopes e Denise Lopes.

E nosso agradecimento especial às nossas famílias que sempre estão presentes em cada nova caminhada.

Os Autores

Vídeos dos Autores

Esta obra conta com vídeos dos autores, que podem ser acessados por meio de QR codes apresentados na abertura de cada capítulo. Para assisti-los, basta instalar um leitor de QR codes no celular ou tablet.

Sumário

1. Introdução à Gestão de Pessoas na Administação Pública, 1
  1.1 Introdução, 1
  1.2 Processo Evolutivo da Gestão de Pessoas, 4
  1.3 Processo Evolutivo no Brasil, 6
  1.4 Contexto Contemporâneo: Novo Contrato entre Pessoas e Organizações, 10
  Considerações Finais, 13
  Bibliografia do Capítulo, 14

2. Bases Conceituais de um Modelo de Gestão de Pessoas, 17
  2.1 Introdução, 17
  2.2 Eixos de Carreira (ou Trajetórias de Carreira), 18
  2.3 Cargo, 20
  2.4 Níveis de Complexidade, 27
  2.5 Competências, 31
     2.5.1 Competências Observáveis, 32
     2.5.2 Quantidade de Competências, 32
     2.5.3 Dimensões de Entrega, 33
     2.5.4 Gradação em Complexidade, 34
  Considerações Finais, 35
  Bibliografia do Capítulo, 35

3. Gestão da Carreira, 37
  3.1 Introdução, 37
  3.2 O Papel da Organização na Gestão de Carreiras, 38
  3.3 Mobilidade Profissional, 40
  3.4 Papel da Pessoa na Gestão de sua Carreira, 43

3.5 Protagonismo da Pessoa na Gestão de sua Carreira, 47
    3.5.1 Ao não Pensarmos a Carreira, em Quais Equívocos podemos Incorrer?, 48
    3.5.2 Como Evitar esses Equívocos?, 50
    3.5.3 Como Pensar a Carreira e Estabelecer um Projeto Profissional?, 50
    3.5.4 Construí meu Projeto Profissional – e agora?, 51
    3.5.5 Otimizando as Possibilidades de Carreira: o Desafio de Conciliar Expectativas e Potencialidades das Pessoas com as Oportunidades nas Organizações Públicas, 55

Considerações Finais, 60
Bibliografia do Capítulo, 61

4. Avaliação e Gestão do Desempenho, 65

4.1 Introdução, 65
4.2 Importância da Avaliação para as Pessoas, 66
4.3 Processo de Aprimoramento da Avaliação, 68
4.4 Os Tipos de Avaliação, 70
    4.4.1 Avaliação de Resultado, 71
    4.4.2 Avaliação de Desenvolvimento, 77
        4.4.2.1 Avaliação por Competências, 78
            4.4.2.1.1 Ciclo de Avaliação por Competências, 79
    4.4.3 Avaliação de Comportamento, 82
        4.4.3.1 Exemplos de Práticas na Avaliação do Comportamento, 82
        4.4.3.2 Avaliação por Múltiplas Fontes, 83
    4.4.4 Avaliação de Potencial, 84
4.5 Processos Colegiados de Avaliação e Decisão, 88
4.6 Desafios para a Gestão de Desempenho nas Organizações Públicas, 93
Considerações Finais, 97
Bibliografia do Capítulo, 98

5. Desenvolvimento Profissional e Pessoal, 101

5.1 Introdução, 101
5.2 Gestão do Desenvolvimento das Pessoas, 102
5.3 O Processo de Desenvolvimento, 104
    5.3.1 Consciência da Necessidade de se Desenvolver, 104
    5.3.2 Aquisição de Conhecimentos e Habilidades através da Formação, 106

    5.3.3 Experimentação, 106
    5.3.4 Reflexão sobre o Aprendizado, 108
  5.4 Construção da Gestão do Desenvolvimento, 108
    5.4.1 Construção do Plano de Desenvolvimento Individual (PDI), 110
    5.4.2 Estruturação das Ações de Desenvolvimento, 112
    5.4.3 Ações de Desenvolvimento para Lidar com Maior Complexidade, 114
    5.4.4 Plano de Desenvolvimento Organizacional, 116
    5.4.5 Avaliação das Ações de Desenvolvimento, 116
  5.5 Alguns Dilemas Relacionados ao Desenvolvimento Profissional em Organizações Públicas, 118
  Considerações Finais, 121
  Bibliografia do Capítulo, 121

6. Valorização de Pessoas, 123
  6.1 Introdução, 123
  6.2 As Recompensas Financeiras Fixas, 127
    6.2.1 Metodologias de Cargos e Salários, 132
      6.2.1.1 Metodologia Tradicional de Cargos e Salários: Método de Pontos, 132
      6.2.1.2 Metodologia com Base em Complexidade do Trabalho e Competências, 134
  6.3 Valorização do Servidor na Carreira, 140
  6.4 A Remuneração das Posições de Gestão, 144
  6.5 As Recompensas Financeiras Variáveis, 145
  6.6 Outras Recompensas – as não Financeiras, 148
  Considerações Finais, 151
  Bibliografia do Capítulo, 152

7. Planejamento da Força de Trabalho, 155
  7.1 Introdução, 155
  7.2 Importância e Aspectos-chave do Planejamento da Força de Trabalho, 157
  7.3 O que é, Afinal, o PFT?, 161
  7.4 Pilares da Metodologia de PFT, 164

7.5 Proposição de uma Metodologia para o PFT, 178
    7.5.1 Origens e Premissas Orientadoras, 178
    7.5.2 A Metodologia Passo a Passo, 180
Considerações Finais, 190
Bibliografia do Capítulo, 192

8. Governança em Gestão de Pessoas, 195

8.1 Introdução, 195
8.2 Metodologia Participativa para Construção dos Critérios, 196
8.3 Regras de Transição e Migração do Modelo/Plano, 199
8.4 Instituição de Mecanismos de Governança e Preservação do Modelo/Plano, 200
8.5 Dificuldades Usuais na Implantação do Modelo e como Superá-las, 203
8.6 A Estrutura de Gestão para a Transição, 210
Considerações Finais, 211
Bibliografia do Capítulo, 212

9. Desenvolvimento da Liderança, 213

9.1 Introdução, 213
9.2 Diferença entre Líder e Gestor, 216
    9.2.1 A formação do Gestor a partir do Líder, 218
    9.2.2 Exigências sobre o Líder e sobre o Gestor, 220
    9.2.3 Desafios para que a mesma Pessoa assuma os Papéis de Líder e Gestor, 221
9.3 Bases da Legitimidade da Liderança, 222
    9.3.1 Manter o Foco no que é Essencial, 225
    9.3.2 O Líder com Maiores Chances de Sucesso, 226
9.4 Desenvolvimento de Lideranças, 227
    9.4.1 Etapas de Desenvolvimento do Líder, 230
        9.4.1.1 Competências Exigidas em Cada Etapa de Desenvolvimento, 232
Considerações Finais, 234
Bibliografia do Capítulo, 235

10. Processo Sucessório Estruturado, 237

10.1 Introdução, 237
10.2 Evolução do Processo Sucessório Estruturado, 239
10.3 Impacto do Processo Sucessório Estruturado na Perenidade da Organização, 241
10.4 Estruturação Típica do Processo Sucessório em Organizações Brasileiras, 243
    10.4.1 Caracterização e Uso do Mapa Sucessório, 244
    10.4.2 Processo de Construção do Mapa Sucessório, 245
    10.4.3 Desdobramentos do Mapa Sucessório, 249
10.5 Construção de Ações de Desenvolvimento Dirigidas à Formação de Sucessores, 250
    10.5.1 Papéis no Desenvolvimento de Sucessores, 252
    10.5.2 Aspectos Comportamentais do Processo Sucessório, 253
10.6 Processo de Sucessão em Trajetórias Técnicas e Funcionais, 254
    10.6.1 Aprendizados com os Processos Sucessórios em Trajetórias Técnicas e Funcionais, 255
10.7 Alguns Desafios Adicionais para a Gestão do Processo Sucessório nas Organizações Públicas, 257
Considerações Finais, 258
Bibliografia do Capítulo, 259

11. Balanço do Estado da Arte e Prática em Gestão de Pessoas na Administração Pública, 261

11.1 Introdução, 261
11.2 Transformações no Ambiente e seu Impacto na Gestão de Pessoas na Administração Pública, 262
    11.2.1 Demografia Brasileira e seus Impactos na Gestão de Pessoas, 263
    11.2.2 Transformações Tecnológicas e seu Impacto na Organização do Trabalho, 263
    11.2.3 Ciclos de Carreira mais Curtos e Maior Velocidade no Desenvolvimento das Pessoas, 266
    11.2.4 Valorização Crescente do Equilíbrio entre Vida e Trabalho, 268

11.3 As Novas Demandas: das Pessoas sobre o Trabalho e do Contexto sobre as Organizações, 269
    11.3.1 Demanda das Pessoas na Relação com seu Trabalho, 269
    11.3.2 Demandas do Contexto sobre as Organizações, 270
11.4 Respostas Esperadas da Gestão de Pessoas, 272
11.5 Estudos Emergentes sobre a Gestão de Pessoas, 275
Considerações Finais, 280
Bibliografia do Capítulo, 281

1 Introdução à Gestão de Pessoas na Administração Pública

Assista ao vídeo *Introdução à gestão de pessoas na administração pública*.

1.1 INTRODUÇÃO

Historicamente, as pessoas vêm sendo encaradas pela organização como um insumo, ou seja, como um recurso a ser administrado. Apesar das grandes transformações na organização da produção, os conceitos sobre Gestão de Pessoas e sua transformação em práticas gerenciais têm ainda como principal fio condutor o controle sobre as pessoas. Em contraponto, as organizações vêm sofrendo grande pressão do contexto externo forçando-as a uma revisão na forma de gerir pessoas. As principais mudanças nas organizações têm sido:

- Estruturas e formas de organização do trabalho flexíveis e adaptáveis às contingências impostas pelo ambiente, gerando demanda por pessoas, em processo de constante adaptação.
- Processos decisórios ágeis e focados nas exigências da sociedade, por decorrência, descentralizados e fortemente articulados entre si, necessitando de pessoas comprometidas e envolvidas com o propósito da organização e com uma postura autônoma e empreendedora.
- Velocidade para internalizar novas tecnologias e processos de trabalho, demandando pessoas atualizadas com as tendências em campo de atuação tanto em termos nacionais quanto internacionais.
- Recursos disponíveis para as Organizações Públicas cada vez mais escassos, gerando maior competitividade pelos mesmos e necessidade de contínuos ganhos de eficiência, necessitando de pessoas que se articulem muito bem entre si, formando um time em processo contínuo de aprimoramento e aperfeiçoamento.
- Maior acessibilidade de informações, exposição e transparência em processos e propósitos, repercutindo em observância estrita de códigos de ética e conduta, comunicação eficaz com públicos internos e externos e processos participativos de decisões compartilhadas.

De outro lado, as alterações em padrões de valorização socioculturais, a velocidade das transformações tecnológicas e do ambiente e as alterações nas condições de vida têm afetado profundamente o conjunto de expectativas das pessoas em sua relação com as organizações e com seu trabalho, tais como:

- Pessoas cada vez mais conscientes de si mesmas e, por consequência, mais mobilizadas pela autonomia e liberdade em suas escolhas de carreira e de desenvolvimento profissionais.
- Pessoas mais atentas a elas mesmas em termos de sua integridade física, psíquica e social e que, por decorrência, valorizam os espaços onde se cultiva a cidadania organizacional, exercendo maior pressão para a transparência da organização e para processos de comunicação mais eficientes.
- Pessoas com uma expectativa de vida mais longa, ampliando seu tempo de vida profissional ativa, gerando o ingresso na administração pública de pessoas mais maduras e com uma expectativa de contínuo desenvolvimento profissional.

Esse quadro vem gerando grande pressão por novas formas de encarar a Gestão de Pessoas por parte das organizações. Verificamos que essas novas formas têm assumido como premissas:

- O desenvolvimento da organização está diretamente relacionado à capacidade da mesma em desenvolver pessoas e ser desenvolvida por pessoas, originando dessa premissa uma série de reflexões teóricas e conceituais acerca da aprendizagem da organização e das pessoas e como as mesmas estão inter-relacionadas. O desenvolvimento das pessoas deve estar centrado nas próprias pessoas, ou seja, o desenvolvimento é efetuado respeitando cada um a partir de sua individualidade.
- A Gestão de Pessoas deve oferecer à organização uma visão clara sobre o nível de contribuição de cada pessoa e às pessoas uma visão clara do que a organização pode oferecer em retribuição ao longo do tempo.
- As pessoas abrangidas pelas práticas de gestão da organização não são apenas aquelas que estabelecem um vínculo formal de emprego com a organização, mas todas as pessoas que mantêm algum tipo de relação com a organização.

Diante dessas premissas, podemos caracterizar a Gestão de Pessoas como:

Um conjunto de políticas e práticas que permitem a conciliação de expectativas entre a organização e as pessoas para que ambas possam realizá-las ao longo do tempo.

Vamos abrir essa definição. Ao falarmos de um conjunto de políticas e práticas, estamos nos referindo a **política** como princípios e diretrizes que balizam decisões e comportamentos da organização e das pessoas em sua relação com a organização e a **prática** como os diversos tipos de procedimentos, métodos e técnicas utilizados para a implementação de decisões e para nortear as ações no âmbito da organização e em sua relação com o ambiente externo.

A conciliação de expectativas está relacionada ao compartilhamento de responsabilidades entre a organização e a pessoa. Nessa abordagem a pessoa tem um papel ativo no direcionamento da sua relação com a organização, assumindo a responsabilidade pela concepção e negociação de seu projeto profissional e pessoal. Essa negociação com a organização passa pela análise das condições concretas oferecidas pela realidade dela e do ambiente onde se insere, e também pela consciência por parte da pessoa de sua capacidade de contribuição. À organização cabe o papel de estimular e dar o suporte necessário para que as pessoas possam entregar o que têm de melhor, ao mesmo tempo em que recebem o que a organização tem de melhor a lhes oferecer.

Antes de nos aprofundarmos no contexto contemporâneo, vamos voltar um pouco na história.

1.2 PROCESSO EVOLUTIVO DA GESTÃO DE PESSOAS

De forma geral, vamos verificar que, embora a gestão com pessoas remonte à Antiguidade (GEORGE, 1968), somente no final do século passado é que essa questão assume a relevância necessária para merecer uma sistematização dos conhecimentos acumulados até então. Verificamos preocupação com a Gestão de Pessoas desde a Revolução Industrial. Na Inglaterra, por pressões dos sindicatos e do parlamento, e nos EUA, por receio da organização dos trabalhadores.

Nos EUA, embora haja registros de gestão profissionalizada de empresas desde o início do século XIX (CHANDLER JR.; ALFRED, 1962, p. 19-29), a Gestão de Pessoas é sistematizada no movimento de Administração Científica, que mostrou ao mundo que o estudo sistemático científico do trabalho podia levar a melhor eficiência (WERTHER; DAVIDS, 1983, p. 26).

Na França, são observadas no século XIX discussões estruturadas sobre a Gestão de Pessoas em conjunto com aquelas efetuadas sobre as relações de trabalho e sobre a regulamentação social do trabalho, e também relatos de autores, como Victor Hugo, Émile Zola, Malot e outros (PERETTI, 1990, p. 5).

É no século XX que a Gestão de Pessoas se estrutura. Essa estruturação ocorre com base na Escola de Administração Científica. Esse fato condiciona a Gestão de Pessoas durante todo o século XX aos paradigmas de gestão criados por esse movimento na história da administração. É essencial, portanto, darmos uma olhada nas características desse movimento. A Administração Científica está suportada pelas ideias de: racionalidade humana (o homem conhece todas as opções e consequências possíveis), maximização da produção (solução única que maximizará a eficiência do trabalho) e gestão por controle (sistema de gestão com padrões de produção e supervisão constante do desempenho) (MOTTA, 1979, p. 8).

Essas ideias geraram um modo de organização do trabalho e princípios norteadores da Gestão de Pessoas que foram importantes para suportar a produção de bens e serviços em larga escala, aspecto essencial para o desenvolvimento econômico do mundo ocidental durante o pós-guerra. O sucesso desse modo de organização do trabalho fez com que ele fosse reproduzido em todas as organizações, independentemente da ideologia ou da finalidade das mesmas. Esse modo de organização do trabalho foi sendo confirmado como a forma mais eficiente "para se fazer", e foi chamado de paradigma taylorista ou fordista, lembrando o nome de dois expoentes da Administração Científica, Taylor e Ford.

Podemos destacar os seguintes traços característicos desse paradigma:

- Racionalização do trabalho com uma profunda divisão – tanto horizontal (parcelamento das tarefas) quanto vertical (separação entre concepção e execução) – e especialização do trabalho;
- Desenvolvimento da mecanização através de equipamentos altamente especializados;
- Produção em massa de bens padronizados;
- Salários incorporando os ganhos de produtividade para compensar o tipo de processo de trabalho predominante" (HIRATA ET AL., 1991, p. 8).

Esse modo de organização do trabalho foi durante criticado por tornar o trabalho humilhante e degradante e também por não permitir um processo de desenvolvimento das pessoas a partir delas próprias. No tempo, as restrições impostas às pessoas por esse modo de produção limitaram as próprias organizações, tirando-lhes o oxigênio necessário para a sua contínua renovação (BRAVERMAN, 1980; ARENDT, 1987; FRIEDMAN, 1972; GORZ, 1980).

Na década de 1960, são percebidas as primeiras fissuras nos modelos de Gestão de Pessoas centrados no paradigma taylorista/fordista, principalmente em segmentos industriais atuando em áreas de maior turbulência tecnológica, tais como aeroespacial e processamento eletrônico de dados. Mas é na década de 1970 que surgem críticas mais fundamentadas, gerando as bases para uma ruptura profunda nos princípios que sustentavam as políticas e práticas de Gestão de Pessoas (BRAVERMAN, 1980; ARENDT, 1987; FRIEDMAN, 1972; GORZ, 1980).

Grandes transformações no contexto marcam a década de 1980, particularmente na Europa e nos EUA, com impactos importantes nos cenários cultural, econômico, geopolítico e tecnológico. O ambiente empresarial torna-se extremamente competitivo e fica evidente a importância da Gestão de Pessoas como um diferencial competitivo. Os anos 1990 ocorrem em um ambiente cada vez mais globalizado, fazendo com que os aprendizados fluam com maior velocidade, e torna-se cada vez mais comum observarmos estruturas de Gestão de Pessoas globais.

Os anos 2000 são marcados pela chegada ao mercado de trabalho de uma nova geração e os avanços na tecnologia de comunicação e informação. Esses movimentos alteram a forma de organizar o trabalho, o tempo das pessoas à disposição das organizações e a mobilidade das pessoas dentro das organizações e no mercado de trabalho.

O processo evolutivo da Gestão de Pessoas é lido de forma diferente por diferentes autores. Alguns procuram classificar as várias fases desse processo evolutivo com base em funções desempenhadas na organização pela Gestão de Pessoas. Nessa abordagem funcionalista, podemos identificar três fases:

- **Operacional** – até a década de 1960. Nessa fase, a gestão de pessoas preocupa-se basicamente com a operacionalização da captação, treinamento, remuneração, informações etc.
- **Gerencial** – dos anos 1960 até início dos anos 1980, em que a Gestão de Pessoas passa a influir nos diferentes processos da organização, sendo requisitada como parceira nos processos de desenvolvimento organizacional.
- **Estratégica** – a partir dos anos 1980, quando a Gestão de Pessoas começa a assumir um papel estratégico na absorção de novos conceitos para pensar o papel das pessoas na geração de valor para as organizações (FOMBRUM; TICHY; DEVANNA, 1984; ROTHWELL, 1988).

Outros autores, como Werther e Davis (1983) e Peretti (1990), procuram relacionar as fases aos desafios do ambiente sobre as organizações. Desafios oriundos de legislação, tecnologia, economia, política, cultura, demografia etc. Ao relacionar os desafios, esses autores reforçam as três fases apresentadas; em face dos desafios no final dos anos 1960 e início dos anos 1970, as organizações americanas e europeias iniciaram a profissionalização da Gestão de Pessoas. Nesse processo, a preocupação central é a adequação dos processos às exigências principalmente legais, tecnológicas e demográficas.

1.3 PROCESSO EVOLUTIVO NO BRASIL

No caso brasileiro, o processo evolutivo passou por fases peculiares de nossa história. Para a maior parte dos autores brasileiros, a evolução das relações de trabalho e da Gestão de Pessoas no Brasil segue as fases históricas brasileiras, quais sejam (FLEURY; FISCHER, 1992; FAUSTO, 1977; AQUINO, 1980; WOOD JR., 1995; ALMEIDA; TEIXEIRA; MARTINELLI, 1993):

- **Até 1930 (Primeira República)** – Nesse período, assistimos a uma atividade industrial incipiente, resultado do esgotamento do modelo exportador cafeeiro, transferindo parte dos recursos excedentes desse setor para a atividade industrial (DEAN, 1977). Os núcleos de trabalhadores mais organizados nesse período são o ferroviário e o portuário, por conta do modelo exportador; temos ainda como núcleo importante o setor têxtil. Essa fase é denominada por Wood Jr. como pré-jurídico-trabalhista, caracterizando-se por inexistência de legislação trabalhista e funções de Gestão de Pessoas dispersas nos diferentes níveis de comando das organizações (WOOD JR., 1995; ALMEIDA, 1993). Nesse período verificamos a inexistência de qualquer estruturação da Gestão de Pessoas, uma vez que elas eram recursos abundantes, pouco organizados entre si para pressionar as organizações, onde as manifestações de trabalhadores eram consideradas caso de polícia. Não havia nenhuma legislação que disciplinasse as relações entre capital e trabalho e não havia preocupação com uma gestão estruturada.

- **De 1930 a 1945 (Estado Novo)** – Esse período é caracterizado pela formatação de um corpo de leis para disciplinar as relações entre capital e trabalho, pela criação de uma estrutura de sindicatos de trabalhadores e de empresas e pela formatação de uma estrutura jurídica para mediar conflitos entre capital e trabalho. Nesse período, há o fortalecimento da atividade industrial no país e ao final dele é iniciada uma indústria de base. Esse conjunto de fatos gera a pressão para que as organizações busquem estruturar a Gestão de Pessoas dentro das exigências legais estabelecidas. É um período marcado pela gestão burocrática de pessoas. Existem poucos registros de organizações preocupadas com a estruturação de sua gestão, como é o caso relatado por Segnini (1982) da Companhia Paulista de Estradas de Ferro, que introduziu conceitos da administração científica. Quase a totalidade das empresas desenvolvia uma administração empírica, o que naturalmente abrange também a Gestão de Pessoas. Esse período ficou marcado pelo início da gestão burocrática e legalista de pessoas, que perdura até os dias atuais em grande parte das empresas brasileiras e Organizações Públicas, onde a atividade de Gestão de Pessoas resume-se a atender às exigências legais.

- **De 1945 a 1964 (Segunda República)** – O país vive nesse período um processo de redemocratização, preocupado com o desenvolvimento econômico por meio da intensificação dos investimentos na indústria de base e do movimento de substituição de importações (FURTADO, 1977; TAVARES, 1976). Empresas multinacionais são estimuladas a se instalar aqui trazendo práticas estruturadas de Gestão de Pessoas. Essas práticas estavam baseadas no paradigma taylorista/fordista e foram disseminadas para as demais empresas brasileiras e ratificadas na formação de quadros de dirigentes empresariais brasileiros. Esse momento marca o início de uma gestão mais profissionalizada de pessoas, extremamente impregnada do referencial taylorista.

- **De 1964 a 1984 (Governo Militar)** – A intervenção estatal na economia marca os 30 anos seguintes de nossa história, sendo revertida somente no final dos anos 1990. O início desse período é marcado por um regime de exceção, em que o referencial taylorista de Gestão de Pessoas e toda a estrutura de controle das relações de capital e trabalho, montada no Estado Novo, são reforçados. Associado ao regime de exceção, o país vive, nos anos 1970, um período de grande expansão econômica em que o paradigma taylorista/fordista de gestão encontra um terreno fértil para sua expansão e consolidação. Cria-se um paradoxo interessante: enquanto na Europa e nos EUA esse paradigma é extremamente criticado, no Brasil é cultuado e encanta a grande maioria dos dirigentes empresariais brasileiros. Não é por acaso que a trajetória privilegiada para acesso às posições de topo nas áreas de recursos humanos nesse período é a de cargos e salários, em que esses paradigmas são aplicados mais fortemente, como, por exemplo, nas ideias de racionalização, descrição de cargos, definição da remuneração justa, no dimensionamento do quadro etc. O desenvolvimento econômico da década de 1970 trouxe maior competitividade por quadros e preocupação com a capacidade de atração e retenção de pessoas, daí a necessidade de profissionalização da Gestão de Pessoas, em que as atividades mais complexas eram exatamente as questões ligadas à remuneração, que necessitavam, de um lado, de competência técnica e, de outro, política para costurar as decisões com a cúpula das organizações. Há, portanto, no início desse período um reforço dos paradigmas tayloristas/fordistas no Brasil. Quando surgem os primeiros cursos de administração de empresas, o conteúdo da administração de pessoas reforça as questões legais e técnicas, em que as técnicas se resumem às questões ligadas à remuneração. A década de 1980 inicia-se no país com um clima conturbado entre empresas e trabalhadores, sendo valorizadas as competências de negociação. Negociações estas que se davam basicamente em torno de questões legais e remuneratórias, reforçando as competências valorizadas durante os anos 1970, ainda que estivessem surgindo nos países europeus e nos EUA novas propostas de Gestão de Pessoas, consolidando uma preocupação com a gestão estratégica de pessoas. No Brasil, embora esse discurso comece a aparecer, ele não se consubstancia nas organizações. Com a crise dos anos 1980 o país se vê forçado a estimular as exportações e as empresas começam a se voltar para o mercado externo, tendo que efetuar ajustes em seus modelos de gestão. Esse processo afeta os setores da economia de forma diferente: alguns são mais pressionados para maior competitividade, outros não.

Será somente com a abertura da economia e a estabilidade econômica e política, que ocorre a partir de 1994, que a pressão por maior competitividade atinge as empresas brasileiras de forma mais intensa.

- **De 1985 ao presente (Terceira ou Nova República)**[1] – A partir dos anos 1990, com a abertura da economia, estabilidade política e estabilidade da moeda, o Brasil passa a viver um ambiente competitivo. As mudanças em Gestão de Pessoas a que assistimos na década de 1980 na Europa e nos EUA chegam rapidamente ao Brasil e as pessoas passam a ser vistas como críticas para a obtenção de diferenciais competitivos. Inicialmente, o aperfeiçoamento da Gestão de Pessoas atinge as organizações do setor privado para, no final dos anos 1990 e início dos anos 2000, atingir as organizações do setor público. O setor público percebe a pressão de um ambiente mais competitivo por recursos cada vez mais escassos e a necessidade de investir na efetividade organizacional. Ao longo dos anos 1990 e início dos anos 2000, assistimos a algumas Organizações Públicas desaparecerem e outras assumirem um papel preponderante no desenvolvimento brasileiro. Nos anos 1990, as Organizações Públicas ligadas aos setores elétrico e de saneamento lideram o aprimoramento da Gestão de Pessoas, seguidas pelo judiciário no início dos anos 2000 e, posteriormente, pelo executivo federal em meados da primeira década dos anos 2000.

Realizando um balanço da Gestão de Pessoas na administração pública na segunda década dos anos 2000, observamos alguns fenômenos interessantes:

- Na primeira década dos anos 2000, o setor público investiu mais no aprimoramento da Gestão de Pessoas do que o setor privado, criando exemplos de gestão alinhados com as técnicas mais avançadas encontradas nas organizações de classe mundial.
- Em 2013, iniciamos a pesquisa das melhores empresas para se trabalhar na administração pública, com o objetivo de divulgar a Gestão de Pessoas na administração pública brasileira. Encontramos organizações com níveis elevados de engajamento dos servidores e um ambiente de trabalho valorizado por eles.
- Observamos uma crescente preocupação na administração pública com o aprimoramento da Gestão de Pessoas, manifestada através de políticas e práticas visando a revisão de conceitos de meritocracia e valorização do servidor.

---
[1] Alguns historiadores apontam como início da Terceira ou Nova República o ano de 1990 com as eleições diretas para presidente, e outros, a promulgação da nova constituição (1988).

1.4 CONTEXTO CONTEMPORÂNEO: NOVO CONTRATO ENTRE PESSOAS E ORGANIZAÇÕES

A Gestão de Pessoas pelas organizações passa por grandes transformações em todo o mundo. Essas transformações vêm sendo motivadas pelo surgimento de um novo contrato psicológico entre as pessoas e a organização. O contrato psicológico é um contrato tácito, ou seja, ele está presente independentemente de estar formalizado ou de as partes terem consciência dele. O contrato psicológico entre as pessoas e a organização está sempre presente e define as expectativas na relação entre ambas, está assentado no desenvolvimento mútuo, ou seja, a relação entre pessoa e organização se mantém na medida em que a pessoa contribui para o desenvolvimento da organização e a organização, para o desenvolvimento da pessoa.

Esse novo contrato psicológico advém de um ambiente mais competitivo, onde as organizações, para sobreviver, necessitam estar em processo contínuo de desenvolvimento. O desenvolvimento organizacional liga-se à capacidade de contribuição das pessoas que trabalham na organização. Embora isso não seja explícito, a valorização das pessoas, manifestada por aumentos salariais, promoções ou conquista de espaço político, se dá na medida em que elas aumentam o seu nível de contribuição para o desenvolvimento organizacional. Essa contribuição se manifesta de forma natural e muitas vezes não é percebida nem pela organização e nem pela pessoa. Por exemplo, temos dois gestores: um obtém os resultados esperados "esfolando viva" a sua equipe; outro obtém os resultados esperados porque desenvolveu sua equipe, aprimorou procedimentos e/ou introduziu no trabalho novos conceitos. Os dois conseguiram os resultados, porém o primeiro terá dificuldades em sustentá-lo ao longo do tempo, enquanto o segundo não só conseguirá sustentá-lo como terá grande probabilidade de ampliá-lo. O exemplo ilustra o tipo de cobrança cada vez mais presente nas organizações, onde se demanda das pessoas que façam contribuições que a um só tempo obtenham os resultados esperados e criem condições objetivas e concretas para resultados sustentados e continuamente ampliados.

O contrato psicológico é influenciado, também, por alterações importantes nas expectativas das pessoas em relação à organização. Presentes em um ambiente mais competitivo, as pessoas percebem rapidamente que sua mobilidade, tanto no interior da organização quanto no mercado, está atrelada ao seu contínuo desenvolvimento. As pessoas passam a demandar das organizações a criação de condições objetivas e concretas para o seu desenvolvimento contínuo, passam a assumir investimentos em seu desenvolvimento e mudam a percepção do que valorizam na relação com as organizações.

Assim, há a alteração no papel das pessoas e da organização na Gestão de Pessoas. Entretanto, observamos que a maior parte das organizações brasileiras tem suas práticas baseadas em um modelo tradicional de Gestão de Pessoas, considerando modelos de gestão como constituídos por um conjunto de pressupostos, práticas e instrumentos de gestão (BREWSTER; HEGEWISCH, 1994; FISCHER, 2002; ULRICH, 1997). Esse modelo tradicional tem sua gênese nos movimentos de administração científica, na busca da pessoa certa para o lugar certo, e estão ancorados no controle como referencial para encarar a relação entre as pessoas e a organização (BRAVERMAN, 1980; GORZ, 1980; FRIEDMANN, 1972; HIRATA ET AL., 1991; FLEURY; FISCHER, 1992). O controle do qual falamos é o pressuposto de que a empresa sabe o que é melhor para seus empregados e, portanto, determina treinamentos e ações de desenvolvimento a serem empreendidos pelas pessoas, determina movimentações e as condições de trabalho. No modelo tradicional, a pessoa tem um papel passivo e submisso, já que é o objeto do controle, enquanto a realidade atual do mercado exige uma pessoa com papel ativo em relação ao seu desenvolvimento, como condição necessária para a sua contribuição ao desenvolvimento organizacional.

No Brasil, a efetividade de uma prática calcada no mútuo desenvolvimento esbarra em questões culturais. Embora o brasileiro esteja preocupado com o seu desenvolvimento, raramente assume a gestão dele e de sua carreira, normalmente cobrando da empresa a oferta de situações e de oportunidades de aprendizagem (DUTRA, 1996). De outro lado, a empresa brasileira tem normalmente uma postura de proteção e provimento, o que vai ao encontro das ansiedades das pessoas, mas camufla uma forma sutil de controle.

O modelo de gestão proposto neste livro baseia-se em práticas de organizações (inclusive públicas) que se constituíram em exemplos de sucesso na Gestão de Pessoas. Constituem elementos comuns a essas práticas:

- **Desenvolvimento mútuo** – a Gestão de Pessoas deve estimular e criar as condições necessárias para que a organização e os indivíduos possam estabelecer relações de desenvolvimento mútuo, ou seja, que juntos e sinergicamente possam atuar em realidades cada vez mais complexas e demandantes.
- **Satisfação mútua** – a Gestão de Pessoas deve contribuir para o melhor alinhamento possível entre o intento estratégico da organização e o projeto individual, tanto profissional quanto de vida.

- **Consistência no tempo** – a Gestão de Pessoas deve, ainda, oferecer parâmetros estáveis no tempo para que, dentro de uma realidade cada vez mais turbulenta, seja possível à organização e aos indivíduos terem referenciais para se posicionarem de forma relativa em diferentes contextos e momentos dessa realidade.

Temos verificado que a mera existência desses elementos nas práticas de gestão não assegura sua efetividade. Eles devem vir acompanhados de algumas condições, a saber:

- **Simplicidade** – a clareza na formulação e na forma de aplicação dos critérios que norteiam a Gestão de Pessoas é fundamental para facilitar compreensão, análise, discussão, consenso, aceitação e comprometimento em torno dos valores e de sua prática em cada contexto específico.
- **Transparência** – a contínua irrigação de informações acerca da forma de aplicação desses critérios é fundamental, tanto para a aceitação dos mesmos quanto para sua contínua renovação e ajuste à realidade.
- **Flexibilidade** – os critérios que norteiam a Gestão de Pessoas são validados a cada momento ao longo do tempo e permanecem se tiverem a flexibilidade necessária para se ajustar aos diferentes contextos existentes e às pressões impostas pelas transformações desses contextos.

Independentemente do tipo de organização que pretendemos estudar, encontramos em nossas pesquisas e experiências critérios que se configuram como a base para a estruturação do Modelo Integrado de Gestão de Pessoas: eixos de carreira, competências e níveis de complexidade. Na administração pública encontramos outra dimensão chave: os cargos amplos.

É importante construir um Modelo Integrado de Gestão de Pessoas que possa dar conta de "alimentar" os diversos processos de Gestão de Pessoas, que devem estar integrados com a filosofia e estratégia organizacional, além de estarem alinhados entre si. Desta forma, pode-se falar em integração em duas perspectivas:

- **Integração vertical** – busca o alinhamento das práticas de Gestão de Pessoas com a filosofia e a estratégia organizacionais (critérios de Gestão de Pessoas devem transmitir o que a organização espera delas de forma alinhada com a estratégia – serem mais próximos do dia a dia e menos abstratos do que a estratégia).

- **Integração horizontal** – refere-se à atuação coordenada das diversas atividades de Gestão de Pessoas, tais como provimento, alocação, remuneração e avaliação, entre outras. Os critérios do Modelo serão uma base comum para apoiar os vários processos de Gestão de Pessoas. A existência de uma mesma base apoia a tomada de decisão nesses processos e traz simplicidade e clareza para sua operação.

CONSIDERAÇÕES FINAIS

Precisamos reconhecer que, para fazer frente às pressões do contexto interno e externo, já há algum tempo vem-se buscando um novo modelo de Gestão de Pessoas que possa conciliar tanto a expectativa da organização quanto a dos trabalhadores, de forma dinâmica e perene. Esse é o desafio de qualquer organização, esteja ela inserida no setor privado, público ou terceiro setor. Contudo, temos também que reconhecer as peculiaridades do setor público que, longe de impossibilitarem tal conciliação, acabam, sim, por dificultá-la ao conviverem mais intensamente com restrições legais e culturais, estimulando, de forma geral, um viés mais processual aos modelos de gestão.

São os chamados fatores institucionais, imposições normativas ou composições políticas de Estado que obrigam e condicionam as organizações a adotarem determinadas práticas (HALL; SOSKICE, 2001). No setor público brasileiro, incidem fatores institucionais como: a exigência de normatização, o ingresso via concurso público, a condição transitória dos gestores, a normatização de critérios de antiguidade e escolaridade na movimentação de carreira, a descontinuidade de políticas de gestão com a troca de chefia do poder executivo. Alguns desses fatores são explicitamente dificultosos às práticas de gestão mais meritocráticas, em consonância com o que se espera dos novos modelos de gestão. Outros, ainda que gerenciáveis pela gestão, acabam sendo manejados de forma mais conservadora posicionando-se também como entraves, seja devido à própria transitoriedade dos gestores, seja devido à cultura mais protocolar e ritualística em prol da burocracia, seja ainda por questões culturais e o receio de exposição quanto a tomadas de decisões (MIYAHIRA; FISCHER, 2017).

O desafio lançado ao setor público é lutar contra tal conservadorismo, conviver eficaz e eficientemente com os fatores institucionais e responder ao novo ambiente, desenvolvendo, empoderando e legitimando seus gestores. Nos próximos capítulos, procuraremos trazer referenciais que contribuam para lidar com tudo isso.

BIBLIOGRAFIA DO CAPÍTULO

ALMEIDA, M. I. R.; TEIXEIRA, M. L. M.; MARTINELLI, D. P. Por que administrar estrategicamente recursos humanos? *Revista de Administração de Empresas*, FGV, v. 33, n. 2, mar./abr. 1993.

AQUINO, P. A. *Administração de recursos humanos*: uma introdução. São Paulo: Atlas, 1980.

ARENDT, H. A condição humana. Rio de Janeiro: Forense, 1987.

BRAVERMAN, H. *Trabalho e capital monopolista*: a degradação do trabalho no século XX. Rio de Janeiro: Zahar. 1980,

BREWSTER, C.; HEGEWISCH, A. *Human resource management in Europe*: issues and opportunities in policy and practice in European human resource management. London: Routlegde, 1994.

CHANDLER JR.; ALFRED D. *Strategy and structure*: chapters in the history of the American industrial enterprise. Cambridge Massachusetts: MIT Press, 1962.

DEAN, W. *Rio Claro*: um sistema brasileiro de grande lavoura. Rio de Janeiro: Paz e Terra, 1977.

DUTRA, J. S. *Administração de carreira*. São Paulo: Atlas, 1996.

FAUSTO, B. *Trabalho urbano e conflito social*. São Paulo: Difel, 1977.

FISCHER, A. L. Um resgate conceitual e histórico dos modelos de gestão de pessoas. In: FLEURY, M.T. (Org.). *As pessoas na organização*. São Paulo: Gente, 2002.

FISCHER, R. M. A modernidade da gestão em tempos de cólera. *Revista de Administração*, USP, v. 27, n. 4, out./dez. 1992.

FLEURY, M. T.; FISCHER, R. M. Relações de trabalho e políticas de gestão: uma história das questões atuais. *Revista de Administração*, USP, v. 27, n. 4, out./dez. 1992.

FOMBRUM, C.; TICHY, N. M.; DEVANNA, M. A. *Strategic human resource management*. New York: John Wiley, 1984.

FRIEDMANN, G. *O trabalho em migalhas*. São Paulo: Perspectiva, 1972.

FURTADO, C. *Formação econômica do Brasil*. São Paulo: Nacional, 1977.

GORZ, A. *Crítica da divisão do trabalho*. São Paulo: Martins, 1980.

HALL P. A.; SOSKICE D. *Varieties of capitalism*: the institutional foundations of comparative advantage. Oxford: Oxford University Press, 2001.

HIRATA, H.; MARX, R.; SALERMO, M. S.; FERREIRA, C.G. (1991). *Alternativas sueca, italiana e japonesa ao paradigma fordista*: elementos para uma discussão sobre o caso brasileiro. (Coleção Documentos, Série Política Científica e Tecnológica, n. 6.) São Paulo: Instituto de Estudos Avançados da Universidade de São Paulo, maio, 1991.

MIYAHIRA, N. N.; FISCHER, A. L. A meritocracia aplicada à realidade do setor público brasileiro: um estudo sobre a implantação da gestão de carreira por competências. *Anais*, Rio de Janeiro: ANPAD, 2017.

MOTTA, F. C. P. *Teoria geral da administração*: uma introdução. São Paulo: Pioneira, 1979.

PERETTI, J. M. *Ressources humaines*. Paris: Vuibert, 1990.

ROTHWELL, W. J.; KAZANAS, H. C. *Strategic human resources planning and management*. Upper Saddle River: Prentice Hall, 1988.

SEGNINI, L. *Ferrovias e ferroviários*. São Paulo: Cortez, 1982.

TAVARES, M. C. *Da substituição de importações ao capitalismo financeiro*. Rio de Janeiro: Zahar, 1976.

ULRICH, D. *Human resource champions*: the next agenda for adding value and delivering results. Boston: Harvard Business School Press, 1997.

WERTHER JR., W. B.; DAVIS, K. *Administração de pessoal e recursos humanos*. São Paulo: McGraw-Hill, 1983.

WOOD JR., T. (Coord.). *Mudança organizacional*. São Paulo: Atlas, 1995.

2 Bases Conceituais de um Modelo de Gestão de Pessoas

Assista ao vídeo Bases conceituais de um modelo de gestão de pessoas.

2.1 INTRODUÇÃO

Para atuarmos em Gestão de Pessoas, necessitamos compreendê-la em toda a sua extensão e profundidade. E, para isso, buscamos desvendar seus princípios, fundamentos e propósitos utilizando alguma lente. Os modelos teóricos de gestão são justamente lentes que nos ajudam a melhor enxergar a realidade em sua totalidade e complexidade (descortinam o invisível e desvendam as relações ou situações subjacentes a nossa compreensão, das quais temos notícias apenas por seus efeitos).

Mas, por que devemos utilizar um modelo teórico de Gestão de Pessoas? Porque verificamos que muitas organizações tratam a Gestão de Pessoas com base em premissas equivocadas sobre a realidade organizacional, gerando efeitos não desejados e obstruindo a análise das reais causas do insucesso. A recorrência de situações desse tipo tem levado a um crescente ceticismo quanto à possibilidade de existir um conjunto de conceitos e ferramentas capazes de dar conta da Gestão de Pessoas. Um modelo teórico de gestão oferece suporte para a construção de diretrizes e instrumentos que assegurem uma gestão coerente e consistente no tempo, sendo fundamental para reverter o quadro restrito.

Independentemente do tipo de organização que se pretende estudar, encontramos em nossas pesquisas e experiências critérios que se configuram como a base para a estruturação do Modelo Integrado de Gestão de Pessoas. São eles: eixos de carreiras, competências e níveis de complexidade. Na administração pública encontramos outra dimensão chave: os cargos amplos. Neste capítulo, apresentamos as definições dessas bases e alguns exemplos.

2.2 EIXOS DE CARREIRA (OU TRAJETÓRIAS DE CARREIRA)

Na busca de padrões para as carreiras dos indivíduos nas organizações e no mercado de trabalho, foi possível constatar que eles tendem a permanecer em atividades profissionais de mesma natureza. Essas atribuições e responsabilidades de mesma natureza traduzem o que chamamos de eixos ou trajetórias de carreira.

Para ilustrar, vamos tomar como exemplo um profissional que cursou administração de empresas e entra na organização pela área financeira, migrando após um tempo para tecnologia de informação e depois para Gestão de Pessoas. Qual(is) o(s) eixo(s) de carreira vivenciados por esse profissional? Na verdade, ele sempre atuou no mesmo eixo de carreira, seu cliente sempre foi o público interno da organização e ele esteve sempre mobilizando conhecimentos e habilidades de mesma natureza, embora em áreas funcionais distintas.

Constatamos que os eixos de carreira não estão necessariamente atrelados a profissões ou áreas funcionais e, sim, ao exercício de atribuições e responsabilidades de mesma natureza. Estas, por sua vez, podem ser definidas a partir do público-alvo do trabalho das pessoas e da natureza dos conhecimentos e habilidades mobilizados.

Podemos identificar nas organizações diferentes eixos de carreira que estão atrelados aos processos fundamentais da organização. Vamos caracterizar processo fundamental como aquele que sempre existirá na organização, não importando qual seja o desenho organizacional, como, por exemplo: administrativo, gerencial, tecnológico etc. Em função das entregas exigidas pelas organizações e pelo mercado, podemos relacionar três categorias de carreiras:

- **Operacionais:** são carreiras que exigem o uso do corpo e alto grau de repetição, demandando da organização alto grau de estruturação e/ou mecanização. Geralmente se encerram em si mesmas, sendo importante que a organização defina critérios de mobilidade para outras carreiras. Essa categoria de carreira tem se mostrado um problema para as Organizações Públicas, que atraem pessoas qualificadas nos concursos públicos com horizonte de complexidade pequeno. Por este fato, seria razoável pensar na utilização de terceiros para a realização dos trabalhos previstos nessa categoria[1] ou, então, a consideração dessas atribuições como um estágio inicial da carreira para que os concursados tenham um horizonte profissional maior. Como exemplo, podemos mencionar que em algumas organizações do setor elétrico e de saneamento houve a extinção da carreira de nível fundamental e os servidores passaram a ser contratados nas carreiras de nível médio, mesmo que comecem em atividades mais operacionais.
- **Profissionais:** são carreiras ligadas a atividades que geralmente exigem pessoas com formação técnica ou superior. Não são definidas pela estrutura organizacional e sim pelos processos fundamentais, como: **administração**, envolvendo atividades administrativas, sistemas de informação, finanças, contabilidade, recursos humanos, jurídico etc.; **técnico**, envolvendo engenharia de produtos, processos, qualidade, produção, materiais, logística etc.; **relacionamento com *stakeholders*,**[2] ou seja, com os usuários dos serviços e com a comunidade em geral. Essa categoria de carreira pode ser ocupada por profissionais de nível médio ou superior.
- **Gerenciais:** são carreiras ligadas às atividades de gestão da organização. Normalmente, as pessoas são oriundas das carreiras operacionais ou profissionais e ao longo do seu processo de crescimento demonstraram gradativa vocação e aptidão para a carreira gerencial. Essa carreira geralmente é tratada em cargos ou funções de confiança, conforme veremos adiante.

---

[1] Deve-se, no entanto, analisar as implicações legais desta opção. Como a legislação e a jurisprudência mudam, não entraremos no mérito dessa questão neste livro.

[2] O termo *stakeholder* foi utilizado pela primeira vez pelo filósofo Robert Edward Freeman e se refere a toda pessoa ou grupo que tem interesse, impacta ou é impactado por uma organização. Definição extraída de Freeman (1984).

No Quadro 2.1, trazemos um exemplo genérico de eixos de carreira para ilustrar o conceito discorrido.

QUADRO 2.1 – Exemplo de eixos de carreira

Gerencial	Administrativo	Técnico	Comercial
• Atuação voltada à obtenção de resultados e construção do futuro. • Olhar sistêmico/organizacional. • Autonomia para tomada de decisão. • Orientação/desenvolvimento de pessoas.	• Suporte às demais áreas e gestão. • Desenvolvimento, aprimoramento e implantação de processos internos/soluções corporativas. • Assegurar a precisão de informações para tomada de decisão.	• Desenvolvimento e viabilização de soluções técnicas. • Acompanhamento de tendências e sua internalização.	• Construção e manutenção do relacionamento. • Oferta de produtos e serviços. • Qualidade e presteza no atendimento. • Geração de negócios.

Fonte: Elaborado pelos autores.

2.3 CARGO

Ao se estruturarem os critérios da gestão para o setor público brasileiro, faz-se necessário atentar à configuração dos cargos. Não estamos dizendo que o setor privado conviva sem a figura do cargo em seus ferramentais de gestão de recursos humanos, nem que os normativos referentes a esse setor não exijam discriminação dos cargos dos profissionais. De fato, isso é exigido no registro do cargo na carteira de trabalho e utilizado como parâmetro de equidade interna e externa como ferramenta de gestão remuneratória. O ponto para o qual chamamos a atenção é que a Constituição Federal de 1988 e as normatizações dela derivadas estabeleceram o veto à possibilidade de mudanças no cargo efetivo de um servidor por outra via que não o concurso público. Tais normatizações levaram as Organizações Públicas, via de regra, a ampliarem a abrangência do cargo e, dessa forma, a carreira passa a ser administrada dentro de um único cargo.

Assim, enquanto no setor privado o profissional tem a possibilidade tanto de se desenvolver no cargo atual quanto o de assumir outros cargos dentro da organização, no setor público brasileiro o profissional fica restrito ao desenvolvimento e à evolução exclusivamente dentro do seu cargo, a não ser que preste novo concurso público para cargo distinto ou assuma uma função de confiança e passe a se dedicar a um papel gerencial.

Ao se analisar o arcabouço normativo e os editais de concursos aos cargos públicos brasileiros, pode-se constatar que a leitura dada pelos legisladores de carreira e pelos gestores de recursos humanos das Organizações Públicas é que a complexidade do cargo está atrelada à escolaridade, sendo usuais três tipos de categorias de concurso: de nível fundamental, de nível médio e de nível superior. Esse entendimento evidencia que a administração pública brasileira utiliza como um dos critérios de complexidade a escolaridade do indivíduo, trazendo consigo alguns condicionantes para a gestão de carreira, conforme veremos mais adiante.

a) Cargo Efetivo – definindo sua amplitude

Entendida a restrição para se assumirem outros cargos no setor público brasileiro, encontrou-se a possibilidade de se criarem diferenciações a partir da configuração do cargo em um sequenciamento gradual de degraus remuneratórios e que estes correspondam ao desenvolvimento da carreira do servidor (SOUZA; ALMEIDA, 2012). Nessa solução, ganha relevância a análise quando da configuração do Plano de Cargos e Carreiras, se este deve ser composto por cargos amplos ou específicos.

Enquanto o cargo específico é aquele formatado para o atendimento de determinada atribuição (por exemplo: cargo de Engenheiro ou de Advogado), o cargo amplo (por exemplo: Analista), conforme definiu Nunes (2010, p. 20), é aquele "que pode ser aproveitado pela Administração conforme a sua necessidade, em diversas áreas, não caracterizando desvio de função e não 'engessando' o cargo com apenas uma atividade". O cargo amplo confere maiores possibilidades de encarreiramento ao permitir maior flexibilidade na alocação do servidor em atribuições distintas.

No desenho do cargo amplo, pode haver dentro dele distintos eixos de carreira ou trajetórias profissionais. É uma compreensão distinta da adotada no setor privado, em que vários cargos, quando específicos, compõem um eixo de carreira. O Quadro 2.2 sintetiza as características do cargo amplo e do específico.

QUADRO 2.2 – Cargo amplo *vs.* cargo específico

Cargo amplo	Cargo específico
Facilidade na mobilidade	Mobilidade atrelada à gestão dos parâmetros de cada cargo
Baixo risco de obsolescência	Alto risco de obsolescência
Alta necessidade de formação interna	Baixa necessidade de formação interna (relativa)
Dificuldade de tratamentos diferenciados	Facilidade de tratamentos diferenciados
Insatisfações pelo tratamento único	Fortalecimento das reivindicações segmentadas por profissão
Maior complexidade na defesa jurídica	Maior complexidade na gestão técnica

Fonte: Adaptado de Souza e Almeida (2012); Nunes (2010).

O cargo amplo, por possuir atribuições mais genéricas, ainda que dentro da mesma área de atuação, aumenta as possibilidades de alocação dos servidores em diversas atividades da organização, fazendo com que a mobilidade horizontal seja um dos principais benefícios promovidos pela sua adoção. Com efeito, a disposição em cargos amplos prioriza um foco em responsabilidades mais macro e abrangentes, enquanto o foco dos cargos específicos tende a ser em tarefas, mais descritivas e específicas.

Imagine, por exemplo, se você tivesse assumido um cargo específico em uma organização pública e não se adaptasse às atividades previstas nesse cargo. Ou se, após uma longa experiência em um cargo, você tivesse vontade de ter outras experiências profissionais que, inclusive, ampliariam sua visão sobre a organização e propiciariam desenvolvimento. Ou, ainda, se ao longo do tempo mudassem as necessidades da organização e ela não mais precisasse de tanta gente em um determinado cargo, mas sim em outro. Se adotássemos um modelo com cargos específicos – ao invés de cargos amplos –, não seria possível a migração do profissional de uma situação a outra e, portanto, não seria possível a melhor conciliação de interesses entre organização e profissionais ao longo do tempo, gerando frustração dos indivíduos e amarras à Gestão de Pessoas.

Ademais, no modelo de cargos específicos tende a ser mais difícil delimitar as fronteiras de atuação entre cada cargo e evitar desvios. No tempo, isso poderia gerar percepções de iniquidade (criação de grupos privilegiados em relação a outros), além de representar risco trabalhista de desvios de função e equiparação salarial.

Por outro lado, a escolha da adoção de cargos amplos não deve ser automática no setor público brasileiro pois, ainda que existam tais benefícios e haja uma tendência a sua adoção, há situações em que os cargos específicos são desejáveis e merecem ser citados. O formato de cargo específico é recomendado às situações em que os cargos possuem atribuições muito específicas e que, por regulamentação, precisam ser desempenhados por funcionários de determinada formação profissional. Exemplos recorrentes de necessidade de cargo específico são os de médicos e enfermeiros do trabalho, que, além da necessidade de formação e atuação muito específicos, devem legalmente respeitar as normas de Saúde Ocupacional. Vale destacar que, no caso dos cargos específicos, a possibilidade de estímulo a assumir atividades multitarefas e se desenvolver como generalista fica reduzida, pois qualquer atividade desempenhada fora das atribuições definidas para o cargo caracterizaria desvio de função. Cabe à Gestão de Pessoas estruturar maneiras de motivar tais profissionais dentro do pacote de suas atribuições, respeitando as limitações impostas ao cargo. Em alguns casos, deve-se assumir o risco de contar com uma rotatividade maior de profissionais nesses cargos.

Dado todo o exposto, podemos concluir que, para que os preceitos do Modelo Gestão por Competências tenham maior aplicabilidade, como a migração de eixos de carreira, é preferível que as Organizações Públicas adotem cargos amplos e construam as especificidades das atribuições por meio de eixos de carreira e de competências técnicas, estas usualmente correlacionadas às áreas da organização (Dutra, 2010).

b) Posições Gerenciais

No Brasil, as posições gerenciais nas Organizações Públicas são exercidas como cargo em comissão ou função gratificada, e o Quadro 2.3 relaciona as diferenças.

QUADRO 2.3 – Diferença entre cargo em comissão e função gratificada

Cargo em comissão	Função gratificada
Atribuições de direção, chefia e assessoramento	
Qualquer pessoa, observando o percentual mínimo reservado ao servidor de carreira.	Exercida exclusivamente por servidores ocupantes de cargo efetivo.
Sem concurso público, ressalvado o percentual mínimo reservado ao servidor de carreira.	Com concurso público, já que somente pode exercê-la o servidor de cargo efetivo.
Atribui-se posto em um dos quadros da Administração Pública, conferidas atribuições e responsabilidades àquele que irá ocupá-lo.	Somente são conferidas atribuições e responsabilidades.
De livre nomeação e exoneração.	De livre nomeação e exoneração no que se refere à função e não em relação ao cargo efetivo.

Fonte: Adaptado de Graef (2008).

Em nossas experiências como consultores, recomendamos às Organizações Públicas que estruturem suas posições gerenciais com competências que lhes são próprias, pois defendemos a necessidade de evidenciar a diferença entre carreiras técnicas e gerenciais. Evita-se, assim, o erro usual de se promover um técnico a gestor e perder duas vezes: perda de um ótimo técnico e perda em insistir que o profissional exerça papel que não lhe convém, atuando, na prática, como um péssimo gestor.

Em organizações do setor privado, a mudança para uma posição de gestão é claramente associada a uma mudança de carreira: você deixa de ser técnico e passa a ser gestor. Caso o indivíduo não corresponda ao novo perfil assumido, o usual é que ele seja desligado da organização. Já em Organizações Públicas, a ocupação das posições de gestão tem caráter temporário (você *está* e não é gestor), devendo ser prevista a volta, o retorno à carreira técnica da qual é oriundo, seja por motivos de desempenho, seja por mudanças no contexto político. Afinal, a essência da posição de confiança é permitir que, a cada troca de alto escalão da gestão, seja possibilitado que se reformule o time de gestores com aqueles profissionais em que se deposita confiança.

A condição de *estar* e não *ser* gestor muitas vezes dificulta o gerenciamento de carreira e o investimento em formação dos gestores. No entanto, cabe às Organizações Públicas clarificarem as diferenças de atribuição entre as posições técnicas e de gestão e instituírem mecanismos que facilitem a escolha, o desenvolvimento e a mobilidade dos profissionais entre essas posições.

A despeito das restrições e condicionantes do setor público, nossa recomendação continua sendo tratar as posições de gestão não como pontos isolados, mas como um sequenciamento possível de complexidade em um papel de gestão. É preciso, contudo, se preparar para as mudanças de trajetória mais frequentes (tanto da carreira técnica para a gerencial, quanto da carreira gerencial para a técnica).

A seguir, apresentamos dois casos de estruturação de carreira no setor público: o primeiro, em uma organização de administração indireta e o segundo, em um órgão da administração direta.

CASO 1

A organização de administração indireta analisada atua no setor elétrico e apresentava um grande problema, pois adotava o modelo de cargos específicos, realizando concursos direcionados às formações específicas desejadas e tendo, assim, o posterior impeditivo de que o servidor só poderia mudar de cargo por meio de outro concurso público. Por essa razão, o trabalho consistiu em desenhar cargos amplos. A organização possuía 176 cargos que foram reduzidos para 4 cargos amplos: nível superior, nível médio técnico, nível médio e nível fundamental, respeitando-se a interpretação normativa de que a escolaridade denota indicativo de complexidade. Tal desenho possibilitou que as pessoas pudessem ter maior mobilidade na organização nas diferentes trajetórias profissionais, conforme mostra a Figura 2.1.

Ao longo das décadas de 1990 e 2000, tivemos a oportunidade de trabalhar com inúmeras as Organizações do setor elétrico brasileiro e fomos constatando que os eixos são muito parecidos em todas as organizações do setor. Reforça essa constatação nossas pesquisas e estudos em âmbito internacional, que demonstram também similaridade entre os eixos das organizações desse setor, ratificando o fato de as trajetórias estarem ligadas aos macroprocessos naturais da organização, os quais se repetem em todas as organizações com processos operacionais semelhantes.

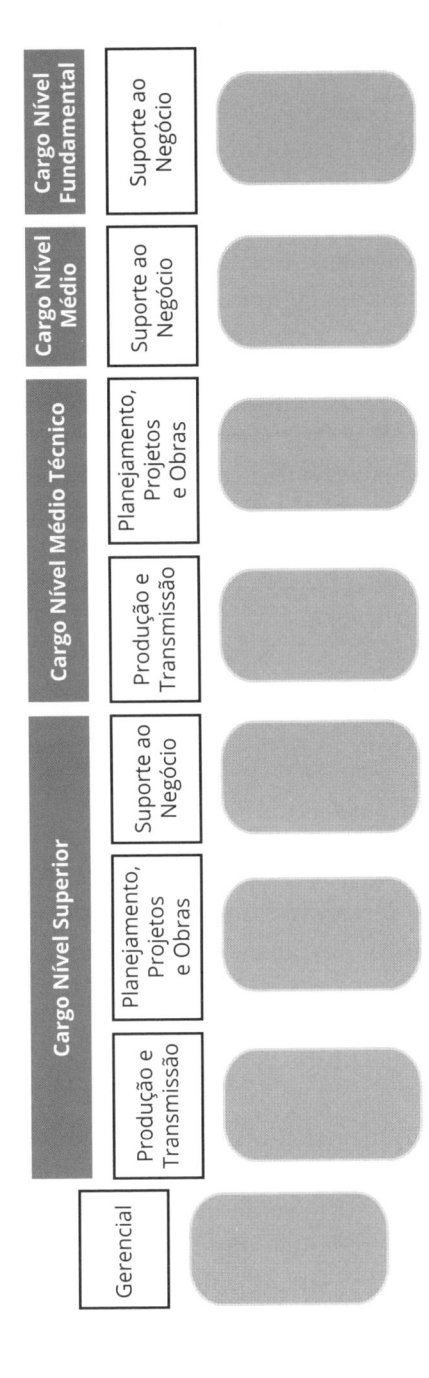

CAPÍTULO 2 • Bases Conceituais de um Modelo de Gestão de Pessoas | 25

Cargo Nível Superior			Cargo Nível Médio Técnico		Cargo Nível Médio	Cargo Nível Fundamental
Gerencial	Produção e Transmissão	Planejamento, Projetos e Obras	Suporte ao Negócio	Produção e Transmissão	Planejamento, Projetos e Obras	Suporte ao Negócio	Suporte ao Negócio

Fonte: Elaborada pelos autores.

FIGURA 2.1 – Exemplos de cargos e eixos de carreira em organização pública da administração indireta.

CASO 2

Outro exemplo é de uma organização do setor público de administração direta do âmbito judiciário. O setor judiciário foi vanguardista no Brasil na modernização da Gestão de Pessoas e apresenta soluções inovadoras para a administração pública no que tange principalmente aos aspectos de desenvolvimento, movimentação e valorização de servidores com base em competências. O caso estudado é de um tribunal federal que apresenta as trajetórias ligadas às atividades fim, atividades meio e atividades de especialistas, além da trajetória gerencial, como mostra a Figura 2.2.

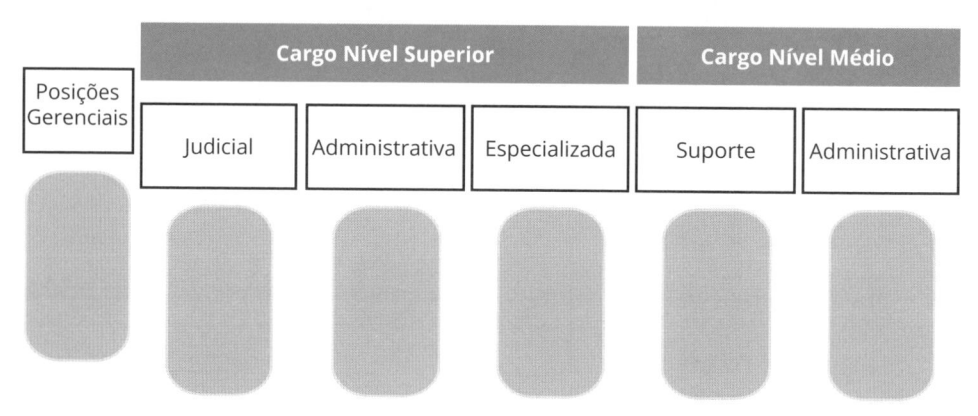

Posições Gerenciais	Cargo Nível Superior			Cargo Nível Médio	
	Judicial	Administrativa	Especializada	Suporte	Administrativa

Fonte: Elaborada pelos autores.

FIGURA 2.2 – Exemplos de cargos e eixos de carreira em organização pública da administração direta.

Neste caso, também os servidores são contratados através de concurso público e o tribunal desenvolveu cargos amplos para permitir maior mobilidade entre os servidores. Nossa experiência com outras organizações do setor judiciário permitiu perceber que as trajetórias de carreira são muito parecidas, tanto em termos das próprias trajetórias quanto na configuração das competências.

Um fato que nos chamou atenção na realização deste trabalho foi a percepção que, embora houvesse diferentes tipos de atividades dentro das atribuições judiciais, no fim, tratava-se de uma única trajetória de carreira. Inicialmente os servidores do tribunal acreditavam que havia pelo menos duas trajetórias distintas, mas, ao analisarmos a mobilidade dos profissionais no tribunal, ficou evidente para todos que estávamos trabalhando uma mesma natureza de atribuições e responsabilidades (agrupadas no que chamamos de eixo Judicial). Outra constatação foi que os servidores de nível médio que atuavam nas atividades judiciais tinham atribuições de natureza administrativa e não havia, portanto, distinção entre os servidores de nível médio que atuavam em atividades fim ou atividades meio. Essas constatações foram importantes para reformulações nas estratégias de desenvolvimento e valorização dos servidores. Esse episódio exemplifica bem o que temos encontrado em muitas organizações que têm visões distorcidas das verdadeiras trajetórias de carreira e, por consequência, adotam ações inadequadas de gestão.

2.4 NÍVEIS DE COMPLEXIDADE

Os **níveis de complexidade** têm a função de diferenciar as atribuições e responsabilidades dos profissionais conforme seu desenvolvimento e maturidade. Por meio do aumento do nível de complexidade, aumenta-se o grau de exigência das descrições das competências. **São os níveis de complexidade que reforçam o olhar meritocrático** do Modelo de Gestão por Competências, ao possibilitar de forma concreta e efetiva diferenciar os indivíduos de acordo com seu desenvolvimento e *performance* laboral. O pressuposto é que, quanto maior o nível de complexidade presente na atuação do profissional, maior seu impacto. A complexidade pode ser mensurada por variáveis conforme a Figura 2.3:

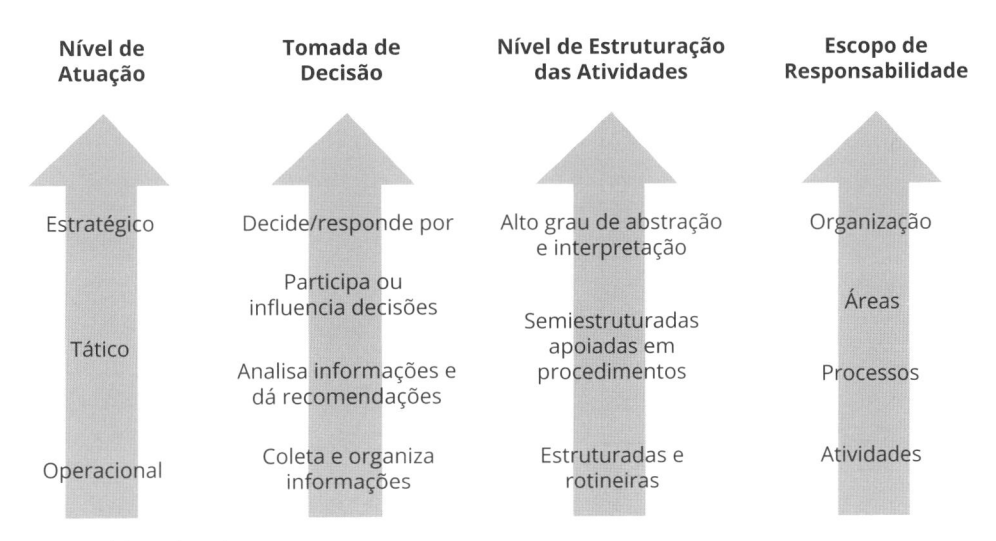

Nível de Atuação	Tomada de Decisão	Nível de Estruturação das Atividades	Escopo de Responsabilidade
Estratégico	Decide/responde por	Alto grau de abstração e interpretação	Organização
	Participa ou influencia decisões		Áreas
Tático		Semiestruturadas apoiadas em procedimentos	
	Analisa informações e dá recomendações		Processos
Operacional	Coleta e organiza informações	Estruturadas e rotineiras	Atividades

Fonte: Elaborada pelos autores.

FIGURA 2.3 – Níveis de complexidade – exemplos de variáveis.

Nos exemplos acima, a organização de administração indireta (Caso 1, ilustrado na Figura 2.1) estabeleceu os seguintes níveis de complexidade:

Fonte: Elaborada pelos autores.

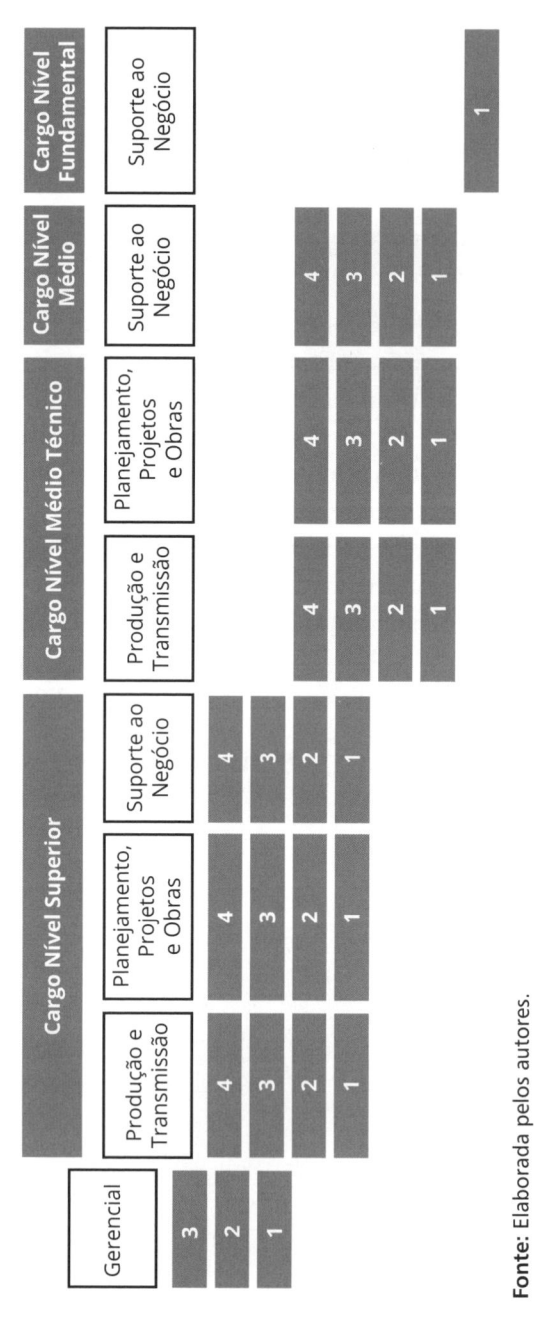

FIGURA 2.4 – Níveis de complexidade – Caso 1.

Já a organização de administração direta do setor judiciário (Caso 2, ilustrado na Figura 2.2) estabeleceu os seguintes níveis de complexidade:

Posições Gerenciais	Cargo Nível Superior			Cargo Nível Médio	
	Judicial	Administrativa	Especializada	Suporte	Administrativa
4					
3					
2	3	3	3		
1	2	2	2		
	1	1	1	3	3
				2	2
				1	1

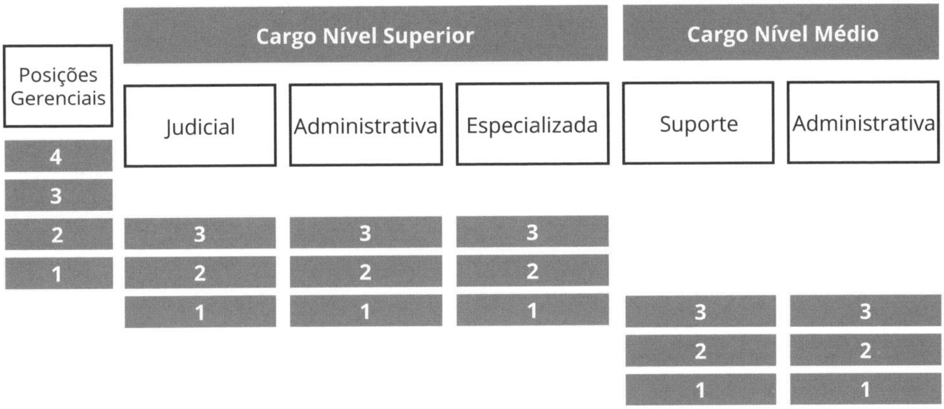

Fonte: Elaborada pelos autores.

FIGURA 2.5 – Níveis de complexidade – Caso 2.

É fundamental diferenciar efetivamente cada nível de complexidade, de modo a sinalizar com clareza os estágios de evolução de responsabilidades e carreira. Conforme citado, o Modelo deve auxiliar a correta discriminação entre os desempenhos dos profissionais, possibilitando o atingimento e a manutenção da equidade interna. Não se devem, portanto, criar níveis de complexidade apenas para conferir carreira e *steps* remuneratórios. Veremos no Capítulo 6 – Valorização de Pessoas, que cada nível de complexidade pode estar associado a faixas salariais, com possibilidades de alguma progressão salarial dentro do próprio nível.

No Quadro 2.4, apresentamos um exemplo da descrição de níveis de complexidade para as posições gerenciais, profissionais de nível superior e médio.

QUADRO 2.4 – Exemplo de descrição de níveis de complexidade

	POSIÇÕES GERENCIAIS
NÍVEL	**RESUMO DA COMPLEXIDADE**
3	• É responsável pela Gestão Estratégica. • Decide sobre diretrizes gerais, parcerias estratégicas, metas globais, políticas de gestão e ações em cenários incertos (estratégias) e que impactam na sustentabilidade da organização. • Atua com foco na sustentabilidade da organização no longo prazo.

NÍVEL	POSIÇÕES GERENCIAIS
	RESUMO DA COMPLEXIDADE
2	• Responde pela Gestão Tática (atuação voltada a um Departamento/ Gerência, tradução de decisões tático-estratégicas em ações operacionais, definição de planos de ação e meios para sistematizar e controlar atividades operacionais). • Responde pelo planejamento da área e contribui com informações e sugestões para o planejamento estratégico da organização. • Atua com foco na sustentabilidade da organização nos prazos curto e médio, na articulação entre projetos e do processo de sua responsabilidade junto a outros, observando tendências da sociedade e do mercado.
1	• Responde pela Gestão Operacional (viabiliza a realização de trabalhos, via procedimentos e metodologias existentes). • Responde por objetivos e metas operacionais da unidade administrativa (Área/ Seção/ Coordenadoria) e participa do alcance de metas e objetivos da Gerência/Departamento em que a unidade se insere. • Atua com foco no curto prazo, na execução, na eficiência operacional e no "fazer acontecer".
	PROFISSIONAL ENSINO SUPERIOR
4	• Responde por programas, por projetos de abrangência institucional ou por um tema de especialidade. • Orienta tecnicamente equipes de diferentes áreas (multidisciplinares e interinstitucionais) em relação a oportunidades de atuação para a organização ou no tema de sua especialidade. • Analisa movimentos no cenário econômico e político ou em sua área de especialização, antevê possíveis impactos na organização e antecipa-se aos fatos. • Possui visão ampla da estratégia da organização, dos seus processos e projetos e sua relação com o Estado, e/ou orienta-se por um conhecimento profundo em seu tema de Especialização.
3	• Responde tecnicamente pela execução de processos/projetos da área em que atua, com autonomia. • Orienta tecnicamente equipes de diferentes especialidades/formações em torno dos objetivos do processo em que atua. • Realiza análises e elabora pareceres técnicos com recomendações relacionadas às necessidades da área e corporativas. • Possui visão ampla dos processos e projetos da área e de seus impactos em outras áreas e na organização.
2	• Responde por um conjunto de atividades relacionadas aos processos da área. • Atua com autonomia técnica nas atividades pelas quais responde. • Realiza análises e elabora relatórios/pareceres técnicos com recomendações que subsidiem decisões. • Compreende o impacto dos processos da área em áreas de interface e na organização.
1	• Realiza atividades de análise, sob orientação. • Em aprendizagem sobre atividades/processos da área em que atua. • Consolida e estrutura informações relativas às atividades sob sua responsabilidade. • Compreende o impacto de sua atividade em outras atividades do processo.

	PROFISSIONAL ENSINO MÉDIO
2	• Atua com autonomia na execução de atividades diversas (multifuncionalidade) de suporte geral de sua área. • Estrutura e consolida informações relacionadas à área em que atua. • Orienta operacionalmente o trabalho de colegas de equipe e/ou de profissionais em níveis anteriores de carreira. • Compreende o impacto das atividades que realiza em outras atividades e processos de interface.
1	• Realiza atividades rotineiras e estruturadas de suporte geral à área. • Atua sob orientação eventual. • Registra e organiza informações relacionadas à área em que atua. • Compreende a relação e o impacto do conjunto de atividades executadas na área e orienta-se por essa compreensão.

Fonte: Elaborado pelos autores.

2.5 COMPETÊNCIAS

Para entendermos o conceito de competências é preciso, antes, vislumbrar seu uso de acordo com o prisma de cada um dos distintos atores envolvidos na relação de emprego. De um lado, temos a organização, possuidora de um conjunto de competências que lhe são próprias, advindas de sua gênese e formação ao longo do tempo – podemos definir essas competências como sendo **características de seu patrimônio de conhecimentos que lhe conferem vantagens competitivas no contexto onde se insere**. De outro lado, temos as pessoas, detentoras de um conjunto de competências que podem ou não estar sendo aproveitadas pela organização – podemos defini-las como **a capacidade da pessoa de agregar valor ao patrimônio de conhecimentos da organização.** Vamos entender a agregação de valor como uma contribuição efetiva ao patrimônio de conhecimentos que permite à organização manter suas vantagens competitivas no tempo.

Ao colocarmos organização e pessoas lado a lado, podemos verificar um processo contínuo de troca de competências. A organização transfere seu patrimônio de conhecimentos para as pessoas enriquecendo-as e preparando-as para enfrentar novas situações profissionais e pessoais, quer na organização ou fora dela. As pessoas, ao desenvolverem sua capacidade individual, transferem para a organização seu aprendizado, possibilitando à organização enfrentar novos desafios. Esse processo, que é natural em qualquer comunidade, pode ser gerenciado e potencializado com efeitos benéficos para a organização e para as pessoas. O como fazê-lo será abordado ao longo deste livro.

Na caracterização das competências ou realizações esperadas dos profissionais, são necessários alguns cuidados, quais sejam: competências observáveis, quantidade ideal, atenção às dimensões de entrega e gradação em complexidade. A seguir, discorremos sobre cada um desses pontos.

2.5.1 COMPETÊNCIAS OBSERVÁVEIS

A caracterização das competências esperadas ao longo dos níveis da carreira deve ser observável para que elas possam ser acompanhadas. É comum encontrar descrições extremamente genéricas e vagas ou descrições efetuadas a partir de comportamentos desejáveis cuja observação é difícil e dá margem a interpretações ambíguas. As descrições devem retratar as entregas esperadas das pessoas, de forma a serem observadas tanto pela própria pessoa quanto pelas pessoas responsáveis por acompanhá-las e oferecer orientação. Cabe notar que a interpretação de qualquer descrição será subjetiva. Essa subjetividade poderá ser minimizada quando:

- as expectativas da organização em relação à pessoa forem expressas de forma clara;
- forem construídas coletivamente, expressando o vocabulário e a cultura da comunidade;
- as descrições das várias entregas estiverem alinhadas entre si, ou seja, estarmos olhando a mesma pessoa através de diferentes competências ou por diferentes perspectivas. Esse alinhamento ocorrerá, como veremos adiante, com a graduação das competências em termos de complexidade.

2.5.2 QUANTIDADE DE COMPETÊNCIAS

A quantidade de competências definidas para o acompanhamento não deve ser grande, pois isso dificultará o acompanhamento, além de representar uma falta de estímulo aos responsáveis pelo *feedback*. A quantidade recomendada varia de 5 a 8 competências, para caracterizar as expectativas da organização ou negócio. Esse número permite minimizar o viés da subjetividade na avaliação das pessoas. Recomendamos ainda que o número de competências por eixo não ultrapasse 8 (oito), pois a partir desse número o processo de avaliação se torna trabalhoso e desinteressante para gestores e pessoas. Ademais, acima de oito começa a crescer a possibilidade de sobreposição entre as competências e a falta de foco e de dúvida sobre o que é relevante enfatizar no modelo.

2.5.3 DIMENSÕES DE ENTREGA

Seguimos uma abordagem conceitual que entende competências como sinônimo de entregas ou contribuições (de natureza qualitativa) esperadas pela organização. Para podermos balancear essas entregas, podemos organizá-las em diferentes categorias, que chamamos de dimensões:

- **Dimensão da orientação:** relaciona-se ao foco da organização e ao ponto onde ela pretende chegar, tendo o papel de orientar as pessoas para a ação.
- **Dimensão da interação:** compreende responsabilidades ligadas às formas e às necessidades de relacionamento para que o profissional consiga viabilizar suas ações.
- **Dimensão da estruturação:** refere-se ao "como" chegar onde se pretende e tem o papel de apoiar a estruturação e realização das ações.

A seguir, no Quadro 2.5, apresentamos alguns exemplos de competências nessas três dimensões e possíveis definições.

QUADRO 2.5 – Exemplos de competências nas três dimensões de entrega

DIMENSÃO DA ORIENTAÇÃO	
Orientação para Resultados	Alcançar objetivos e metas com eficiência e qualidade, comprometendo-se com a sustentabilidade da organização. Inclui o cumprimento de prazos e o planejamento e monitoramento de recursos e custos.
Orientação para o Cliente	Estabelecer relacionamentos de confiança com os clientes para entender e atender às suas necessidades com agilidade e qualidade.
DIMENSÃO DA INTERAÇÃO	
Trabalho em Equipe	Relacionar-se de forma integrada e cooperativa com todos os profissionais, respeitando as diferenças e atuando para manutenção de clima organizacional positivo.
Negociação	Obter equilíbrio dos resultados de uma negociação, visando benefícios para os envolvidos.
DIMENSÃO DA ESTRUTURAÇÃO	
Aprendizagem Contínua	Aplicar e compartilhar conhecimentos e experiências que contribuam para a criação de ambiente propício à aprendizagem contínua.
Melhoria Contínua	Identificar e apresentar melhorias/inovações que agreguem valor ao negócio, utilizando novas formas de pensar e realizar suas atribuições e responsabilidades.

Fonte: Elaborado pelos autores.

2.5.4 GRADAÇÃO EM COMPLEXIDADE

As competências devem ser graduadas de acordo com uma sequência crescente de complexidade da entrega. Essa gradação permite um melhor acompanhamento da evolução da pessoa em relação a sua contribuição para a organização e/ou negócio. Como o desenvolvimento da pessoa é observado a partir do nível da complexidade de suas atribuições e responsabilidades, na medida em que graduamos as competências em relação à complexidade da entrega esperada, temos uma escala mais adequada para acompanharmos a evolução da pessoa. Assim, para tornar mais concreta a complexidade, em muitas organizações foi efetuada uma associação com competências, como mostra a Figura 2.6:

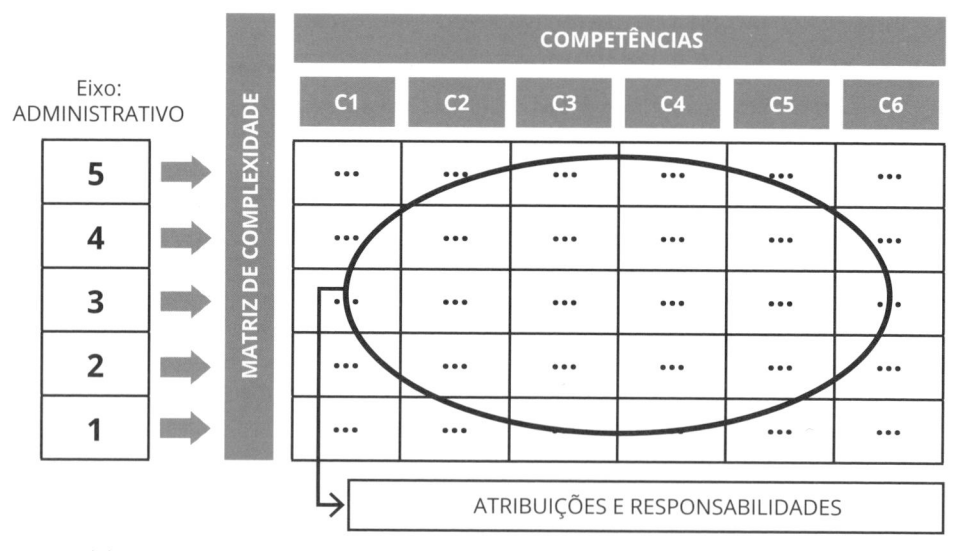

Fonte: Elaborada pelos autores.

FIGURA 2.6 – Associação entre competências e níveis de complexidade.

Para exemplificar, vamos analisar uma competência descrita em diferentes níveis de complexidade. Para tanto, vamos trabalhar uma competência genérica de Melhoria Contínua e trabalhá-la usando os referenciais de complexidade apresentados no Quadro 2.6.

QUADRO 2.6 – Exemplo de descrição de nível de complexidade a partir de uma competência

	MELHORIA CONTÍNUA Identificar e apresentar melhorias/inovações que agreguem valor ao negócio, utilizando novas formas de pensar e realizar suas atribuições e responsabilidades.
4	• Propõe e implanta melhorias e inovações que impactem significativamente a organização e seus resultados, em curto, médio e longo prazos. • Participa da implantação de planos de mudança/inovação definidos corporativamente, orientando e mobilizando a equipe para a implantação. • Está atento aos movimentos do mercado sinalizando para a organização as adaptações necessárias nos produtos, serviços e/ou práticas adotadas.
3	• Propõe, verifica junto à liderança a possibilidade de implantação e desenvolve ações de melhorias e inovações para área e organização, analisando riscos e limites (orçamentários, técnicos e legais). • Responde pela elaboração de normas, procedimentos e manuais da área, conforme diretrizes.
2	• Identifica oportunidades de melhoria em suas atividades e processos da área, propondo soluções com análise de riscos e limites (orçamentários, técnicos e legais). • Participa da elaboração de normas, procedimentos e políticas da área.
1	• Identifica oportunidades de melhoria e sugere aprimoramentos nas atividades sob sua responsabilidade. • Executa melhorias no processo em que atua, seguindo orientações.

Fonte: Elaborado pelos autores.

CONSIDERAÇÕES FINAIS

Neste capítulo, procuramos explorar as bases conceituais de um Modelo de Gestão de Pessoas que, além de ancoradas em referenciais conceituais sólidos, já foram trabalhadas em centenas de organizações – públicas e privadas – com excelentes resultados.

Nos próximos capítulos detalharemos sua interface com os diversos processos de Gestão de Pessoas, elencaremos cuidados, recomendações e lições aprendidas, sobretudo nas experiências de aplicação do Modelo nas Organizações Públicas.

BIBLIOGRAFIA DO CAPÍTULO

BRASIL. Constituição. Constituição da República Federativa do Brasil. 1988. Brasília: Senado Federal. Disponível em: <http://www.planalto.gov.br/ccivil_03/constituicao/constituicao.htm>. Acesso em: 1 jul. 2018

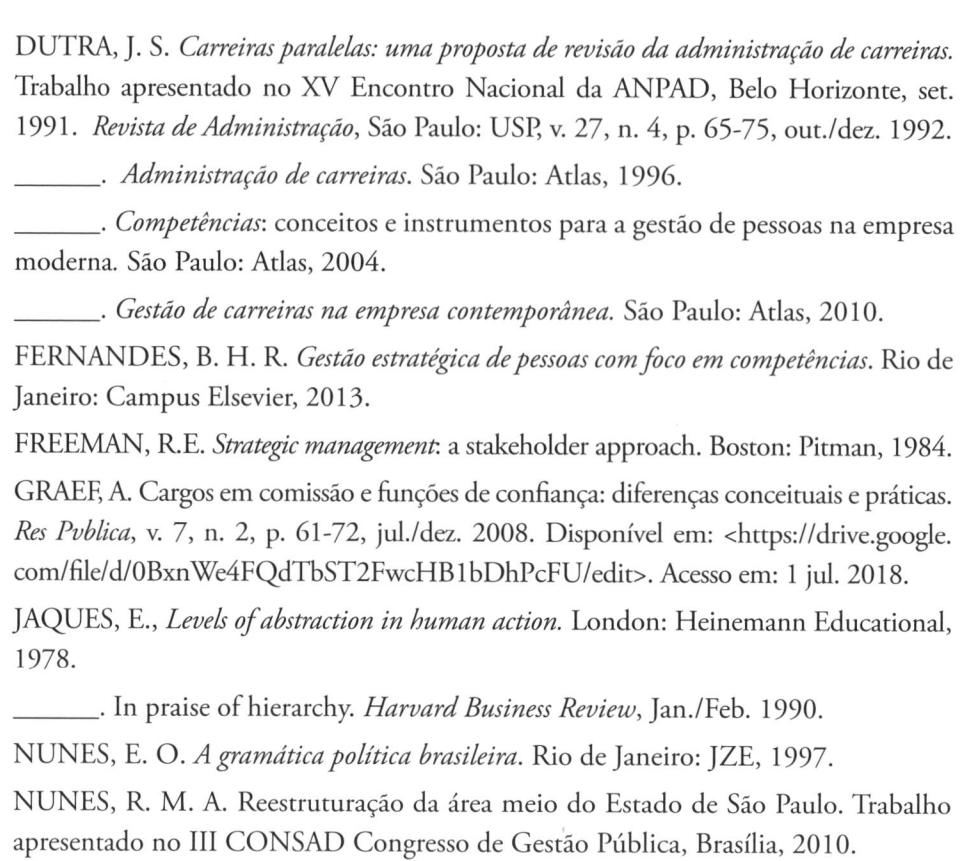

DUTRA, J. S. *Carreiras paralelas: uma proposta de revisão da administração de carreiras.* Trabalho apresentado no XV Encontro Nacional da ANPAD, Belo Horizonte, set. 1991. *Revista de Administração*, São Paulo: USP, v. 27, n. 4, p. 65-75, out./dez. 1992.

_____. *Administração de carreiras.* São Paulo: Atlas, 1996.

_____. *Competências*: conceitos e instrumentos para a gestão de pessoas na empresa moderna. São Paulo: Atlas, 2004.

_____. *Gestão de carreiras na empresa contemporânea.* São Paulo: Atlas, 2010.

FERNANDES, B. H. R. *Gestão estratégica de pessoas com foco em competências.* Rio de Janeiro: Campus Elsevier, 2013.

FREEMAN, R.E. *Strategic management*: a stakeholder approach. Boston: Pitman, 1984.

GRAEF, A. Cargos em comissão e funções de confiança: diferenças conceituais e práticas. *Res Pvblica*, v. 7, n. 2, p. 61-72, jul./dez. 2008. Disponível em: <https://drive.google.com/file/d/0BxnWe4FQdTbST2FwcHB1bDhPcFU/edit>. Acesso em: 1 jul. 2018.

JAQUES, E., *Levels of abstraction in human action.* London: Heinemann Educational, 1978.

_____. In praise of hierarchy. *Harvard Business Review*, Jan./Feb. 1990.

NUNES, E. O. *A gramática política brasileira.* Rio de Janeiro: JZE, 1997.

NUNES, R. M. A. Reestruturação da área meio do Estado de São Paulo. Trabalho apresentado no III CONSAD Congresso de Gestão Pública, Brasília, 2010.

SOUZA, F. M. S.; ALMEIDA, L. B. S. A importância da estruturação da gerência de cargos, salários e avaliação de desempenho para a gestão de pessoas. Trabalho apresentado no V CONSAD Congresso de Gestão Pública, Brasília, 2012.

3 Gestão da Carreira

Assista ao vídeo *Gestão da carreira*.

uqr.to/djal

3.1 INTRODUÇÃO

Para uma organização que trabalha com centenas, milhares ou dezenas de milhares de profissionais, seria impossível administrar eficientemente as diferentes expectativas de carreira das pessoas com as necessidades organizacionais caso não fossem disponibilizadas diretrizes, estruturas de carreira, instrumentos de gestão, dentre outras ferramentas, conforme apresentado no Capítulo 2. Além disso, vale ressaltar que o Modelo de Gestão de Pessoas não deve ser entendido como uma moldura na qual as pessoas devem obrigatoriamente se encaixar de uma única forma, mas sim como a estruturação de opções, como forma de organizar possibilidades, servindo como suporte para que as pessoas possam planejar suas carreiras e dialogar sobre suas experiências, tendo em vista as possibilidades organizacionais.

Os principais agentes da Gestão de Carreiras são as pessoas – que precisam conhecer-se, ter consciência de seu projeto profissional e ter conhecimento das oportunidades oferecidas pela organização e pelo mercado de trabalho – e a organização – a quem cabe estimular e apoiar as pessoas em seu processo de condução da carreira – conforme apresentamos no Capítulo 1.

No setor público, observamos três principais dificuldades em relação à carreira, sobre as quais discorreremos ao longo do capítulo: a primeira é que as pessoas se frustram pois acreditam que é a organização que deve proporcionar sua carreira, ou seja, acreditam que é algo dado e que é a organização que deve satisfazer suas expectativas, não assumindo o papel de protagonistas; a segunda é decorrente de uma característica das Organizações Públicas de oferecerem uma possibilidade de carreira lenta, que não necessariamente deve ser vista como algo ruim; a terceira é que as pessoas acreditam que apenas haverá valorização e crescimento quando forem alçadas à posição de gestão. Com isso em mente, algumas pessoas aceitam a mobilidade para o eixo de gestão com o único propósito de terem maior remuneração ou *status*, mesmo sabendo que não possuem as competências para o exercício da posição.

Neste capítulo, primeiramente, vamos compreender como a organização pode estimular, apoiar e oferecer condições concretas para o desenvolvimento da pessoa e de sua carreira, e em seguida o papel da pessoa como protagonista de seu desenvolvimento e de sua carreira.

3.2 O PAPEL DA ORGANIZAÇÃO NA GESTÃO DE CARREIRAS

As organizações, por acreditarem na importância do desenvolvimento dos indivíduos, estão buscando criar estímulos, condições concretas e critérios de valorização para as pessoas assumirem o protagonismo de seu desenvolvimento e de suas carreiras. Nesse processo, devem se preparar para interagir com pessoas em diferentes momentos de carreira e, consequentemente, com diferentes demandas sobre a organização, a saber:

- **O início:** a entrada na carreira é bem clara para a organização e para as pessoas. Quase sempre é possível estabelecer com precisão quais são os requisitos e as condições de acesso à carreira, especialmente em Organizações Públicas cujo acesso se dá por concurso público com base em parâmetros e ritos formalmente definidos e institucionalizados.

- **O crescimento:** as organizações em geral conseguem monitorar bem o início do processo de crescimento das pessoas na carreira. Mas somente as organizações mais bem estruturadas conseguem estabelecer todo o percurso de crescimento em determinada carreira, não como um caminho único, obrigatório ou previamente determinado, mas como possibilidades e regras que balizam o crescimento e a ascensão profissional.
- **O final:** raramente as organizações e as pessoas têm clareza sobre o final da carreira. Temos encontrado em várias organizações pessoas que já estão no teto de suas carreiras há muitos anos, sem perspectivas de desenvolvimento e bloqueando o acesso de pessoas que vêm crescendo. O fundamental é debater com transparência sobre o final da carreira e, ao fazê-lo, trabalhar a possibilidade de a pessoa preparar-se para outra carreira com o suporte da organização. Essa outra carreira pode ser dentro ou fora da organização. Por exemplo: analisando carreiras de profissionais técnicos sem vocação gerencial, observamos que, durante seu processo de crescimento, esses profissionais podem ser preparados para diferentes carreiras, tais como: acadêmica, montagem do próprio negócio, profissional liberal, inclusive com a possibilidade de continuarem a prestar serviço para seus antigos empregadores.

Para auxiliar nesses momentos, o papel da organização é amplo e, para estudá-lo, vamos dividi-lo em três categorias:

1. **Definição estratégica:** nesta categoria são agrupadas as decisões ligadas à compatibilização entre a Gestão de Carreiras e os princípios que balizam a gestão de recursos humanos e as estratégias organizacionais. Podem ser incluídas nesta categoria decisões como:
   - conciliação entre desenvolvimento da organização e das pessoas;
   - definição de eixos de carreira e especializações importantes para a manutenção ou incorporação de vantagens competitivas;
   - grau de liberdade dado às pessoas para efetuarem opções de carreira e grau de compartilhamento das decisões sobre trajetórias profissionais;
   - nível do suporte dado pela organização ao planejamento individual de carreira.

2. **Definição do Modelo de Gestão de Pessoas:** incluem-se nesta categoria decisões ligadas à configuração técnica do Modelo. Essas decisões formam a base de funcionamento do Modelo e, portanto, devem estar

alinhadas à definição estratégica. São decisões que podem ser incluídas nesta categoria:
- formatação e características das estruturas de carreira;
- níveis (degraus) dentro de cada estrutura de carreira e requisitos de acesso a cada nível;
- escolha dos instrumentos de gestão a serem incorporados no Modelo.

3. **Definição da metodologia de modelagem, implementação e atualização dos critérios:** a efetividade de um Modelo de Gestão de Pessoas só será obtida se forem levados em conta os padrões culturais da organização, seu momento histórico e suas necessidades concretas. Assim sendo, o processo utilizado para a concepção do Modelo é decisivo para seu sucesso e adequação. São decisões desta categoria:
- pessoas abrangidas pelo Modelo e grau de envolvimento na sua modelagem, implementação e atualização;
- nível de consenso quanto ao atendimento, pelo Modelo, das necessidades e expectativas da organização e das pessoas;
- grau de compatibilização do Modelo com os demais instrumentos de gestão de recursos humanos;
- *timing* para implementação do Modelo.

O primeiro e o segundo pontos foram trabalhados no capítulo anterior e o terceiro ponto será discutido no Capítulo 8 – Governança em Gestão de Pessoas.

Outro ponto crítico na Gestão de Carreiras e que deve ser considerado quando da estruturação de seu Modelo e Estratégia da Gestão de Pessoas diz respeito ao processo de mobilidade profissional. Nos dias atuais, esse processo desempenha papel crítico, pois as organizações modernas apresentam, como grande desafio, uma busca permanente de conciliar suas necessidades de resultado com as capacidades e aspirações de seu conjunto de profissionais. Por isso, o tema não pode vir à tona somente no momento em que surge uma vaga para transferência, mas deve ser observado de forma contínua, com planejamento.

Exploraremos um pouco mais esse processo no tópico a seguir.

3.3 MOBILIDADE PROFISSIONAL

Mobilidade refere-se a mudanças do funcionário entre áreas, podendo ou não implicar mudança entre eixos de carreira. Há algumas modalidades de mobilidade:

a) Mobilidade entre áreas no mesmo eixo de carreira

Quando a pessoa permanece no mesmo eixo ela tem o desenvolvimento mais rápido, porque está mobilizando conhecimentos e habilidades de mesma natureza em situações de crescente complexidade. Neste caso, entra em jogo a necessidade de observar as competências técnicas necessárias para a boa produtividade do profissional, as quais podem ser desenvolvidas previamente – em um processo de preparação do profissional para a mudança de área ou, o que é mais comum, logo após a acolhida do profissional na área/função/atividade para qual está migrando. Em qualquer um dos casos é necessário, naturalmente, que haja vaga ou necessidade organizacional para que a pessoa possa ser desafiada e encontre *seu espaço* na área, mas também é importante que sejam considerados as aptidões e os interesses do profissional.

b) Mobilidade entre eixos

Embora raras, temos observado, na década de 2000, um crescimento importante das mudanças de eixos de carreira. Essas mudanças ocorrem principalmente em dois momentos: quando estamos vivendo o que chamamos de crise da meia carreira (MORISON; ERICKSON; DYCHTWALD, 2006; QUISHIDA, 2007) e no processo de aposentadoria.

Quando a pessoa muda de eixo, ela passa a lidar com atribuições e responsabilidades de diferente natureza, tem a condição de mudar no mesmo nível de complexidade, mas, ao fazê-lo, antes de lidar com níveis de maior complexidade, terá que consolidar um conjunto de conhecimentos e habilidades de diferente natureza, agregar uma nova rede de relacionamentos e criar legitimidade nessa nova rede.

Exemplo de mobilidade entre eixos de carreira é a migração do profissional técnico para a carreira gerencial. Muitas vezes essa migração ocorre como uma forma de premiar o melhor técnico, que é escolhido pelo seu desempenho passado e não por apresentar vocação ou interesse legítimo pela nova carreira. Em casos assim, ao não perceber ou ao não dar importância ao fato de que se trata de uma nova carreira ou carreira de natureza diferente, é comum a organização perder um excelente profissional técnico e ganhar um gerente insatisfeito com sua carreira e, na maior parte das vezes, despreparado para ela. Esse exemplo ilustra, também, a dificuldade inerente ao processo de mudança de carreira. Tal dificuldade decorre do fato de essa mudança implicar em uma alteração na identidade profissional; por isso, mudar de trajetória é bem diferente de mudar de função: em uma mudança de função é como se trocássemos de roupa, em uma mudança de trajetória é como se traçássemos nossa pele, é muito dolorido e difícil. A mudança de trajetórias implica na vivência de um processo de transição (Ibarra, 2003), são movimentos mais raros nas biografias profissionais.

O processo de mobilidade profissional é particularmente importante em Organizações Públicas já que, em geral, as pessoas ficam muito tempo em uma mesma organização (para algumas, toda a sua vida profissional), sendo salutar a mudança de área e de atividades de tempos em tempos – normalmente em um mesmo eixo de carreira ou, em alguns casos, incluindo mudança de carreira. Essa mobilidade pode derivar da falta de novidade e novos estímulos, mas, principalmente, oferece uma visão mais ampla e integrada sobre a operação da organização, suas particularidades e desafios, dando ao profissional as condições para que tome decisões mais adequadas e que agreguem mais valor, independentemente da área na qual esteja atuando.

No entanto, apesar de interessante para a organização e para as pessoas, encontramos nas organizações (sobretudo públicas) inúmeras dificuldades para que a mobilidade aconteça, sejam derivadas da falta de compreensão sobre o processo e sua importância, seja pela ausência de uma estratégia de Gestão de Pessoas que tenha na mobilidade profissional um de seus componentes principais; seja pelo fato de as pessoas, em geral, não assumirem o protagonismo de seu processo de desenvolvimento e carreira (como discutiremos no próximo tópico).

Em Organizações Públicas, é muito comum que gestores se "apossem" dos profissionais de suas equipes impedindo movimentos de mobilidade que podem ser de extremo valor para a organização e para as pessoas. Para isso, usam a boa desculpa, muitas vezes verdadeira, de falta de profissionais em suas áreas, ou seja, para ceder um profissional seria necessário receber outro que fosse capaz de cobrir sua ausência. Para encarar essa dificuldade, é necessário definir e clarificar o papel da mobilidade na estratégia de gestão do quadro; o papel dos gestores e profissionais nesse processo é introduzir rituais e práticas que facilitem a mobilidade, como, por exemplo, a abertura de um espaço (normalmente relacionado ao processo de análise de competências) no qual os profissionais possam manifestar suas aspirações e objetivos de carreira, ou de comitês que periodicamente se reúnam para debater a melhor forma de conciliar os interesses entre organização e pessoas, dentre outros.

EXEMPLO DE MOBILIDADE COMO COMPONENTE DA ESTRATÉGIA DE GESTÃO DE PESSOAS

Como discutiremos repetidamente ao longo deste livro, o desenvolvimento das pessoas está associado a um contínuo e gradual processo de exposição a desafios de maior complexidade. No entanto, temos que reconhecer que os desafios não são uniformes quando comparamos as diversas áreas das organizações, ou seja, somos rapidamente capazes de reconhecer aquelas áreas cujas atribuições são mais simples por lidarem com rotinas, com trabalhos bem definidos e estruturados ou com baixo grau de sofisticação técnica e aquelas em que o papel é mais sofisticado, complexo e desafiador. Ao invés de fingirmos que essas diferenças não existem para não desagradar ninguém ou para não "desvalorizar" determinadas áreas (mesmo porque não estamos discutindo o "valor" ou importância das áreas, mas sua complexidade operacional e, com ela, os *espaços ocupacionais* que oferecem ao desenvolvimento das pessoas), deveríamos reconhecê-las e utilizá-las como elemento central de uma estratégia de gestão. Por exemplo, poderíamos definir como critério que (sem desconsiderar interesse, aptidão e experiências prévias) os profissionais recém-admitidos em concurso público deveriam, prioritariamente, ingressar em áreas de menor complexidade. À medida que se desenvolvem, esses profissionais – por mérito próprio – poderiam se candidatar, via processo de mobilidade interna, a áreas que apresentem desafios de maior envergadura. Dessa forma, é possível ser mais democrático na oferta de desafios profissionais; há estímulo a um processo contínuo de desenvolvimento e crescimento profissional; os desafios são postos respeitando o ritmo de desenvolvimento e expansão do horizonte de desenvolvimento na medida em que as oportunidades são ampliadas (em contrapartida à limitação de oportunidades quando observamos uma única área); reforça-se a meritocracia e integra-se mobilidade com outras ações de Gestão de Pessoas (como resultados do mapeamento das competências e perfis profissionais, ações de desenvolvimento etc.).

No tópico a seguir, exploraremos o papel das pessoas na gestão de suas carreiras.

3.4 PAPEL DA PESSOA NA GESTÃO DE SUA CARREIRA

A pessoa como gestora de sua carreira, o espaço real de arbítrio da pessoa dentro das organizações e do mercado de trabalho e o conjunto de influências recebidas pela pessoa de sua socialização, de seu momento de vida e momento profissional têm sido profundamente estudados e discutidos ao longo dos últimos cinquenta anos. Embora tenhamos importantes trabalhos sobre o tema desde o início do século XX, é na década de 1970 que surgem os primeiros trabalhos buscando sistematizar e discutir os trabalhos produzidos até então (HALL, 1976; VAN MAANEN, 1977; SCHEIN, 1978). Cabe destacar desses trabalhos as reflexões sobre escolha da carreira e qual é a dinâmica desse processo ao longo da vida da pessoa. As teorias da escolha de carreira podem ser agrupadas em duas categorias mais gerais (HALL, 1976; VAN MAANEN, 1977):

- **Compatibilidade:** afirma que determinadas pessoas escolhem determinadas ocupações com base em medidas de compatibilidade entre a pessoa e a ocupação escolhida.
- **Processo de escolha:** afirma que a pessoa, ao longo de sua trajetória de vida, vai gradualmente chegando à escolha de sua ocupação.

Dentro da categoria da *compatibilidade*, acredita-se que as pessoas estejam naturalmente preocupadas em escolher uma carreira que atenda a suas necessidades e interesses e que expressem tal preocupação, uma vez que grande parte de suas vidas gira em torno do trabalho. A compatibilidade de uma pessoa e uma carreira pode ser explicada por quatro características pessoais: interesse, identidade, personalidade (valores, necessidades, orientação pessoal etc.) e experiência social (HALL, 1976). Estas teorias são fortemente suportadas, para a sua elaboração e divulgação, por referenciais psicanalíticos e biológicos (VAN MAANEN, 1977).

A categoria da compatibilidade dá maior ênfase a explicações sobre o que influencia a escolha da carreira, oferecendo uma visão estática da escolha, e menor ênfase a como se processa a escolha e ao seu porquê. Os autores que enfocam mais o *processo da escolha* procuram dar respostas para essas perguntas. De acordo com Ginzberg et al. (1951), o processo de escolha de uma carreira tem lugar em três estágios na vida de uma pessoa:

- **estágio da fantasia:** cobrindo o período da infância e indo até os 11 anos;
- **estágio das escolhas tentativas:** geralmente cobrindo o período de 11 a 16 anos. Este estágio baseia-se primeiramente em interesses e posteriormente em capacidades e valores;
- **estágio das escolhas realistas:** ocorre a partir dos 17 anos e geralmente cobre três períodos: exploratório, quando é examinada uma série de opções de carreira; cristalização, no qual as opções começam a ser melhor focadas; e especificação, quando a pessoa escolhe uma carreira em particular.

Durante a idade adulta as pessoas podem viver vários ciclos de exploração/cristalização/especificação, de modo a encontrar a carreira mais adequada aos seus interesses, necessidades e habilidades. Esse processo pode se arrastar pela faixa dos trinta anos, para aquelas pessoas que continuem investindo em seu processo educacional. Uma escolha mais definitiva da carreira ocorre por volta dos quarenta, na chamada "crise da meia-idade" (HALL, 1976; SUPER, 1957).

Schein (1978) encara a questão da carreira como um processo de desenvolvimento da pessoa como ser integral. Argumenta que, para podermos refletir sobre a carreira das pessoas, é preciso entendermos suas necessidades e características, as quais são fruto da interação da pessoa com todos os espaços de sua vida. Neste sentido, Schein acredita que as pessoas devem ser pensadas como inseridas em um mundo onde enfrentam múltiplas pressões e problemas. Na sociedade ocidental, tais pressões e problemas podem ser agrupados em três categorias:

- As pressões e problemas decorrentes do processo biológico e social associado ao nosso envelhecimento. Podemos, de forma geral, associar à idade determinantes de natureza biológica, tais como alterações em nosso corpo, alterações em nossa capacidade física e mental etc., e de natureza social e cultural. Essa associação nos permite configurar um ciclo biossocial que irá influenciar o comportamento e as preferências das pessoas.
- Outro conjunto de pressões e problemas decorre das relações estabelecidas entre a pessoa e sua família. Embora possamos associar esta categoria à biossocial, ela apresenta características peculiares. As pressões aqui estão associadas à natureza da relação com a família e aos diferentes compromissos que assumimos, tais como: casado, solteiro, viúvo, separado ou divorciado; com filhos pequenos ou não; com filhos adolescentes ou não; dando suporte financeiro e emocional para pais idosos ou não etc. Aqui também é possível definirmos um conjunto de pressões e problemas típicos das várias fases das relações que as pessoas estabelecem com suas famílias, configurando um ciclo familiar ou de procriação.
- A terceira categoria está associada ao trabalho ou à construção de carreira. As pessoas têm um domínio parcial sobre as pressões e problemas decorrentes desta categoria, uma vez que eles emanam de necessidades definidas pela sociedade, de suas instituições econômicas, suas tradições, políticas educacionais etc. De outro lado, a relação que as pessoas estabelecem com o trabalho ou com a carreira não sofre o determinismo das outras duas categorias, uma vez que uma pessoa pode mudar, alavancar sua carreira. As relações que a pessoa estabelece com a sua ocupação ou com organizações formam também um ciclo, a cujas etapas ou estágios podem ser associadas determinadas características.

Esses três ciclos são apresentados na Figura 3.1. Há momentos em nossas vidas nos quais, em função da idade, relação profissional e situação familiar, recebemos um grande conjunto de pressões. Esses momentos tendem a ser de grande influência nas decisões sobre projetos de vida pessoal e profissional.

| Alta Pressão
| Baixa Pressão

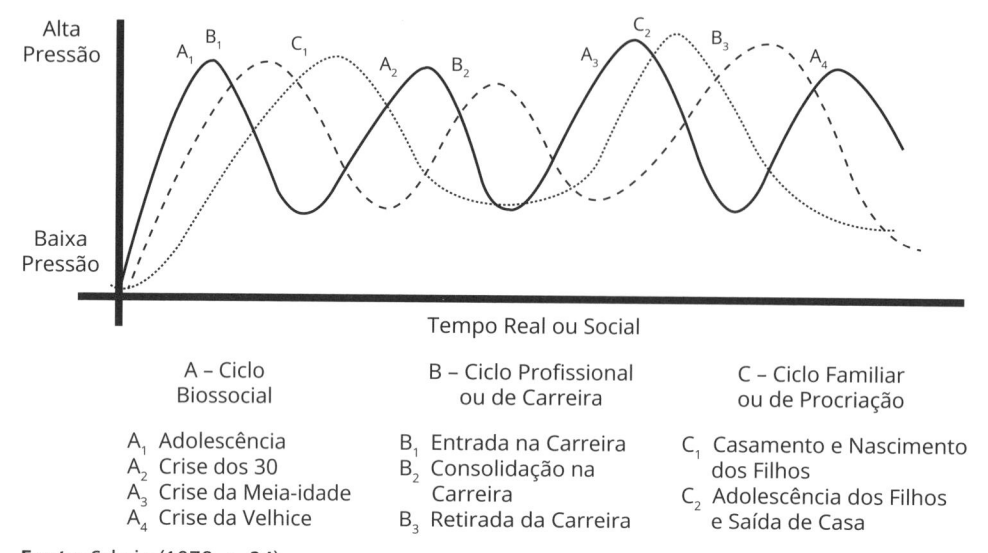

Tempo Real ou Social

A – Ciclo Biossocial
A_1 Adolescência
A_2 Crise dos 30
A_3 Crise da Meia-idade
A_4 Crise da Velhice

B – Ciclo Profissional ou de Carreira
B_1 Entrada na Carreira
B_2 Consolidação na Carreira
B_3 Retirada da Carreira

C – Ciclo Familiar ou de Procriação
C_1 Casamento e Nascimento dos Filhos
C_2 Adolescência dos Filhos e Saída de Casa

Fonte: Schein (1978, p. 24).

FIGURA 3.1 – Ciclos de influência sobre as pessoas.

CARREIRA PROTEANA E SEM FRONTEIRAS

Das contribuições mais recentes, cabe destacar a evolução da carreira proteana, em que a pessoa procura adaptar-se às exigências da organização e do mercado sem abrir mão de sua essência. Esse conceito foi apresentado por Hall (1976; 2002), fazendo uma analogia da carreira com o deus Proteu, que tem o poder de visualizar o futuro e mudá-lo como forma de lidar com as adversidades. Os trabalhos de Hall foram inspiradores para trabalhos desenvolvidos por Mainiero e Sullivan (2006), que tratam a questão do gênero na carreira, e por Veloso (2012), que trabalha processos de transição de carreira no Brasil. Segundo esses autores, na carreira proteana a pessoa deve ser tanto **orientada por valores**, no sentido de que os valores intrínsecos da pessoa provêm a orientação e a medida do sucesso para a carreira do indivíduo, quanto **autodirecionada**, ou seja, há a gestão pessoal da carreira, tendo a habilidade de ser adaptativa em termos de desempenho e demandas de aprendizado (Briscoe; Hall, 2013).

Outro destaque cabe aos trabalhos desenvolvidos por Arthur e Rousseau (1996) sobre carreiras sem fronteiras, em que a grande contribuição é a constatação de uma realidade onde as pessoas não podem mais pensar sua carreira restrita à organização onde atuam e devem romper fronteiras. Essa abordagem ganhou novos contornos com trabalhos de Arthur, Inkson e Pringle, 1999; Peiperl e Arthur, 2002 Arthur (1999; 2002), que discute o papel da pessoa em criar uma

> carreira consciente e inteligente; de Guns e Peiperl (2007), que coordenam a construção de um *handbook* sobre gestão de carreiras, apontando para novas formas de organização do trabalho e sua influência sobre a gestão da carreira pela pessoa; de Veloso (2012), utilizando o conceito de carreira sem fronteiras para estudar fenômenos brasileiros de transição de carreira; e de Briscoe e Hall (2013), que procuram analisar as possibilidades de postura das pessoas diante de suas carreiras através de um estudo combinando os conceitos de carreira sem fronteiras e carreira proteana.

3.5 PROTAGONISMO DA PESSOA NA GESTÃO DE SUA CARREIRA

O que é ter protagonismo em relação à carreira e ao desenvolvimento? É assumir a iniciativa de pensar a carreira e o desenvolvimento a partir de nós mesmos, ou seja, um movimento de dentro para fora, respeitando o que somos e no que acreditamos. Dessa forma, conseguimos distinguir o que é uma oportunidade de crescimento pessoal e profissional de uma armadilha que se apresenta como algo muito atraente, mas que não está alinhada com o que queremos.

O protagonismo está associado à ideia de termos um projeto profissional consciente, significa saber onde e como se quer chegar e agir de forma consistente e coerente com o nosso propósito. As pessoas que têm um projeto levam vantagens em relação àquelas que não têm, porque focam seus investimentos, gerenciam o seu desenvolvimento, olham o mercado e a organização com os seus olhos e não com os olhos dos outros e possuem uma visão mais ampla das oportunidades.

Quando verificamos pessoas protagonistas em relação ao seu desenvolvimento, quer por estímulos provenientes da organização onde trabalham, quer por sua iniciativa, verificamos que olham também para o futuro e o fazem de modo natural. Quando olham para o futuro, percebem oportunidades que estão presentes em sua realidade e que podem fazer escolhas, podem trabalhar para que essas oportunidades se tornem realidade.

Acreditamos que há uma pressão crescente para que as pessoas assumam esse protagonismo como forma de criar um diferencial no mercado de trabalho, mas também para que elas sejam mais consistentes e coerentes consigo mesmas. Essa crença é suportada pela percepção de transformações que vêm ocorrendo no mercado de trabalho, tais como:

- aumento na diversificação das oportunidades profissionais ocasionada pelos movimentos de: maior complexidade organizacional e tecnológica das organizações, revisão das estruturas organizacionais e diversificação do mercado de produtos e serviços, exigindo das pessoas posicionamento cada vez mais consciente quanto a sua trajetória profissional;

- disseminação cada vez maior da ideia de que as pessoas são capazes de influenciar suas próprias carreiras tanto no setor privado quanto no público;
- valorização social do contínuo crescimento, da mobilidade, da flexibilidade e da notoriedade. Esse tipo de valorização pressiona as pessoas a competirem consigo próprias, a estarem sempre revendo suas expectativas e necessidades.

A construção de um projeto profissional é fácil e está ao alcance de todos, basta olharmos para nós mesmos com honestidade e nos respeitarmos. A partir daí, conseguimos enxergar com mais clareza as oportunidades ou as possibilidades de criarmos oportunidades.

3.5.1 AO NÃO PENSARMOS A CARREIRA, EM QUAIS EQUÍVOCOS PODEMOS INCORRER?

Normalmente, as pessoas percebem as oportunidades profissionais e de carreira "de fora para dentro". Em outras palavras, olham para o mercado ou para a organização em busca de oportunidades sem considerar a si próprias, seus pontos fortes, suas preferências, seus desejos e seus sonhos. Ao fazê-lo, as pessoas incorrem nos seguintes equívocos de carreira: armadilhas profissionais, desconforto profissional e visão restrita de oportunidades.

Armadilha profissional

A pessoa cai em uma armadilha profissional quando, atraída por recompensas financeiras, *status* ou *glamour* da posição, passa a atuar em uma situação profissional que lhe causa profundo desconforto. Normalmente, o desconforto profissional ocorre quando a posição profissional explora mais intensamente os pontos fracos da pessoa e muito pouco de seus pontos fortes. Quando estão em uma posição profissional que explora seus pontos fracos, as pessoas têm que se esforçar para realizar suas atribuições e responsabilidades e, mesmo com grande esforço, não conseguem sair da mediocridade. Ao contrário, quando as pessoas estão em uma posição profissional que explora seus pontos fortes, com facilidade são excelentes e vivem um período de grande desenvolvimento profissional.

Hoje, sabemos que as pessoas se desenvolvem usando de forma cada vez mais sofisticada seus pontos fortes. O uso de pontos fracos causa desconforto e inibe o desenvolvimento. Portanto, para nos desenvolvermos de forma saudável e natural, devemos aprender novas formas de explorar nossos pontos fortes. O investimento no desenvolvimento de nossos pontos fracos deve ocorrer para que eles não atrapalhem nossos pontos fortes.

As armadilhas profissionais normalmente são percebidas com rapidez pelas pessoas que de imediato tentam sair delas. Porém, é mais fácil entrar em uma armadilha do que sair dela. Nos depoimentos que temos recolhido dos profissionais, verificamos que cair em armadilhas é uma situação muito comum, mas que poderia ser facilmente evitada se as pessoas estivessem atentas a si próprias. As pessoas atentas às suas carreiras, tendo um projeto profissional consciente e preocupadas com seu autodesenvolvimento, conseguem evitar esse tipo de situação.

Algumas vezes, as pessoas não percebem a armadilha profissional porque o desconforto não é muito acentuado no início ou porque elas estão tendo problemas em outras esferas de sua vida e atribuem o desconforto a esses problemas. Essas são as armadilhas mais perigosas, pois vão minando a energia das pessoas, debilitando sua autoestima e gerando um sentimento de desqualificação. Nesses casos, as pessoas percebem a armadilha três ou quatro anos após terem entrado nela e é muito mais difícil de saírem.

Desconforto profissional
O desconforto profissional, diferentemente da armadilha, ocorre sem percebermos. Quando nos damos conta do desconforto, ele já está instalado há algum tempo e é só nesse momento que começamos a trabalhar para nos livrarmos dele. Normalmente, pensamos em nossa carreira profissional quando sentimos um desconforto profissional e é nesse momento que procuramos alternativas ou novas posições. É fundamental termos em mente que, entre entrarmos em uma região de desconforto, percebermos o desconforto, começarmos a agir para sair da situação e conseguirmos sair, gastamos de dois a cinco anos. Ou seja, durante esse período estamos nos desenvolvendo muito pouco ou nada.

O desconforto profissional ocorre quando, estando em uma carreira que nos agrada e onde vínhamos encontrando espaço para crescimento, chegamos a um limite onde não temos mais espaço para desenvolvimento. As pessoas conscientes de sua carreira conseguem com mais facilidade antever esses momentos e se preparar para eles, evitando-os ou minimizando seus efeitos.

Visão restrita de oportunidades
Em nossas pesquisas com gerentes, percebemos que a quase totalidade deles, quando pensa em sua carreira, toma como referência ou a estrutura organizacional ou os planos de cargos e salários. Ao fazê-lo, estão utilizando um referencial

que traduz a organização de ontem e não a organização do amanhã, por isso as pessoas têm tanta dificuldade para enxergar oportunidades que estão surgindo ou para criar situações que possam gerar oportunidades.

Para a organização, é importante estimular as pessoas a descobrirem novos espaços de desenvolvimento, porque isso cria as condições concretas para o desenvolvimento organizacional.

3.5.2 COMO EVITAR ESSES EQUÍVOCOS?

As pessoas que pensam suas carreiras a partir delas próprias e que têm consciência da direção profissional para onde estão indo dificilmente incorrem nos equívocos profissionais descritos e possuem clara vantagem competitiva em relação aos seus colegas.

Para isso, ter um **projeto profissional** consciente significa sabermos onde queremos chegar e agirmos de forma consistente e coerente com o nosso objetivo. As pessoas que têm um projeto levam vantagens em relação àquelas que não têm, porque conseguem distinguir mais facilmente uma oportunidade de uma armadilha profissional, focam seus investimentos, gerenciam o seu desenvolvimento, olham o mercado e a organização com os seus olhos e não com os olhos dos outros e possuem uma visão mais ampla das oportunidades.

3.5.3 COMO PENSAR A CARREIRA E ESTABELECER UM PROJETO PROFISSIONAL?

A maior parte das pessoas que consultamos sobre o que significava para elas ter um plano de carreira ou um projeto profissional tinham em mente a ideia de ter clareza das possibilidades de desenvolvimento profissional ou de um horizonte profissional definido. Associa-se, portanto, à ideia de plano de carreira a metáfora de uma estrada plana, asfaltada e bem conservada, que se trilhada pela pessoa a conduzirá ao sucesso, à riqueza e à satisfação profissional. Quando as pessoas olham para a realidade das organizações, verificam a carreira como uma sucessão de acontecimentos inesperados de parte a parte. Quando elas olham à frente, veem um caminho tortuoso, onde são apresentadas várias alternativas e, ao mesmo tempo, um grande número de incertezas. A carreira deve ser pensada, portanto, como uma estrada que está sempre sendo construída pela pessoa e pela organização. Deste modo, ao olharmos à frente vamos sempre ver o caos a ser ordenado e quando olharmos para trás enxergaremos a estrada que já construímos.

A pessoa é escultora de sua carreira quando constrói de forma consciente a sua carreira. A carreira não é uma construção fácil, nós nunca temos certeza absoluta do que encontraremos pela frente, a cada passo abre-se um mundo novo e a todo instante nos deparamos com o inesperado.

Muitas vezes nos sentimos tentados a optar pelo caminho mais fácil, normalmente o já trilhado por outras pessoas ou aquele determinado pela organização. Quando escolhemos o caminho já trilhado por outras pessoas, podemos ter vantagens pelo fato de que parte do caminho já está aplainado, mas se não agregarmos o nosso esforço na construção do caminho e se nos acomodarmos ao caminho já traçado estaremos mais sujeitos às armadilhas profissionais já mencionadas. **Quando escolhemos o caminho definido pela organização e nos acomodamos, vamos abrindo mão de nós mesmos e passamos de escultores para esculturas.**

Esses aspectos deverão criar uma demanda crescente para responder questões tais como: De que modo posso assumir o protagonismo de minha carreira e que processos e ferramentas podem ser utilizados? Quais são os diferentes estágios da vida profissional e quais são suas demandas? Que possibilidades de carreira existem para os diferentes estilos e formas de ser das pessoas?

Para o estabelecimento de um projeto profissional podem ser utilizadas várias técnicas. As mais comuns são:

- Manuais de autopreenchimento, como, por exemplo, os apresentados por Savioli (1991), por London e Stumpf (1982) e por Martins (2001).
- *Workshops* para planejamento de carreira, em que os participantes trabalham sua avaliação individualmente e em grupos e discutem suas preferências e objetivos de carreira. Esses trabalhos podem gerar ainda insumos para uma continuidade de trabalho individual (*homework*) a serem confrontados com opiniões de familiares, amigos e, eventualmente, colegas na organização (GUTTERIDGE, 1986).
- Suporte de consultores especializados que utilizam um *mix* de técnicas que envolvem preenchimento de manuais de autoavaliação e entrevistas de aconselhamento. Geralmente, esse tipo de serviço está associado a uma demanda de organizações em relação a seus empregados, quer visando a trabalhos de desenvolvimento, quer visando a trabalhos de recolocação (*outplacement*). Esse suporte pode ser dado por conselheiros da própria organização ou contratados.

3.5.4 CONSTRUÍ MEU PROJETO PROFISSIONAL – E AGORA?

Uma vez construído o projeto profissional, o processo seguinte é a negociação desse projeto com a organização. Os aspectos principais a serem considerados são:

- **Definir o posicionamento da organização em nosso projeto de carreira:** a organização pode estar ou não em nosso projeto. Caso não esteja, é importante avaliar quais são as alternativas fora da organização, que podem ser: mudar de organização, montar um negócio, transformação em prestador de serviço, vida acadêmica etc. Caso a organização esteja em nosso projeto, é porque podemos vislumbrar oportunidades.
- **Avaliação de oportunidades:** é normal que a organização não divulgue formalmente as oportunidades; em geral, organizações nem têm consciência de todas as oportunidades. Portanto, necessitamos efetuar uma constante avaliação da situação. As melhores fontes de informação estão em nossa rede de relacionamento.
- **Avaliação dos requisitos exigidos:** devemos ter clareza quanto aos requisitos exigidos pela organização para as posições nas quais temos interesse e avaliarmos se atendemos ou não a esses requisitos.
- **Negociação com a organização:** para negociarmos nossa carreira com a organização, é importante que estejamos seguros. A segurança em relação à carreira significa que estamos efetuando escolhas, que sabemos o que queremos e o que não queremos. Na medida em que definimos nossas prioridades, naturalmente passamos a investir nossa energia nesse caminho, passamos a naturalmente ocupar espaços e sinalizamos com mais clareza para onde vamos.

CUIDADOS NA CONSTRUÇÃO DE UM PROJETO DE CARREIRA

Pensar e construir uma carreira é um processo muito pessoal. Podemos, entretanto, oferecer algumas bases para a construção e implantação de um projeto de carreira consciente. Essas bases advêm de uma consolidação teórica sobre carreira e análise de muitas biografias profissionais.

Fixe em algo firme

Primeiramente, ao projetarem suas carreiras para o futuro, as pessoas vinculam esse futuro a pessoas, organizações ou contextos, assentam suas projeções em bases movediças. No futuro, com certeza, nossas relações com as pessoas e com a organização serão diferentes e o contexto estará completamente alterado. Para termos uma base estável, devemos projetar nosso futuro sobre algo perene, que não mude ou mude muito pouco. A base estável somos nós mesmos, em essência nós mudamos muito pouco. A recomendação é que pensemos qual é o nosso grande compromisso conosco mesmos em relação ao que queremos com nossa vida profissional. Dessa forma, se o meu grande compromisso é estar mais feliz profissionalmente no futuro, não sei o que estarei fazendo daqui a cinco anos, mas sei que estarei fazendo algo que me trará mais satisfação. Pensando dessa forma, vamos paulatinamente construindo nossos objetivos de carreira, definindo o que queremos e o que não queremos.

Ao trabalharmos com as pessoas em suas biografias profissionais e no motivo de suas escolhas, observamos que essas pessoas tinham um compromisso com elas próprias em relação às suas carreiras. Na maior parte das vezes esse compromisso não era consciente, mas sempre esteve presente nas escolhas e opções profissionais. Por essa razão, é muito importante essa reflexão e essa descoberta sobre nós mesmos. Não é algo simples, exige certo esforço, mas ao olharmos para nossa história profissional analisando o que nos motivou a efetuar nossas escolhas teremos uma boa pista sobre o nosso compromisso. Um livro escrito por Maria Tereza Gomes (2016) trabalha esse aspecto com muita propriedade, fazendo analogia de nossas escolhas com a trajetória do herói (CAMPBELL, 1989) e relatando trajetórias profissionais nas quais "você é o herói do próprio destino".

Sonhe e amplie seu futuro

Há uma dificuldade dos brasileiros de sonhar em relação a sua carreira. É comum sonharmos em relação a outras dimensões de nossa vida, mas é difícil sonhar em termos profissionais. Observamos em nossas pesquisas que as pessoas, quando se projetam no futuro, não ousam, pensam de forma acanhada seu futuro profissional. Nossa hipótese é que o brasileiro tem dificuldade de sonhar sua carreira porque raramente a planeja, raramente exercita projetar-se profissionalmente no futuro.

Em nossos trabalhos, junto a consultores de carreira e a profissionais de recolocação, verificamos que as pessoas, ao se projetarem no futuro, visualizam-se realizando atividades profissionais que já vinham realizando anteriormente, no mesmo tipo de organização e em posições semelhantes. Além disso, não conseguem pensar em novos tipos de relação com o mercado de trabalho, onde poderiam assumir vínculos empregatícios diferentes ou poderiam utilizar seu conhecimento de forma diferente.

Estabeleça objetivos

Para refletirmos sobre os nossos objetivos profissionais e pessoais, é interessante partirmos do concreto para o abstrato, sendo assim, devemos começar pensando quais são os nossos objetivos para o próximo ano. Para efetuar essa reflexão, teremos que mobilizar nossos conhecimentos sobre nós mesmos, sobre a organização onde trabalhamos e sobre o mercado. Em seguida, vamos projetar tudo o que sabemos para daqui a um ano. A organização onde trabalho estará crescendo? Como estará o mercado? Minha área de atuação estará em ascensão ou estará declinando? E assim por diante.

Ao estabelecermos uma compreensão de nossa carreira no curto prazo, estamos em condições de refletir sobre o longo prazo. Normalmente, esse longo prazo é fixado em cinco anos. É um período longo o suficiente para nos descolarmos do presente e, ao mesmo tempo, conseguirmos ligar o futuro a ele. Quando penso em minha carreira nos próximos cinco anos, vale a pena me aprofundar em minha área de conhecimento ou atuação? Devo permanecer em minha organização ou devo mudar? Vale a pena pensar em uma carreira internacional? Enfim, vai surgindo, naturalmente, uma série de questões a serem respondidas e, ao respondê-las, estaremos construindo nosso projeto de carreira de longo prazo.

O passo subsequente é o verificar a coerência entre o nosso projeto de curto prazo e o de longo prazo. É fundamental que o curto prazo alimente o longo prazo. Caso haja incoerências, é necessário revisar os projetos de curto e de longo prazo.

Feita essa revisão, temos o primeiro esboço dos nossos objetivos em relação a nossa carreira. É importante um investimento em nosso autoconhecimento para verificarmos se estamos definindo objetivos realmente alinhados com o que somos e com o que queremos.

Não crie autorrestrições

Este aspecto é o mais perigoso. Para ilustrarmos, vamos fazer uma simplificação de um plano de carreira onde a pessoa pensa em ocupar o cargo x na organização y daqui a cinco anos. Nesse caso, a pessoa está projetando o presente para o futuro, onde não há segurança de que a organização y exista e, muito menos, o cargo x, mas o mais perigoso é que uma pessoa que, em tese, pode o que quiser contenta-se com o cargo x na organização y. A pessoa, neste caso, coloca-se em uma camisa de força que restringe e a limita.

Essa foi uma questão colocada em nossa agenda de pesquisa e constatamos, com os profissionais de aconselhamento e recolocação, que era uma situação muito comum vivida por eles. Pessoas que ao pensar seu futuro se subestimam e colocam-se em posições que as restringem e inibem seu desenvolvimento. O projeto profissional deve ser um norte que nos oriente, jamais algo que possa nos restringir ou criar barreiras.

3.5.5 OTIMIZANDO AS POSSIBILIDADES DE CARREIRA: O DESAFIO DE CONCILIAR EXPECTATIVAS E POTENCIALIDADES DAS PESSOAS COM AS OPORTUNIDADES NAS ORGANIZAÇÕES PÚBLICAS

Até aqui, construímos as bases para que a conciliação de expectativas entre organização e profissionais possa ocorrer: de um lado, a organização consciente de suas necessidades, desafios e oportunidades, o que só é possível a partir de referenciais sólidos de carreira e desenvolvimento apoiados em competências e padrões de complexidade. De outro, pessoas conscientes de suas aspirações e qualidades, dispostas a assumirem o protagonismo na gestão de seu desenvolvimento e carreira e ativas na busca por oportunidades. Ambos devem estar abertos ao diálogo, serem empáticos (compreenderem a condição do outro) e dispostos a alocar energia nesse diálogo: *a organização*, por perceber a criticidade do papel das pessoas para a realização de resultados e para o cumprimento de sua missão institucional e crente que o desenvolvimento e estímulo ao crescimento das pessoas é necessário ao próprio desenvolvimento organizacional; e *as pessoas*, ao reconhecerem a importância do trabalho em suas vidas e o ambiente organizacional como espaço possível de realização pessoal.

Em nossas experiências, temos visto que a conciliação dos interesses entre organizações e pessoas se constitui em grande desafio para qualquer instituição, mas que ganha complexidade adicional nas Organizações Públicas. Alguns dilemas que temos visto são:

- **Expectativas de ascensão profissional *versus* configuração das carreiras na organização pública**
A geração que entra no mercado de trabalho tende a ter expectativa de reconhecimento imediato, ascensão rápida, o que muitas vezes se choca com a rigidez dos planos de carreira das Organizações Públicas. Preza, também, pela qualidade de vida e por um bom ambiente de trabalho. Para lidar com as novas gerações e acentuar a capacidade das Organizações Públicas de atraírem e reterem profissionais, é preciso reconhecer suas características e expectativas e criar mecanismos de Gestão de Pessoas aderentes à nova realidade. Introduzir mecanismos de aceleração na carreira e reconhecimento que privilegiem o mérito, adotar horário flexível e *home office*, investir em estrutura física adequada e estimular a participação (via projetos/desafios), a geração de ideias e o trabalho em equipe podem contribuir para o envolvimento e engajamento.

Por outro lado, é importante que se reconheçam as características e necessidades da organização e que elas sejam comunicadas com transparência, de modo a possibilitar escolhas profissionais conscientes. Sabemos que o crescimento profissional (entendido como o movimento da pessoa ao assumir trabalhos mais elaborados e complexos) está condicionado à existência do que chamamos de *espaço ocupacional*, ou seja, à existência de uma necessidade da organização. Em outras palavras, por mais que as pessoas tenham potencial e coloquem energia em seu desenvolvimento, para crescerem é necessário que atuem em trabalhos mais elaborados/complexos. E nem sempre as oportunidades para exercitar trabalhos mais elaborados existem ou existem em abundância.

Reconhecemos três fatores como capazes de gerar mais desafios à atuação dos profissionais: (1) ou a organização está crescendo e, com seu crescimento, surgem oportunidades de execução de trabalho nos diversos níveis, inclusive naqueles níveis mais desafiadores; (2) ou está tendo saída de pessoas (aposentadoria, planos de demissão voluntária, desligamentos naturais), o que faz com que haja necessidade de ocupação dos espaços existentes e que estão ficando vagos; (3) ou está havendo aumento na complexidade de atuação da organização. Como, na Organização Pública, a rotatividade é baixa (alto tempo de permanência das pessoas) e nem sempre observamos necessidade de crescimento institucional, sobra explorar o aumento da complexidade de trabalho, aspecto que é pouco explorado. De todo modo, o limite para o crescimento é dado pelo contexto, o que pode frustrar algumas pessoas. Vamos exemplificar: certa vez, estávamos divulgando um plano de carreira para uma organização da administração direta e, como não poderia deixar de ser, o plano foi estruturado para dar conta de uma expectativa de permanência das pessoas na organização que girava na faixa de 30 anos. Apesar de o plano trazer a possibilidade de aplicação de "aceleradores" na carreira, que encurtariam o tempo de evolução, e valorizar a contribuição e o mérito, no meio da apresentação uma pessoa se levantou na plateia, interrompeu a apresentação e fez o seguinte alerta: "Esse plano de carreira não me atende, pois eu sou da geração Y e quero uma carreira rápida." Ora, não era da natureza daquela organização (como não é de inúmeras outras, sejam públicas ou privadas) possibilitar ascensão rápida, pois as condicionantes para essa ascensão (crescimento; *turnover*; aumento de complexidade organizacional) não estavam acontecendo. Se seu sonho é carreira rápida, certamente você será mais feliz em outra organização (quem sabe no segmento de tecnologia ou em novos mercados). Isso não quer dizer, no entanto, que a organização não possa ser muito boa para pessoas que tenham aspirações compatíveis com sua oferta de valor, a qual pode estar sustentada por regras claras, respeito, função social, estabilidade, dentre outras formas de recompensa (exploraremos mais sobre proposta de valor no Capítulo 6 - Valorização de Pessoas). Mas como lidar com essas expectativas que não somos capazes de atender? Temos algumas dicas:

- Seja claro sobre as reais possibilidades da organização e transmita-as de forma recorrente.
- Dê visibilidade às oportunidades para as pessoas desempenharem trabalhos mais complexos, possibilite a candidatura a essas oportunidades, realize processo seletivo com regras claras e dê *feedback* ao final do processo.
- Procure desafiar as pessoas continuamente, na medida de sua capacidade de resposta. Não se trata de impor atividades difíceis, mas provocar as pessoas para que encontrem respostas simples para grandes problemas (isto sim é complexo). Ofereça espaço para a reflexão, estimule os profissionais a encontrarem novos meios para atingir resultados sem que, contudo, se fuja da missão institucional.
- Aproveite os projetos ou iniciativas de aprimoramento organizacional como espaços para aprendizagem e desafio.

Enfim, aproveite os desafios organizacionais como espaço para trabalhar o desenvolvimento das pessoas e das equipes e utilize-se do desenvolvimento das pessoas como mecanismo para o aprimoramento organizacional.

- **O que reconhecer via ascensão na carreira**

Diferentemente do setor privado (que já mudou de paradigma há muito tempo), no setor público ainda é comum associar o tempo ou a realização de um bom trabalho à ideia de reconhecimento. Entende-se, por exemplo, que "se fiz um bom trabalho", mereço reconhecimento. De fato, é natural que esperemos reconhecimento pela realização de um bom trabalho, porém este não deve vir, necessariamente, por meio de um aumento salarial. Vamos ilustrar: imaginemos que eu tenha realizado um ótimo trabalho como analista pleno. Isso significa que eu deva ser promovido para sênior? Ou que eu tenha que ter um aumento remuneratório como pleno? Não necessariamente, pois, se minha remuneração for compatível com meu nível na carreira, a retribuição por esse bom trabalho já está sendo dada na minha remuneração atual. Aumentos na remuneração devem estar atrelados a aumento nas responsabilidades! As organizações não podem se dar ao luxo de aumentar a remuneração praticada para profissionais que continuam a exercer o mesmo nível de trabalho, por mais que o façam bem e com proficiência; afinal, como discutiremos no Capítulo 6, a massa salarial[1] é um importante componente de custos das organizações e, portanto, deve ser gerida com cuidado. No setor privado, a rotatividade ajuda a manter a massa salarial sob controle. No setor público, como a rotatividade é baixa, o cuidado deve ser ainda maior. Portanto, só cabe pagar mais para quem entregar mais e não para quem entrega o mesmo (ainda que realize um bom trabalho). Fica o desafio de quebrarmos a cultura de que sou merecedor de avanço na carreira *simplesmente* por ter feito um bom trabalho.

- **Lidar com o descompasso entre posição na carreira e contribuição e entre perfil de ingresso e exigências do trabalho**

Neste ponto reside o que consideramos a origem de um dos principais desafios da Gestão de Pessoas nas Organizações Públicas, ou seja, o persistente descompasso entre o reconhecimento dos profissionais na carreira e sua real atuação/nível de contribuição. Não nos iludamos, esse descompasso nunca deixará de existir, jamais teremos um ajuste perfeito entre essas variáveis, embora nossa missão seja atuar persistentemente para sua redução. Entendemos que uma parte do problema está relacionada ao processo de ingresso dos profissionais (via concurso público) e ao desequilíbrio entre a remuneração praticada em algumas carreiras e o tipo de trabalho exercido. Vamos explorar um pouco mais...

Nossa intenção não é desqualificar os concursos públicos (entendemos sua necessidade), mas registrar que, ao focarem prioritariamente em conhecimento, corre-se o risco de trazer para a organização pessoas com perfil não compatível com o trabalho a ser realizado. Este risco acentua-se quando observamos o alto grau de atratividade de algumas Organizações Públicas em decorrência da remuneração praticada, do pacote de benefícios adotado, da segurança no emprego e de outros fatores. Por exemplo: todos nós conhecemos Organizações Públicas cuja remuneração praticada em início de carreira é suficiente, tranquilamente, para atrair profissionais do mercado com larga experiência, com histórico de atuação em trabalhos de nível pleno ou sênior. Imagine, por outro lado, que o trabalho a ser ofertado a esses profissionais, recém-ingressos, seja o mais simples, rotineiro, afinal, eles estão entrando *no início de suas carreiras*. Pronto: temos uma bomba prestes a explodir! Ou o profissional vai ficar frustrado com o seu trabalho (embora esteja sendo bem remunerado), pois este não o desafia, não o faz crescer, ou aproveitamos o profissional experiente para trabalhos mais exigentes, gerando um desvio entre

---

[1] Massa salarial é entendida como a soma das remunerações diretas, indiretas e dos encargos recebidos pelo conjunto de assalariados de uma empresa (adaptado de Dicionário Priberam da Língua Portuguesa. Disponível em: <www.dicionario.priberam.org>. Acesso em: 2008).

seu ponto na carreira e suas atribuições, o que, no curto prazo, gerará (por comparação interna e não externa) solicitação de reconhecimento salarial.

Trata-se de fenômeno típico em Organizações Públicas e, como dissemos, como não podemos eliminá-lo, devemos atuar para reduzir seus efeitos. Para isso podemos, em primeiro lugar (como será discutido mais adiante), montar uma estrutura salarial compatível com o mercado e com as atribuições esperadas de um profissional ingressante na carreira. Em segundo, trabalharmos uma estratégia de Gestão de Pessoas que considere, por exemplo, a entrada de profissionais provenientes de concurso público prioritariamente em áreas que demandem trabalhos mais simples e apuramos sua mobilidade para desafios mais complexos à medida que se desenvolvem na organização. Além disso, devemos trabalhar intensamente a comunicação, deixando claras as "regras do jogo" para reconhecimento na carreira, afinal, se a regra é clara, não há do que reclamar. Por fim, temos que ter bons instrumentos para análise do desempenho e colocar em prática mecanismos de reconhecimento do mérito como, por exemplo, aceleradores na carreira; para, dentro das possibilidades da organização, aproximar o valor pago ao nível de entrega dos profissionais. Reconhecemos a dificuldade de fazê-lo, como exploramos nas linhas a seguir.

- **Romper com uma cultura de igualitarismo e não diferenciação**
Em uma organização com a qual interagimos, ouvimos que o *mérito*, para eles, estava no fato de os servidores terem passado no concurso público, altamente concorrido: dali por diante o reconhecimento salarial deveria ser automático, todo ano. Ok, é um ponto de vista que merece ser respeitado e que expõe a necessidade de explicitarmos o que significa mérito. O mais comum é associá-lo às entregas e realizações que as pessoas fazem na organização. São essas realizações que podem fazer com que a pessoa seja *merecedora* de um reconhecimento. Essas realizações podem estar relacionadas ao cumprimento de um objetivo, o qual, em geral, é reconhecido via remuneração variável, ou relacionar-se a um movimento de assumir atribuições de maior complexidade e responsabilidade. Para estas, como vimos, é que o reconhecimento na carreira faz mais sentido.

Para reconhecermos o mérito na carreira, portanto, o primeiro passo (como vimos) consiste em clarificar os critérios. O outro (mais difícil) é aplicá-los, diferenciando as pessoas conforme suas realizações. Só dessa maneira estaremos diminuindo as inconsistências entre realização e reconhecimento e estaremos convidando as pessoas, continuamente, a procurarem contribuir cada vez mais para a organização.

- **Cuidado ao utilizar cargos em comissão como o espaço para reconhecimento**

Nas Organizações Públicas é comum critérios de ascensão e reconhecimento mais rígidos do que no setor privado e, mesmo que se adotem mecanismos como aceleradores na carreira, estes poderão não ser suficientes para colocar profissionais em pontos na carreira compatíveis com sua contribuição (sobretudo se a pessoa já traz em sua bagagem um largo espectro de experiências). Nessas situações, é comum o uso de cargos em comissão como o espaço para reconhecimento. O convite ao exercício de cargos em comissão pode se tornar uma armadilha quando é feito para um profissional técnico ocupar um posto de gestor sem que ele tenha vocação, vontade ou sequer sem reconhecer o que mudará em seu trabalho. Mata-se o profissional e sua equipe.

Ao invés de fazer isso, devemos reconhecer o profissional na própria carreira e reforçar as regras do jogo do reconhecimento. Em algumas Organizações Públicas, vimos a possibilidade de reconhecimento temporário pela condução de projeto técnico estratégico. Aproveitar a potencialidade das pessoas não é um problema, muito menos oferecer desafios continuamente. Os problemas surgem quando não reconhecemos as caraterísticas dos profissionais ou a natureza dos desafios que estamos oferecendo, usando os cargos em comissão apenas como mecanismo para reconhecimento salarial.

CONSIDERAÇÕES FINAIS

Elencamos alguns desafios que observamos na gestão de carreiras em Organizações Públicas. Para lidar com eles, é fundamental construir e divulgar os critérios que orientam a gestão de carreiras, ritualizar o processo de acompanhamento de desempenho, orientação e reconhecimento e focar na valorização e no estímulo à aplicação dos pontos fortes e das potencialidades de cada profissional. Espaço para sermos desafiados existe; afinal, os desafios impostos às Organizações Públicas são enormes. Cabe às organizações se estruturarem para conciliar da melhor maneira possível esses desafios com as características e potencialidades dos profissionais e utilizarem-se de mecanismos de avaliação (inclusive na carreira) que reconheçam e recompensem as pessoas pela sua contribuição e crescimento profissional. Às pessoas, cabe entenderem as características e a realidade organizacional e, conscientes das oportunidades e limitações, exercitarem suas escolhas. Devem, portanto, assumir *de verdade* o protagonismo em seu desenvolvimento e em suas carreiras e reconhecerem que são as únicas responsáveis por suas decisões.

BIBLIOGRAFIA DO CAPÍTULO

ANTONELLO, CLÁUDIA S. *Alternativa de articulação entre programas de formação gerencial e as práticas de trabalho*: uma contribuição no desenvolvimento de competências. 2004. Tese (Doutorado) – Programa de Pós-Graduação da Universidade Federal do Rio Grande do Sul, Porto Alegre.

ARTHUR, M. B.; ROUSSEAU, D. M. *The boundaryless career*: a new employment principle for a new organizational era. New York: Oxford, University Press, 1996.

_____; INKSON, K.; PRINGLE, J. K. *The new careers*: individual action and economic change. London: Sage, 1999.

BRISCOE, J. P.; HALL, D. T. A interação das carreiras sem fronteiras e proteana: combinações e implicações. In: DUTRA, J. S.; VELOSO, E. F. R. *Desafios da gestão de carreiras*. São Paulo: Atlas, 2013.

CAMPBELL, Joseph. *O herói de mil faces*. São Paulo: Cultrix, 1989.

COSTA, I. S. A.; BALASSIANO, M. (Org.) *Gestão de carreiras*: dilemas e perspectivas. São Paulo: Atlas, 2006.

DUTRA, JOEL S. *Carreiras paralelas*: uma proposta de revisão da administração de carreiras. Trabalho apresentado no XV Encontro Nacional da ANPAD, Belo Horizonte, set. 1991. *Revista de Administração*, São Paulo: USP, v. 27, n. 4, p. 65-75, out./dez. 1992.

_____. *Administração de carreiras*. São Paulo: Atlas, 1996.

_____. *Competências*: conceitos e instrumentos para a gestão de pessoas na empresa moderna. São Paulo: Atlas, 2004.

_____. *Gestão de carreiras na empresa contemporânea*. São Paulo: Atlas, 2010.

_____; VELOSO, E. F. R. *Desafios da gestão de carreiras*. São Paulo: Atlas, 2013.

FLEURY, A.; FLEURY, M. T. *Aprendizagem e inovação organizacional*. São Paulo: Atlas, 1995.

GINZBERG, E.; GINBURG, S. W.; AXELARD, S.; HERMA, J.L. *Occupational choice*: an approach to a general theory. New York: Columbia University Press, 1951.

GOMES, Maria T. *O chamado*: você é o herói do próprio destino. São Paulo: Atlas, 2016.

GUNS, H.; PEIPERL, M. (Ed.) *Handbook of career studies*. Thousand Oaks: Sage, 2007.

GUTTERIDGE, THOMAS G. Organizational career development systems: the state of the practice. In: HALL, Douglas T. *Career development in organizations*. San Francisco: Jossey-Bass, 1986.

HALL, DOUGLAS T. *Career in organizations.* California: Goodyear, 1976.

_____. *Career development in organizations.* San Francisco: Jossey-Bass, 1986.

_____. *Careers in and out of organizations.* London: Sage, 2002.

HIGGINS, M. C. *Career imprints.* San Francisco: Jossey-Bass, 2005.

IBARRA, Herminia. *Working identity*: unconventional strategies for reinventing your career. Boston: Harvard Business School Press, 2003.

INKSON, K. Understanding careers: *metaphors of working lives.* Thousand Oaks: Sage, 2007.

JAQUES, E. *Levels of abstraction in human action.* London: Heinemann Educational, 1978.

_____. In praise of hierarchy. *Harvard Business Review*, Jan./Feb. 1990.

JUNG, C. G. *Psychological types.* Princeton: Princeton University Press, 1971. (The collected works of. C. G. Jung, v. 6, Bollinger Series XX.)

KOLB, D.; RUBIN, I.; MCINTYRE, J. *Psicologia organizacional.* São Paulo: Atlas, 1990.

LEIBOWITZ, Z.B.; FARREN, C.; KAYE, B.L. *Designing career development systems.* San Francisco: JOSSEY-BASS, 1986.

LENTZ, C. W. Dual ladders become multiple ladders at Dow Corning. *Research-Technology Management,* P. 28-34, MAY/JUNE 1990.

LONDON, M.; STUMPF, S. *Managing careers.* Boston: Addison-Wesley, 1982.

MAINIERO, L. A.; SULLIVAN, S. E. *The opt-out revolt*: why people are leaving companies to create kaleidoscope careers. Mountain View: Davies-Black, 2006.

MARTINS, H. T. *Gestão de carreiras na era do conhecimento*: uma abordagem conceitual e resultados de pesquisa. Rio de Janeiro: Qualitymark, 2001.

MEISEL, S.L. The dual ladder: the rungs and promotion criteria. *Research Management,* p. 24-27, July 1977.

MINARELLI, J. A. *Empregabilidade*: como entrar, permanecer e progredir no mercado de trabalho. São Paulo: Gente, 1995.

MINOR, F. J. Computer applications in career development planning. In: HALL, D. T. *Career development in organizations.* San Francisco: Jossey-Bass, 1986.

MOORE, D.C.; DAVIES, D.S. The dual ladder: establishing and operating it. *Research Management,* p. 14-19, July 1977.

MORISON, R.; ERICKSON, T.; DYCHTWALD, K. A crise da meia carreira. *Harvard Business Review Brasil,* São Paulo, mar. 2006.

NONAKA, I.; TAKEUCHI, H. *Criação de conhecimento na empresa.* Rio de Janeiro: Campus, 1997.

PEIPERL, M. A.; ARTHUR, M. B. *Career creativity*: explorations in the remarking of work. Oxford: Oxford University Press, 2002.

PRAHALAD, C. K.; HAMEL, G. The core competence of the corporation. *Harvard Business Review*, p.79-91, May/ June 1990.

QUISHIDA, A. *Adaptação à transição de carreira na meia-idade*: um estudo exploratório sob o enfoque do lócus de controle. 2007. Dissertação (Mestrado) – FEA-USP, São Paulo.

RUAS, R. Desenvolvimento de competências gerenciais e a contribuição da aprendizagem organizacional. In: FLEURY, M. T.; OLIVEIRA JR., M. (Org.). *Gestão estratégica do conhecimento*. São Paulo: Atlas, 2001.

_____. Gestão das competências gerenciais e a aprendizagem nas organizações. Documento preliminar preparado como material de apoio aos Cursos de Extensão do Programa de Pós-Graduação e Pesquisas em Administração da UFRGS, 2002.

_____. Gestão por competências: uma contribuição à estratégia das organizações. In: RUAS, R.; ANTONELLO, C. S.; BOFF, L. H. *Aprendizagem organizacional e competências*. Porto Alegre: Bookman, 2005.

_____; ANTONELLO, C.S. Repensando os referenciais analíticos em aprendizagem organizacional: uma alternativa para análise multidimensional. *Revista de Administração Contemporânea*, Curitiba: ANPAD, v. 7, n. 3, 2003.

SAVIOLI, N. *Carreira*: manual do proprietário. São Paulo: Qualitymark, 1991.

SCHEIN, E. H. *Career anchors*: discovering your real values. California: University Associates, 1990.

_____. *Career dynamic*: matching individual and organizational needs. Boston: Addison-Wesley, 1978.

SMITH, J.J.; SZABO, T.T. The dual ladder: importance of flexibility, job content and individual temperament. *Research Management*, p. 20-23, July 1977.

SUPER, Donald E. *The psychology of careers*: an introduction to vocational development. New York: Harper & Brothers, 1957.

VAN MAANEN, John. *Organizational careers*: some new perspectives. New York: Wiley, 1977.

VELOSO, E. F. R. *Carreira sem fronteiras e transição profissional no Brasil*. São Paulo: Atlas, 2012.

_____; TREVISAN, L. *Produtividade e ambiente de trabalho*: gestão de pessoas e carreira. São Paulo: Senac, 2005.

WALKER, JAMES W. *Human resource planning*. New York: McGraw-Hill, 1980.

4 Avaliação e Gestão do Desempenho

Assista ao vídeo *Avaliação e gestão do desempenho*.

uqr.to/djam

4.1 INTRODUÇÃO

A avaliação de pessoas ficou consagrada no Brasil com o nome de avaliação de desempenho. Na administração pública, tem estado na agenda da Gestão de Pessoas através de leis ou de instruções normativas. O principal foco desse movimento está no deslocamento da valorização dos servidores com base em tempo de casa e certificados de conhecimento para uma valorização centrada na meritocracia, ou seja, a partir do nível de contribuição da pessoa para a efetividade e o desenvolvimento da organização. No entanto, a avaliação de desempenho não pode ser sinônimo apenas de instrumento para reconhecimento salarial – está aí, por sinal, uma das origens de suas mazelas; deve ser base para a gestão cotidiana do desempenho e para decisões gerenciais dela decorrentes, tais como: a valorização, o desenvolvimento e a movimentação de pessoas dentro das organizações. Trata-se de um conjunto de práticas que estimulam o diálogo entre líder e liderado e entre a organização e as pessoas.

Este capítulo procura trabalhar a avaliação estruturada de desempenho, ou seja, a avaliação realizada a partir de parâmetros determinados pelo consenso do que deve ser valorizado nas pessoas em uma determinada organização. Podemos destacar dois aspectos que caracterizam a importância da avaliação de pessoas. O primeiro, como já mencionado, é o fato de a avaliação estruturada oferecer bases concretas para decisões gerenciais sobre as pessoas. Nesse aspecto, a avaliação é o elemento dinâmico na Gestão de Pessoas, e a partir dela são originadas as demais ações. O segundo aspecto é o fato de a avaliação representar um dos poucos rituais dentro da Gestão de Pessoas. Quando queremos transformar a cultura organizacional, um aspecto crítico é a criação de rituais. Na Gestão de Pessoas, a avaliação é um ritual por excelência; por isso, a cada ciclo, é necessário efetuar revisões em relação aos critérios e ao processo utilizados. A maturidade do processo de avaliação é um indicador importante do grau de maturidade da Gestão de Pessoas da organização.

Neste capítulo, primeiramente, vamos discorrer sobre a importância da avaliação para as pessoas e seu aprimoramento nas organizações, em seguida detalhamos os tipos de avaliação (resultados, desenvolvimento, comportamental e potencial). Por fim, abrimos um espaço para discutir os processos colegiados de avaliação e abordamos os desafios para a gestão de desempenho nas organizações públicas.

4.2 IMPORTÂNCIA DA AVALIAÇÃO PARA AS PESSOAS

Em nossas pesquisas, perguntamos para as pessoas quais eram suas maiores expectativas em relação a um sistema de avaliação. Três aspectos sempre foram os mais mencionados: ter um histórico das contribuições da pessoa para a organização; aumentar o diálogo com a liderança; e ter critérios previamente estabelecidos para a avaliação. As pessoas valorizam o histórico de suas contribuições porque a sua biografia e suas realizações são lembradas por pessoas que permanecem, mas, na medida em que há uma rotatividade das pessoas ou um crescimento intenso da organização, essa memória é perdida. A falta de memória faz com que a pessoa tenha que provar a cada momento seu valor.

Foi frequente ouvir as pessoas dizerem que têm de começar tudo de novo a cada mudança de liderança.

A avaliação de pessoas propicia um histórico dos resultados a cada período, no qual são registrados os resultados das avaliações e dos diálogos entre líder e liderado e onde estão os planos individuais de desenvolvimento. Esse material acumulado é um insumo importante nas avaliações colegiadas e também quando um líder recebe alguém em sua equipe. Essas preocupações asseguram à pessoa o uso do seu histórico para considerá-la no futuro da organização.

Para que isso ocorra, é fundamental um compromisso da organização e das lideranças em utilizar essas informações para decisões sobre as pessoas. Em parte das organizações pesquisadas, a análise dos comitês levava em conta o histórico da pessoa na organização para compará-la às demais. Na medida em que as pessoas percebem que os registros do processo de avaliação estão sendo utilizados de forma efetiva, elas tornam-se mais ciosas sobre o conteúdo desses registros e passam a acompanhar o que está sendo registrado em seu arquivo. Esse processo vai ganhando força e outras informações passam a constar desses registros, tais como: cursos efetuados, ações de capacitação realizadas pela pessoa, participação em projetos internos e externos etc.

As pessoas valorizam, também, o diálogo com suas lideranças. Um resultado natural do amadurecimento dos processos de avaliação é o enriquecimento do diálogo entre líder e liderado. Esse diálogo permite que a pessoa perceba as expectativas, tanto do líder quanto da organização, em relação a sua atuação e em relação ao foco de seu trabalho. O diálogo permite a mitigação dos problemas cotidianos de comunicação entre líderes e liderados e entre colegas de trabalho.

Várias vezes ouvimos das pessoas, em processos de avaliação que estavam sendo iniciados, o quanto estavam satisfeitas pelo fato de haver algum critério para serem avaliadas e valorizadas pela organização. Mesmo tendo questionamentos quanto à adequação dos critérios, tinham claro que o aperfeiçoamento deles era uma questão de tempo.

O principal ganho é a segurança que a pessoa sente no relacionamento com suas lideranças, no qual as expectativas entre as pessoas e a organização são discutidas de forma aberta e a pessoa sabe o que esperar da relação. Além desse aspecto, a certeza de que o tratamento será justo e equânime e, caso não seja, há canais para discutir. Essa sensação é oriunda da consistência e coerência das políticas, práticas e decisões tomadas em relação às pessoas.

4.3 PROCESSO DE APRIMORAMENTO DA AVALIAÇÃO

Ao longo dos anos 1990 e 2000, observamos o nascimento e amadurecimento de muitos processos de avaliação, bem como seu nascimento e sua morte. Observamos, também, a íntima relação entre o amadurecimento dos processos de avaliação e o amadurecimento da Gestão de Pessoas, e foi possível verificar etapas típicas descritas a seguir:

- **Etapa 1** – os gestores formam um pacto para que todos utilizem o mesmo conjunto de critérios a fim de avaliar e valorizar os membros de suas equipes. Desse modo, cria-se foco de todos no que é essencial em termos de aspectos não tangíveis a serem cobrados das pessoas. Algumas organizações chamam esses aspectos não tangíveis de competências, outras de comportamentos e outras de valores. A construção do pacto é algo relativamente simples, porque a maior parte dos gestores já possui critérios pessoais para conduzir decisões e orientar o trabalho dos membros de suas equipes e, geralmente, boa parte deles é coincidente.

- **Etapa 2** – os critérios pactuados são ritualizados, ou seja, passam a ser utilizados de forma regular em períodos previamente estabelecidos por todos, normalmente materializam-se através de formulários e de um conjunto de procedimentos. Algumas organizações já iniciam o processo pela etapa 2.

- **Etapa 3** – quando os gestores passam a avaliar as pessoas usando uma mesma régua, percebem rapidamente que, embora a régua seja a mesma, cada um a utiliza de um jeito diferente. Nessa etapa, é comum surgirem *os grupos de calibragem* com o objetivo de criar um alinhamento sobre o uso da régua e, dessa forma, adotar critérios mais equânimes.

  Este é o momento crítico para o processo de avaliação. Caso não passe para a etapa 4, ele morrerá ou poderá virar um mero ritual burocrático, sem efeito algum na Gestão de Pessoas.

- **Etapa 4** – a avaliação se desdobra em dois momentos. É interessante notar que algumas organizações pesquisadas não tinham consciência disso, embora praticassem. À medida que os processos de avaliação amadurecem, caminham para serem realizados em duas instâncias. A primeira instância é a avaliação efetuada pelo líder e pelo liderado (autoavaliação) e o diálogo dela resultante. Nessa primeira instância, a avaliação é efetuada a partir de parâmetros previamente estabelecidos, contratados entre líder e liderado ou definidos pela organização, e seu uso deve ser unicamente dedicado ao desenvolvimento da pessoa avaliada. Desse modo, mesmo que no processo de autoavaliação e avaliação do líder haja divergência, a avaliação será facilmente conciliada, porque seu objetivo exclusivo é o desenvolvimento da pessoa avaliada. A segunda instância é a avaliação efetuada para definir remuneração, promoção, movimentações ou sucessão. Na quase totalidade das organizações, nunca haverá dinheiro suficiente para aumentarmos o salário de todos os que merecem e nem para promover todos os que têm condições. As avaliações nessa instância não são mais comparações de pessoas contra parâmetros, mas de pessoas contra pessoas.

Na primeira instância tínhamos uma avaliação absoluta, na segunda instância temos uma avaliação relativa, onde os parâmetros utilizados na primeira instância são uma base para decisões, mas são necessários parâmetros adicionais. Já na segunda instância a avaliação e a tomada de decisão se confundem, podendo ser vistos como sinônimos. Normalmente, as avaliações na segunda instância são efetuadas em colegiados, ou seja, não é o líder avaliando seu liderado, mas um conjunto formado, na maior parte das empresas pesquisadas, pelo líder, seus pares e sua chefia.

Pôde-se observar que os sistemas de avaliação mais maduros caminham para as duas instâncias. Como a avaliação em colegiado estimula uma reflexão continuada sobre parâmetros para valorização e diferenciação das pessoas, há, como resultado natural, um aprimoramento contínuo das políticas e práticas de Gestão de Pessoas e um aprimoramento do líder como gestor de pessoas. Normalmente, na segunda instância as decisões sobre as pessoas consideram seu desenvolvimento, resultados e comportamento ao longo do tempo e não somente no último ano – apresentamos isso com mais detalhe no item 4.6.

Nesta etapa, as decisões em colegiado são reduzidas a questões salariais ou de promoção e a implantação é imediata após as reuniões dos colegiados.

- **Etapa 5** – a avaliação colegiada passa por processos mais sofisticados de discussão, nos quais percebe-se que, quando o conjunto de gestores passa a observar as pessoas com maior argúcia, questões como preparação de sucessores e retenção de pessoas críticas para a organização passam a ser discussões prioritárias e que muitas vezes têm impactos na alocação de recursos para desenvolvimento, remuneração e promoções. Nesta etapa, entretanto, essas discussões em colegiado nem sempre se tornam realidade, porque a organização não está madura para criar mecanismos para acompanhar e fazer realizar as decisões ou discussões que ocorreram nos colegiados.

- **Etapa 6** – nesta etapa, a organização está mais madura e as decisões do colegiado são mais densas, normalmente o conjunto de critérios utilizados para avaliar as pessoas já é mais reduzido porque existe uma cultura consolidada de Gestão de Pessoas. As decisões dos colegiados passam a integrar a agenda dos gestores, que controlam as ações e os resultados acordados.
- **Etapa 7** – a avaliação já está no "sangue" nesta etapa, ela é realizada de forma natural e automática. Está tão natural que, a rigor, nem seria necessário um processo formal, pois faz parte da cultura de gestão. Passa a ser tão natural como respirar.

Em nossas pesquisas, observamos que as organizações públicas de administração direta e indireta estão evoluindo nas etapas descritas. Retomaremos esse ponto mais adiante.

4.4 OS TIPOS DE AVALIAÇÃO

A aplicação de instrumentos de avaliação como recurso para subsidiar decisões nos diversos processos de Gestão de Pessoas vem se constituindo em um dos principais dilemas que permeiam a gestão de recursos humanos (RH): ao mesmo tempo em que se admite a importância de processos estruturados de avaliação para subsidiarem e orientarem a decisão gerencial, percebe-se, na prática, a dificuldade desses instrumentos de "cumprirem com o prometido". Aspectos como o excesso de subjetividade, o despreparo dos gestores para aplicação ou uso desses instrumentos, a sobreposição entre as questões investigadas por vários instrumentos aplicados e a falta de *feedback* sobre a utilização que se faz das informações provenientes de sua aplicação (tanto para profissionais quanto para os gestores) são algumas das queixas recorrentes em relação ao assunto. Uma das principais críticas, no entanto, refere-se à falta de clareza em relação ao porquê da aplicação – muitas vezes simultânea – de vários instrumentos avaliativos e sua relação com as diversas decisões de Gestão de Pessoas.

Instrumentos de avaliação têm como maior propósito propiciar aos gestores uma análise mais estruturada sobre as características e contribuições dos profissionais alocados em suas equipes e, dessa forma, sustentar a tomada de decisão no que diz respeito aos vários processos de RH. A ausência de instrumentos põe o gestor em situação frágil, na medida em que acentua a subjetividade de suas decisões; torna-as sujeitas a um "descolamento" em relação àquilo que a organização realmente quer valorizar; eleva a possibilidade de não uniformidade nas decisões e nos aspectos valorizados pelos diversos gestores e dificulta a explicação para os profissionais da equipe sobre os critérios utilizados nas decisões. Quando analisada sob a perspectiva dos profissionais, essa ausência dificulta o autodiagnóstico ao deixar de se comunicar, de forma estruturada, o que a organização espera de sua atuação (FERNANDES; HIPÓLITO, 2008).

A Figura 4.1 ilustra os tipos mais comuns de instrumentos de avaliação utilizados pelas organizações, suas possibilidades da aplicação e principais consequências. Na sequência, exploraremos cada um desses tipos.

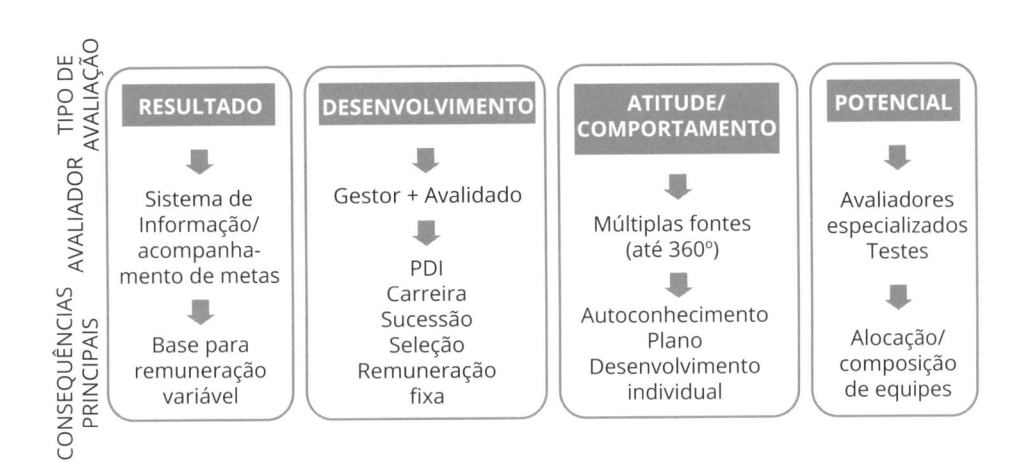

TIPO DE AVALIAÇÃO	RESULTADO	DESENVOLVIMENTO	ATITUDE/ COMPORTAMENTO	POTENCIAL
AVALIADOR	Sistema de Informação/ acompanhamento de metas	Gestor + Avalidado	Múltiplas fontes (até 360°)	Avaliadores especializados Testes
CONSEQUÊNCIAS PRINCIPAIS	Base para remuneração variável	PDI Carreira Sucessão Seleção Remuneração fixa	Autoconhecimento Plano Desenvolvimento individual	Alocação/ composição de equipes

Fonte: Fernandes e Hipólito (2008).

FIGURA 4.1 – Tipos de Instrumentos de avaliação.

4.4.1 AVALIAÇÃO DE RESULTADO

Normalmente, esse tipo de avaliação está respaldado por objetivos ou metas previamente negociadas com as pessoas, no nível coletivo ou, eventualmente, individual. O resultado pode ser atingido pelo esforço da pessoa ou equipe ou pelo desenvolvimento da pessoa ou da equipe. A realização dos resultados por meio do desenvolvimento mostra-se mais efetiva na medida em que produz mudanças capazes de impactar os resultados não apenas imediatos, mas, também, os futuros. É o que acontece, por exemplo, com os resultados provenientes de uma ação de melhoria ou desenvolvimento organizacional: seus reflexos se estendem no tempo, não ficando limitados aos efeitos produzidos no período imediatamente seguinte à implantação. O contrário ocorre com o esforço: a pessoa esforçada de hoje pode não ser a pessoa esforçada de amanhã. E, se cessou o esforço, cessou o resultado. Mas, independentemente dos motivadores do resultado (desenvolvimento ou esforço), esse tipo de avaliação tende a subsidiar práticas de remuneração variável, por seu caráter objetivo e circunstancial, portanto, sujeito a variações, incluindo aquelas decorrentes de variáveis externas, como veremos adiante.

Tem sido comum, no relacionamento com as organizações, ouvir das lideranças uma verdadeira apologia da avaliação de resultados, como um instrumento importante para motivar e valorizar as pessoas que conseguem obter resultados para a organização. Porém, é importante termos muita cautela com a valorização da *performance*. Um aspecto fundamental do resultado é *como* ele foi obtido. Caso o resultado tenha sido obtido sem respeitar valores da organização ou da sociedade, sem respeitar as pessoas ou em detrimento da própria pessoa que obteve os resultados, teremos resultados fugazes, que não se sustentam no tempo. Esse ponto é fundamental: pessoas que obtêm resultados a qualquer preço e a qualquer custo são pessoas que obtêm resultados de curto prazo e comprometem os resultados de longo prazo. Outro aspecto fundamental é que, se estimularmos os resultados por meio do esforço das pessoas, impelimos a organização para o aqui e agora, vamos estimular o curto prazo. Para estimularmos o longo prazo, necessitamos valorizar o desenvolvimento das pessoas. Para tanto, as metas devem ser construídas de forma a desafiar as pessoas para lidarem com situações de maior complexidade. Finalmente, outro aspecto fundamental é como as metas são construídas; normalmente as lideranças acham que essa questão é simples, mas não é. As metas devem estar integradas entre si, caso contrário, as metas de uma unidade podem ser antagônicas às de outra unidade. O estabelecimento de metas exige maturidade da organização.

As metas, compreendidas como a quantificação dos resultados a serem alcançados, devem ser estabelecidas como um compromisso entre a pessoa ou grupo de pessoas e sua liderança. A construção dessas metas e o suporte que a pessoa recebe da organização e de sua liderança definem o foco no esforço ou no desenvolvimento. O foco no desenvolvimento ocorre quando a meta representa para a pessoa um desafio e a pessoa recebe suporte em sua capacitação para enfrentar o desafio e suporte em termos de equipamentos, orientação e condições de trabalho. O resultado obtido por meio do desenvolvimento é o que mais interessa para a organização, porque esse resultado é mais efetivo e duradouro. Infelizmente, o que assistimos na maior parte de nossas organizações é um estímulo ao esforço, explicado pelo despreparo da liderança e da própria organização. Ao enfatizarmos o esforço, inibimos o desenvolvimento das pessoas, mas, também, o desenvolvimento da organização. Como consequência, em muitas de nossas organizações as pessoas executam seu trabalho da mesma forma, dia após dia, sem nenhum estímulo para melhorar sua produtividade em termos do trabalho realizado, qualidade do trabalho, segurança pessoal e patrimonial, preservação do meio ambiente, saúde física, mental e social etc.

As metas, para atuarem como um referencial de mensuração da *performance*, devem apresentar características SMART (AGUINIS; KRAIGER, 2009, p. 97), como explicado no Quadro 4.1.

QUADRO 4.1 – Regra para o estabelecimento de metas: SMART

	A meta deve ser:
eSpecífica	ou seja, determinar claramente o que é que deve ser realizado, o alvo.
Mensurárel	passível de mensuração objetiva, quantitativa.
Atingível	deve ser realista em termos de número e alcance.
Relevante	deve contribuir para os objetivos estratégicos da organização e representar fortemente o que a pessoa/grupo deve agregar/contribuir.
limitada no Tempo	indicar claramente quando a meta deve ser aferida (não só em seu final, mas também durante o processo).

Fonte: Aguinis e Kraiger (2009, p. 97).

O estabelecimento de metas, entretanto, não é algo simples, exige por parte da organização um exercício de integração e foco em resultados mais amplos, alinhados com o intento estratégico. Acompanhamento também não é fácil, dependendo de um bom sistema de informações. Caso as metas sejam utilizadas como critério para reconhecimento ou remuneração variável, o desafio é ainda maior: não basta formular metas SMART e alinhadas com a estratégia, mas é necessário um bom grau de balanceamento entre as metas designadas para cada área, equipe ou pessoa. Caso contrário, é possível que se estabeleça uma prática muito injusta, na qual o reconhecimento torna-se muito mais função do grau de exigência com o qual foi estabelecida a meta do que do mérito da pessoa ou equipe. Mais do que isso, a falta de integração no estabelecimento das metas pode gerar um grande desequilíbrio na organização, levando cada um a focar apenas no "seu espaço". Não é à toa que, para evitar isso, temos visto de forma crescente a ênfase das organizações no reconhecimento de resultados coletivos e a preocupação com a formulação de metas cruzadas (cujo alcance depende do envolvimento e mobilização de várias áreas da organização).

Aliás, a definição das metas é sempre um processo delicado, cujo resultado deve ser metas ao mesmo tempo desafiadoras e exequíveis. Além disso, devem ser discutidas com as pessoas para que haja a construção de compromissos e a verificação de oportunidades de melhoria que muitas vezes não são percebidas em um movimento de cima para baixo na estrutura organizacional.

Assim como a formulação das metas não é um processo simples, seu acompanhamento também é desafiador. Um primeiro ponto de atenção decorre da necessidade de um bom sistema de informação que permita o acompanhamento da realização das metas e a identificação de necessidades de correção de rota (afinal, a ênfase não deve estar na avaliação de desempenho, mas na gestão de desempenho). Outro ponto de atenção – e que deve estar previsto quando da formulação do programa – é até que ponto é adequado rever metas no meio do caminho. A revisão de metas sem critério pode gerar a perda de legitimidade da avaliação de *performance* e um sentimento de injustiça na distribuição da remuneração variável. A revisão de metas deve ocorrer diante de mudança nas premissas utilizadas para seu estabelecimento e as metas devem ser repactuadas em todos os níveis e instâncias da organização, caso contrário não deve haver alteração. O estabelecimento de critérios e limites para a revisão de metas é fundamental para assegurar a legitimidade do processo e criar maior responsabilidade no estabelecimento e acompanhamento dessas metas.

Ao final do período estabelecido para a obtenção de resultados, o alcance das metas deve ser avaliado e devem ser construídas as bases para a fixação de metas para o período subsequente. Além de o nível de alcance das metas servir como um parâmetro importante para definir a remuneração variável, esses resultados servem como insumo importante para outras análises sobre a pessoa (quando no caso de metas individuais).

O fato de a pessoa ter obtido o resultado com o qual havia se comprometido, mesmo em situações de grande adversidade, é um indicador importante de que a organização e a liderança podem apostar nela para situações mais exigentes. Por isso a *performance* é um componente importante na avaliação da pessoa em conjunto com os indicadores de desenvolvimento. As informações obtidas sobre a pessoa na avaliação de desenvolvimento são ratificadas ou não através da avaliação de resultado.

Neste ponto, achamos necessário aprofundarmos um pouco a explanação, pois parece que estamos diante de uma encruzilhada: acabamos de mencionar a importância de averiguarmos o nível de *performance* das pessoas para subsidiar decisões e, um pouco antes, relatamos a dificuldade que as organizações enfrentam para estabelecerem metas consistentes e balanceadas até o nível dos indivíduos. Então, como podemos sair desse nó? Temos dois caminhos a seguir:

1. O primeiro deles reconhece a dificuldade e não a impossibilidade de definir metas individuais. Portanto, algumas organizações cuja cultura de *performance* é muito aguda investem fortemente em todo o processo de definição de metas e, ao longo do tempo, foram desenvolvendo uma grande capacidade de definir metas de forma equilibrada, inclusive no nível individual. Mas, para isso, é preciso crença forte no processo de estabelecimento e reconhecimento da *performance*; investimento e dedicação ao processo e aprendizagem, decorrente da repetição e da reflexão.
2. O segundo reconhece a dificuldade do processo e a falta de condições concretas para que a organização estipule metas individuais desdobradas da estratégia, que acompanhem o indivíduo durante todo o ano e de forma minimamente equilibrada. Nesse caso, devemos separar dois públicos. O primeiro público são os gestores, ao responderem por uma área para a qual foi possível estabelecer metas, as quais podem ser consideradas como suas metas individuais. O segundo público é composto pelos profissionais que não respondem por um departamento, área ou equipe e para os quais não foi possível estabelecer metas individuais com desafios que os acompanhem durante todo ano. Nesse caso, sugerimos a adoção de Planos de Trabalho.

A rigor, os Planos de Trabalho não se diferenciam substancialmente do processo de estabelecimento de metas típico, pelo contrário, procura-se definir metas SMART que devem ser pactuadas e acompanhadas pelo profissional e gestor. A diferença está na flexibilidade com a qual essa meta é ajustada, sua maneira de apuração e as consequências que alimenta.

Vamos explorar a ideia por meio de um exemplo: imagine que nosso desafio é estabelecermos, no início do ano, metas relacionadas à estratégia para um profissional que atua na limpeza. Teríamos muita dificuldade em fazê-lo segundo as recomendações técnicas sugeridas pela gestão por resultados: primeiro, porque seria difícil encontrar alguma relação clara dessa função com o estabelecimento no mapa estratégico; segundo, porque seria muito difícil, no início do ano, fixar tudo aquilo que ele deveria gerar de entregas no próximo ciclo, de forma objetiva e mensurável.

No entanto, uma saída é utilizarmos de uma forma mais flexível os conceitos trazidos pela gestão de resultados para pactuarmos, acompanharmos e repactuarmos as realizações desse profissional no dia a dia. Por exemplo, no início do ano posso fixar que uma das tarefas a serem desempenhadas por esse profissional é "lavar todas as janelas desta área do prédio até abril". Ótimo, trata-se de uma meta SMART, afinal é específica; pressuponho que seja factível de ser realizada, é mensurável, afinal tenho condição de verificar objetivamente se foi ou não realizada, e relevante, tendo visto o escopo do cargo, e eu fixei claramente um período para execução (tempo). Porém, vamos supor que em março surja uma outra demanda para esse profissional (a qual não fui capaz de prever quando fixei as metas no início do ano): resolvemos organizar um grande evento no prédio e, para viabilizá-lo, preciso que esse profissional me ajude a arrumar o auditório e o salão de festas. Poderia pactuar essa nova entrega com o indivíduo e repactuar o prazo de entrega da limpeza das janelas, deslocando-o para maio. Essa é a lógica dos Planos de Trabalho: como a realização do trabalho dos indivíduos costuma ter ciclos menores do que um ciclo típico de resultados do negócio (1 ano), fixamos metas a serem executadas em períodos mais curtos, com a liberdade de revisá-las no tempo ou de inserir novas metas. Se fizermos isso com certa disciplina teremos, no período de um ano, evidências claras sobre os Planos de Trabalho que foram realizados pelo profissional e sobre aqueles que não foram e por quê. Essas informações poderão ter grande valia no momento de avaliação qualitativa do desempenho desse profissional para, por exemplo, justificar objetivamente se ele atendeu ou não as expectativas da organização na competência Foco em Resultados.

ATENÇÃO!

O uso do Plano de Trabalho ocorre como parte complementar para decisões de progressão na carreira e, consequentemente, aumento na remuneração fixa, não sendo recomendável seu uso como único critério para decisões de carreira. Usá-lo como único critério é frágil, pois:

- Há uma grande quantidade de variáveis que podem interferir (positiva ou negativamente) na realização das entregas estipuladas para o indivíduo, ocasionando dependência a fatores externos ao desempenho do profissional, o que coloca em xeque a capacidade desses indicadores de retratarem a real competência mobilizada. Assim, o resultado pretendido pode não ter sido alcançado devido a fatores externos à atuação do profissional ou, ao contrário, ter sido alcançado, mas graças a facilitadores externos (não retratando, portanto, o nível de desenvolvimento do indivíduo, variável central para subsidiar decisões de carreira).
- A entrega (meta) tem caráter temporário. Já a contribuição do profissional retratada em seu reconhecimento de carreira deve ter caráter permanente, representando uma agregação de conhecimento ao patrimônio intangível da organização, que deve permanecer mesmo com a saída do profissional da área ou organização. Para decisões de reconhecimento na carreira, é importante analisar se o Plano de Trabalho foi cumprido em função de esforço, de variáveis externas, de fragilidade na fixação do desafio ou se foi fruto do desenvolvimento profissional, que se tornou capaz de interagir com aquele nível de dificuldade de maneira mais natural e fluida. Somente neste último caso podemos assumir uma relação mais próxima entre os resultados dos Planos de Trabalho e a evolução do profissional na carreira.

4.4.2 AVALIAÇÃO DE DESENVOLVIMENTO

A avaliação do desenvolvimento das pessoas raramente é estruturada pelas organizações; normalmente, estrutura-se a avaliação dos resultados e do comportamento. O motivo dessa ocorrência é o fato de a avaliação do desenvolvimento requerer referenciais mais elaborados. A mensuração do desenvolvimento está intimamente ligada à mensuração da complexidade das atribuições e responsabilidades da pessoa, como vimos no Capítulo 2 – Bases Conceituais de um Modelo de Gestão de Pessoas.

Ao conseguirmos definir os diferentes graus de complexidade, poderemos dizer qual nível caracteriza melhor o conjunto de atribuições e responsabilidades de uma pessoa. Eventualmente, podemos ter uma pessoa em transição de um nível de complexidade para outro. Dessa forma, é mais fácil visualizar o desenvolvimento de alguém. É comum elegermos rótulos para classificar as pessoas sem notar qual é, de fato, o nível de contribuição delas. As organizações acham que as pessoas se desenvolvem aos soluços. Por exemplo: um analista júnior vai dormir uma bela noite, é abençoado e acorda analista pleno. Trata-se de um milagre do dia para a noite; a pessoa merece um novo nível na estrutura salarial da organização, ganha um novo *status*. De fato, o que ocorreu é que o analista júnior foi desenvolvendo atribuições e responsabilidades de complexidade crescente até assumir a envergadura de um analista pleno, e nesse momento a organização o reconhece. O reconhecimento acontece *a posteriori*.

A escala de complexidade permite a construção de referências mais precisas para avaliar o desenvolvimento da pessoa e auxilia no diálogo da liderança com os profissionais. Além disso, permite que se verifique a eficiência de ações de desenvolvimento. Será que as ações de desenvolvimento permitiram à pessoa adquirir condições para lidar com maior complexidade? Ao respondermos essa questão, podemos verificar a eficiência das nossas ações de desenvolvimento. Esse ponto será tratado no Capítulo 5 – Desenvolvimento Profissional e Pessoal.

A seguir, exploraremos a Avaliação por Competências, utilizada para o desenvolvimento profissional e que algumas vezes também contempla aspectos relacionados a atitudes e comportamentos.

4.4.2.1 Avaliação por Competências

Como exploramos no Capítulo 2 – Bases Conceituais de um Modelo de Gestão de Pessoas, existem na literatura e na prática das organizações diversos entendimentos sobre o conceito de competências, que impactam a forma como este é aplicado. Se admitirmos que competência é sinônimo de entrega ou contribuição dos profissionais para a organização e que essa entrega é de natureza qualitativa (diferentemente da avaliação de resultados que, como vimos, é de natureza quantitativa), podemos combinar de duas formas a maneira de avaliar as competências:

- A primeira considera separadamente as descrições de competência e de complexidade – neste caso, a organização procura definir cada degrau de complexidade e define de forma geral a(s) competência(s), cabendo

ao gestor, no momento de avaliar ou no momento de tomar a decisão, julgar a competência da pessoa no nível de complexidade de sua atuação.
- A segunda pressupõe uma descrição conjunta da competência e da complexidade – neste caso, a organização procura descrever a competência nos diversos graus de complexidade, auxiliando o gestor que já encontra a descrição da competência alinhada ao nível de complexidade da atuação da pessoa a ser avaliada.

Notamos, em nossas experiências, uma predileção por avaliar conjuntamente competência e complexidade (como apresentado no Capítulo 2), pois, além de facilitar o processo (já que não é preciso realizar duas avaliações ou relacionar os dois referenciais no momento da avaliação), possibilita uma redução da subjetividade da avaliação por competências ao condicionar sua descrição aos níveis de carreira às entregas esperadas, tornando-as claras e mais precisas.

4.4.2.1.1 Ciclo de Avaliação por Competências

O ciclo de Avaliação por Competências é, geralmente, formado por quatro etapas distintas, envolvendo profissional, gestor imediato (avaliador), gestor do avaliador e área de Gestão de Pessoas, descritos a seguir:

- **Primeira etapa – Avaliação do Gestor + Autoavaliação:** o método utilizado caracteriza-se pela avaliação direta das competências do profissional pelo superior imediato na hierarquia funcional e pela autoavaliação do próprio funcionário em relação às competências. Tanto o gestor, no momento da avaliação, como o profissional, no momento da autoavaliação, devem utilizar-se dos descritivos das competências (para o eixo de carreira e nível de complexidade em que se encontra o avaliado) e de uma escala de avaliação. As escalas de avaliação são parametrizadas de diferentes formas pelas organizações. Uma possibilidade é estabelecer uma escala composta por quatro pontos: NA – não atende, D – em desenvolvimento, A – atende e S – supera. A escala é muito importante para o processo de avaliação, pois muitas vezes esse processo perde legitimidade porque a escala de avaliação amplia a subjetividade. Essa ampliação da subjetividade ocorre quando se usa como escala a frequência com que a pessoa entrega a competência. Nesse caso, a frequência torna a avaliação subjetiva ou, quando se usa uma escala de 1 a 10, o que é 3 para um avaliador não é igual para outro. Não recomendamos a escala binária, pois é muito radical; uma pessoa que entrega parcialmente a competência seria classificada como atendendo. Desse modo, criou-se o ponto Em Desenvolvimento para abranger as pessoas que atendem parcialmente a competência. Criou-se também o ponto Supera, mas é importante definir muito bem as condições para que a pessoa seja enquadrada nesse critério, de modo que os avaliadores se apropriem de forma similar aos pontos da escala, evitando excesso de subjetividade. Assim, uma pessoa que demonstra desempenhar bem uma competência para determinado nível de complexidade deve ser vista atendendo ao critério de avaliação. E se ela desempenha muito bem seu trabalho? Ela continua atendendo... A superação deve ficar reservada para as situações nas quais a pessoas se destaca na manifestação da competência ou quando, além de atender todas as entregas esperadas na competência para seu nível de complexidade, já demonstra claramente entregas de nível superior.

Para garantir consistência na avaliação e minimizar a subjetividade do processo, é central que gestor e funcionário se pautem em fatos e dados que embasem a análise realizada. Para isso, devem registrar evidências, ou seja, situações e fatos que comprovem a percepção de cada competência sob análise, anotando-a no campo apropriado. Essas observações são importantes não apenas para embasar a avaliação mas, também, para subsidiar o *feedback*, a elaboração do PDI e outras decisões em Gestão de Pessoas.

- **Segunda etapa – Calibração:** a fim de assegurar o contínuo aperfeiçoamento do instrumento e do processo de avaliação de competências e procurando prover maior grau de homogeneidade na aplicação da avaliação, é necessário que seus resultados sejam analisados de maneira que seja verificada sua consistência. Assim, ao final das avaliações a área de Gestão de Pessoas deve consolidar as avaliações, fazer uma análise crítica dos resultados e enviar recomendações apontando algumas situações que devem ser observadas pelos gestores, como, por exemplo: áreas em que todos profissionais superaram ou nas quais há número significativo de pessoas abaixo do atendimento; grande diferença entre os resultados da avaliação do gestor e da autoavaliação pelo profissional; situações de inconsistência entre os resultados obtidos pela área e a avaliação feita pelo gestor sobre os componentes de sua equipe (por exemplo, a área não atingiu seus resultados, mas todos os profissionais foram avaliados como atendendo ou superando as competências), entre outras análises. Resultados como esses – que fogem de um padrão de normalidade – não permitem, por si, nenhuma conclusão. Por isso, como consequência, sugere-se que os avaliadores, juntamente com seu gestor e a área de Gestão de Pessoas, analisem a consistência das avaliações, discutam as causas dos resultados e, quando necessário, realizem ajustes.

- **Terceira etapa – Reunião de *Feedback* e Elaboração do Plano de Desenvolvimento Individual (PDI):** é comum que esta etapa se inicie com o gestor imediato tendo acesso à autoavaliação do profissional a fim de que se prepare para a reunião de *feedback*. O objetivo da reunião de *feedback* é promover um espaço de diálogo estruturado entre gestor e profissional para que possam discutir os pontos fortes e possibilidades de melhoria do avaliado e construir um Plano de Desenvolvimento Individual (PDI). Um ponto a ser observado é que, apesar de este ser o momento de conversa formal estipulado pela organização, isso não significa que deva ser o único a acontecer. Ao contrário, recomenda-se que esse processo seja constante e que gestor e profissional realizem diversas reuniões e conversas de *feedback* ao longo do ano. Dentro desse cenário, o momento da Avaliação por Competências deve ser considerado como uma formalização desse diálogo e, sobretudo, como um espaço estruturado para se discutir desenvolvimento.

  A formulação de PDIs constitui-se em consequência importante da avaliação por competências, uma vez que dá ao processo um viés positivo, ou seja, um viés de desenvolvimento e preparação para o futuro. Descaracteriza, dessa forma, a usual percepção das pessoas de que a avaliação se constitui única e exclusivamente em mecanismo de controle, punição ou recompensa. O Capítulo 5 abordará com mais detalhes o desenvolvimento e a elaboração do PDI.

- **Quarta etapa – Acompanhamento:** é a fase mais longa e uma das mais importantes, pois é durante essa fase que o gestor verificará o desempenho do profissional, se os critérios pactuados estão sendo atendidos, se o PDI está sendo realizado e colherá evidências para realização da análise do próximo ciclo e reunião de *feedback*. Aliás, o *feedback* não pode ser "represado". Se a intenção é, como já mencionado, termos um processo de gestão de desempenho e não apenas um ritual pontual de avaliação de desempenho, ele deve ocorrer no dia a dia, tendo por base o monitoramento contínuo da atuação dos profissionais, a revisão de rota quando necessário e o alinhamento e revisão periódicos das ações de desenvolvimento a serem implantadas.

4.4.3 AVALIAÇÃO DE COMPORTAMENTO

O comportamento é uma dimensão difícil de ser avaliada: enquanto nas dimensões desenvolvimento e *performance* podemos minimizar a subjetividade, na dimensão comportamento isso é mais difícil. Essa dimensão, por sua natureza, é fortemente subjetiva, já que é sempre a percepção de uma pessoa sobre outra. Apesar disso, a avaliação do comportamento é fundamental, a maioria das organizações penaliza fortemente os desvios comportamentais. Foi possível observar, naquelas organizações que se dispuseram a trabalhar os aspectos comportamentais, que muitas pessoas competentes puderam ser recuperadas com investimentos em suas deficiências comportamentais. Normalmente, esses investimentos ajudam as pessoas em outras dimensões de sua vida.

No mercado, o termo *comportamento* é utilizado para expressar a relação que a pessoa estabelece com a organização em vários aspectos, tais como: identidade com os valores, os produtos e o intento estratégico da organização; relacionamento com colegas, chefes, subordinados, clientes, fornecedores etc.; trabalho realizado e desafios profissionais; condições de trabalho e ambiente; políticas e práticas organizacionais. Para a construção de parâmetros para avaliar o comportamento, é possível agrupar esses aspectos do relacionamento em três categorias, em função da natureza dessas relações. A primeira é a adesão da pessoa aos valores da organização, categoria importante porque traduz a identidade que a pessoa tem com a organização e seus propósitos. A segunda categoria agrupa o relacionamento interpessoal, enfatizando o quanto a pessoa respeita o outro. A terceira é a atitude da pessoa diante do trabalho, ou seja, quanto a pessoa é comprometida com o que faz e com os acordos assumidos com a organização. Os parâmetros construídos para avaliar o comportamento não têm como propósito pasteurizar o comportamento das pessoas, mas orientar o comportamento de forma a agregar valor para a própria pessoa, para a organização e para as demais pessoas. Esses parâmetros devem valorizar e abraçar a diversidade.

Essas três categorias são independentes, ou seja, podemos ter na organização pessoas com bom relacionamento interpessoal, mas sem nenhum compromisso com o que fazem. Podemos ter, ao contrário, pessoas com um alto nível de comprometimento com o que fazem e sérios problemas no relacionamento interpessoal. Por isso, essas três categorias são importantes para balancear o conjunto de parâmetros a serem utilizados para avaliar o comportamento.

4.4.3.1 Exemplos de práticas na avaliação do comportamento

Para estabelecer parâmetros orientadores para avaliação do comportamento das pessoas, são descritos comportamentos observáveis, ou seja, enunciados que permitem um diálogo sobre o comportamento desejado pela organização e aquele manifesto pelo profissional. Para observarmos um determinado comportamento, é necessário visualizarmos vários aspectos desse comportamento, como, por exemplo: podemos dizer que uma pessoa é comprometida com seu trabalho quando essa pessoa é assídua, cumpre os compromissos que assumiu, demonstra satisfação com seu trabalho, apresenta-se disposta a enfrentar novos desafios etc. Desse modo, para construirmos instrumentos de avaliação do comportamento, é importante definirmos um conjunto pequeno de comportamentos a serem observados, porque cada comportamento exigirá um conjunto de observações. Recomenda-se que esse número não ultrapasse sete comportamentos a serem observados. Sete comportamentos podem se desdobrar em 20 a 30 aspectos a serem observados. Um número excessivo de observações torna o exercício da avaliação do comportamento trabalhosa e desestimula sua prática.

É inquestionável que o grau de subjetividade presente em uma avaliação de comportamento é – e sempre será – maior do que a subjetividade presente em uma avaliação desenvolvimento ou em uma mensuração da *performance*, pois sempre dependerá da percepção de uma pessoa sobre o comportamento de outra. Posso, por exemplo, achar que uma determinada pessoa é comprometida e, com as mesmas evidências, outro avaliador pode achar que ela não é comprometida. Para reduzir o efeito da subjetividade nos resultados da avaliação comportamental, é possível submeter o profissional à análise de seu comportamento por diversos profissionais com os quais interage ao longo do ano; afinal, se várias pessoas têm uma percepção comum sobre o comportamento de um indivíduo, é bem provável que essa percepção seja verdadeira (por mais que esteja relacionada a aspectos subjetivos). É nesse contexto que surgem os processos de avaliação por múltiplas fontes.

4.4.3.2 Avaliação por múltiplas fontes

Por se tratar de uma avaliação com caráter subjetivo, encontramos muitas empresas empregando avaliações por múltiplas fontes, popularmente chamadas de avaliação 360°. Esse tipo de avaliação é efetuado por quem conhece a pessoa a ser avaliada e pode opinar sobre o seu comportamento. Há uma gama muito grande de possibilidades no uso desse tipo de avaliação (HIPÓLITO; REIS, 2002). Normalmente, quando são envolvidos pares, subordinados e/ou clientes (externos ou internos), escolhem-se três ou mais pessoas para que possam ficar anônimas. Em algumas organizações, os resultados desse tipo de avaliação vão somente para a pessoa avaliada, e dessa forma seus avaliadores não ficam constrangidos com o fato de estarem gerando futuros problemas para essa pessoa.

A avaliação por múltiplas fontes é efetiva quando o **foco é o comportamento, mas não é efetiva quando o foco é capturar o nível de desenvolvimento**. Essa constatação é importante porque, durante quase toda a década de 1990, esse tipo de avaliação foi considerado uma panaceia para mitigar a subjetividade das avaliações. Lembremos que a pessoa se desenvolve quando assume atribuições e responsabilidades de maior complexidade e, para fazê-lo, necessita ampliar sua percepção do contexto. Vamos supor que tenhamos uma pessoa a ser avaliada e essa pessoa atue em determinado nível de complexidade. O fato de atuar nesse nível de complexidade pressupõe que tenha um nível de compreensão de seu contexto. O líder dessa pessoa, por suposto, atua em um nível maior de complexidade e, portanto, tem um nível de compreensão do contexto maior do que a pessoa avaliada; por isso o líder visualiza oportunidades de desenvolvimento para a pessoa que esta não consegue visualizar. De outro lado, o subordinado da pessoa avaliada atua, por suposto, em um nível menor de complexidade e, portanto, tem um nível menor de compreensão do contexto, de modo que terá dificuldade de visualizar o tamanho dos desafios enfrentados pela pessoa avaliada. Se tais pressupostos forem verdadeiros, temos que admitir a dificuldade ou mesmo a impossibilidade de um subordinado de uma pessoa ter condições e informações suficientes para determinar se seu chefe atende ou não às demandas da organização em termos de visão estratégica ou de visão sistêmica. Do mesmo modo, os pares têm dificuldade de perceber a entrega do colega e os clientes conseguem perceber a entrega daquilo que recebem (mas não recebem toda a entrega da pessoa para a organização). Por isso, a avaliação por múltiplas fontes não é efetiva para avaliar o desenvolvimento da pessoa. Normalmente, essa avaliação é efetuada entre líder e liderado.

4.4.4 AVALIAÇÃO DE POTENCIAL

Enquanto a avaliação de desempenho, em suas três dimensões (desenvolvimento, resultado e comportamento), é intuitiva e as lideranças efetuam esse tipo de avaliação de forma natural, a avaliação de potencial não é intuitiva. Esse tipo de avaliação implica imaginarmos uma pessoa atuando em uma realidade mais exigente ou diversa daquela que vivencia. A partir do refinamento dos critérios e processos de avaliação, podemos predizer o desempenho futuro de uma pessoa em uma mesma posição, o mesmo não acontecendo quando pensamos na pessoa em situações profissionais diversas. A dificuldade de predizer o sucesso ou a adequação da pessoa em uma situação inusitada em sua carreira é o que tem motivado e conduzido as organizações a investirem em instrumentos, referenciais e parâmetros para auxiliar na identificação de potencial.

Pela dificuldade de se fazer uma avaliação de potencial e pelo impacto de decisões dessa natureza para a organização e para a pessoa, normalmente essa avaliação é feita de forma colegiada, envolvendo as chefias imediata e mediata, pares e pessoas responsáveis por processos e/ou projetos estratégicos para a organização. Ao longo dos últimos 20 anos, procuramos levantar e estruturar critérios utilizados pelas organizações para auxiliar na identificação de potenciais. Trabalhamos, também, os principais referenciais conceituais utilizados pelas organizações públicas brasileiras. Muitas organizações chamam de talento as pessoas com potencial para assumirem posições de maior complexidade ou críticas para a efetividade da organização.

As pessoas com potencial ou talentos são aquelas que têm condições de ocupar no futuro posições críticas para a sobrevivência e/ou desenvolvimento da organização. A natureza das posições críticas varia em função do momento que a organização está vivendo. No Brasil, ao longo dos últimos 20 anos e no presente, a liderança sempre foi uma posição crítica, havendo escassez de pessoas que reúnam, ao mesmo tempo, capacidade técnica e de gestão e condições de agrupar pessoas em torno de um propósito.

As teorias sobre potenciais mais utilizadas no Brasil são oriundas dos trabalhos de Jaques (1978) e Stamp (1989), que trabalham o conceito de *work level*, e dos trabalhos de Lombardo e Eichinger (1996), que trabalham o conceito de agilidade do aprendizado. A partir do referencial criado por Jaques (1978), Stamp (1989) realizou ao longo da década de 1980 várias pesquisas procurando um padrão no processo de desenvolvimento das pessoas. Verificou que a pessoa que tem um ritmo de desenvolvimento, ou seja, um ritmo para absorver atribuições e responsabilidades de maior complexidade, no futuro tende a manter esse ritmo caso tenha condições favoráveis. E acrescentou que, para lidar com maior complexidade, a pessoa necessita ter uma ampliação em sua compreensão sobre o contexto, aspecto que associa a seu nível de abstração.

A partir dessas constatações, Stamp procurou estabelecer padrões e criar instrumentos para aferição do nível de abstração das pessoas e, com isso, predizer as possibilidades de a pessoa ampliar seu nível no tempo. Essa predição é efetuada a partir da análise da biografia da pessoa e do seu ritmo de desenvolvimento projetado para o futuro. Segundo Stamp (1989), as pessoas nascem e/ou recebem em sua socialização as bases para um desenvolvimento mais acelerado ou não; por outro lado, algumas pessoas vão ficar limitadas em um determinado nível de complexidade por não terem condições de aumentar seu nível de abstração além de um determinado padrão. Conclui-se, portanto, que algumas pessoas têm potencial para crescer em um ritmo mais acelerado que outras.

Outra abordagem vem de Lombardo e Eichinger (1996), que acreditam que as pessoas têm características e instrumentos que lhes permitem um nível acelerado de aprendizagem. A aprendizagem a que os autores se referem não se diferencia muito do nível de abstração apresentado por Stamp. Embora os autores não citem um ao outro, as premissas utilizadas por ambos vêm da mesma base, ou seja, o nível de compreensão das demandas sobre a pessoa. Segundo Lombardo e Eichinger (1996), a agilidade de aprendizado pode ser categorizada em quatro agrupamentos. Essa categorização permitiu a criação de um questionário para avaliar a pessoa em relação a sua agilidade de aprendizado. Essas quatro categorias são apresentadas no Quadro 4.2.

QUADRO 4.2 – Categorias da agilidade de aprendizado

Categorias do Aprendizado	Evidências
Agilidade mental	• Curiosos, têm interesses amplos. • Interessados nos "porquês", na essência das coisas, na raiz dos problemas. • Confortáveis com complexidade, fascinados por problemas difíceis. • Encontram paralelos e contrastes; conseguem captar tendências. • Pensadores críticos, questionam a sabedoria popular e eventuais premissas, "vão além", explicam seu raciocínio. • Mudam facilmente de direção, lidam bem com ambiguidade e situações incertas. • Encontram soluções criativas para problemas difíceis. • Têm perspectiva ampla e procuram o novo.
Agilidade com pessoas	• Interessados no que os demais têm para dizer. • Cabeça aberta – compreendem os outros e são abertos a suas opiniões. • Bons comunicadores – consideram sua audiência. • Têm autoconhecimento, respondem bem a *feedback* e buscam o desenvolvimento pessoal. • Conhecem seus limites e buscam compensar as fraquezas, são transparentes. • Bons gestores de conflitos, lidam com eles construtivamente. • Sentem-se confortáveis com diversidade. • Imparciais, não são tendenciosos e conseguem expor pontos de vista com os quais não concordam. • Podem exercer vários papéis, comportam-se de acordo com as situações. • Gostam de ajudar os outros a serem bem-sucedidos e compartilham os créditos. • Politicamente ágeis. • Pessoas leves e agradáveis, sabem usar bem o humor.

Categorias do Aprendizado	Evidências
Agilidade com mudanças	• Experimentadores, gostam de "fuçar" e testar coisas: ideias, produtos ou serviços. • Gestores de inovação, buscam diferentes fontes de informação e gerenciam ideias para que sejam colocadas em prática. • Visionários, fornecem ideias preliminares e introduzem novas perspectivas. • Aceitam crítica. • Assumem responsabilidade, lidando com as consequências de maneira filosófica e não pessoal.
Agilidade com resultados	• Flexíveis e adaptáveis. • Têm bom desempenho em situações novas que vivenciam pela primeira vez. • Têm *drive*, trabalham duro em várias frentes e fazem sacrifícios pessoais. • Seguros de si, têm presença marcante e altos padrões de excelência. • Inspiram os outros, usam a motivação para construir equipes. • Conseguem expor seus casos ou pontos de vista com paixão e energia. • Constroem times de alta *performance*. • Obtêm sucesso mesmo em situações que apresentem desafios significativos. • Entregam resultados, não se deixando abater por circunstâncias instáveis ou difíceis.

Fonte: Adaptado pelos autores de Lombardo e Eichinger (1996).

Muitas organizações utilizam instrumentos, como os sugeridos por Stamp e por Lombardo e Eichinger, para servir de referência em discussões sobre as pessoas. Os resultados obtidos pelos instrumentos são cotejados com a avaliação feita pelas lideranças e, a partir daí, encaminham-se decisões. A quase totalidade das organizações que acompanhamos encara o potencial como um estado, ou seja, para essas organizações a pessoa "está" potencial.

A partir da análise do potencial e da constatação (considerando-se um amplo conjunto de informações) de que a pessoa deve ser preparada para assumir novos desafios, devem ser negociados programas de desenvolvimento com as pessoas envolvidas. Recomenda-se que esse processo seja transparente e é fundamental para construir com as pessoas uma cumplicidade em relação ao seu desenvolvimento. Somente dessa forma haverá comprometimento delas em relação às ações decorrentes do plano.

O processo de desenvolvimento das pessoas para assumirem posições de maior complexidade implica expô-las a situações mais exigentes e oferecer o suporte necessário para que consigam obter os resultados esperados. A exposição a situações mais exigentes sem suporte pode gerar frustração e uma sensação de incapacidade, fazendo com que a pessoa se retraia para novas experiências. O caminho, portanto, deve ser percorrido de forma cuidadosa e gradual. Por exemplo, ao prepararmos as pessoas para uma situação gerencial, devemos oferecer para elas projetos ou atividades que tenham tanto demandas técnicas ou funcionais quanto demandas políticas, acompanhar como se saem no exercício dessas atividades e orientá-las para que ultrapassem as dificuldades e aprendam com a experiência.

4.5 PROCESSOS COLEGIADOS DE AVALIAÇÃO E DECISÃO

Nos últimos anos, foi possível assistir a uma evolução nos critérios e processos colegiados de avaliação e constatar que eles têm contribuído muito para o aperfeiçoamento dos processos de avaliações de pessoas.

Reunir líderes para avaliar pessoas e **tomar decisões** sobre elas não é um processo fácil. Em razão disso, é um processo evitado na maior parte das organizações brasileiras, realizado apenas quando há o amadurecimento da Gestão de Pessoas que cria as bases e a pressão para que ocorra. Essa pressão é exercida quando as pessoas avaliadas são esclarecidas e exigentes, quando há um processo mais transparente de valorização e carreira e/ou quando as lideranças se sentem ameaçadas ao não decidirem sobre as pessoas de forma conjunta. A organização, quer seja privada ou pública, nunca terá recursos suficientes para aumentar o salário de todos os que merecem e nem para promover todos os que estão em condições de exercer trabalhos mais complexos. Com recursos escassos, há necessidade de priorizar quem será aumentado ou promovido, mas com base em que critérios? Caso não existam critérios legítimos, essas decisões serão sempre alvo de disputas políticas e as pessoas com maior influência ou habilidade para se locomover na arena política serão privilegiadas e privilegiarão suas equipes.

Em algumas organizações, essas decisões ficam na mão do presidente, apoiado por uma equipe técnica. Naturalmente, a equipe técnica que irá subsidiar as decisões do presidente torna-se alvo de constantes críticas. O presidente, por seu lado, acaba assediado por seus diretores e gerentes, que buscam benesses para si e para sua equipe. A formação de colegiados faz com que, dentro de limites orçamentários e regras de conduta definidas, os próprios gestores decidam quem reconhecer e por quais motivos. Ao terem que tomar essas decisões, tornam-se mais propensos a definir coletivamente regras que os auxiliem e consigam, posteriormente, justificar seu posicionamento para a suas equipes.

Em nossas pesquisas, foi possível observar que inicialmente as lideranças querem criar uma quantidade enorme de critérios para poder avaliar as pessoas nas mais diferentes perspectivas possíveis, tornando o processo moroso e difícil. Em um segundo momento, percebe-se que não são necessários tantos critérios e que é possível criar uma sinergia entre os mesmos. Nesse momento o processo torna-se mais ágil, porém mais complexo, exigindo mais preparo das lideranças para argumentar a favor de sua equipe. Finalmente, há um entendimento mais uniforme por parte da liderança, da organização e das próprias pessoas sobre o que valorizar.

Como técnica para combinar variáveis de naturezas diferentes para suportar as análises dos Comitês, tem sido comum a utilização de uma matriz de dupla entrada. O mais comum é agrupar as pessoas nessa matriz em nove quadrantes, cada um apresentando um tipo de endereçamento. O nome mais comum é "*nine-box*", embora algumas empresas chamem de nove quadrantes ou "*nine blocks*".

Algumas pessoas atribuem *poderes mágicos* às técnicas e, pelo fato de aplicarem o "*nine-box*", acreditam que todos os seus problemas de análise estão resolvidos. São apresentados a seguir dois exemplos dessa técnica e é possível verificar que, dependendo do que colocamos como variáveis nos eixos, as análises dos quadrantes variam muito.

No primeiro exemplo, no eixo X (abscissa) é colocada uma escala de atendimento de competências e comportamentos e no eixo Y (ordenada) é colocada uma escala relacionada ao alcance de metas (Figura 4.2). Uma organização que acompanhamos foi motivada a utilizar essas variáveis na matriz porque suas lideranças valorizavam basicamente o alcance de metas sem levar em conta ao forma como haviam sido alcançadas. A partir da implantação da matriz, houve uma mudança gradativa da atitude das lideranças e das pessoas em relação aos critérios de valorização.

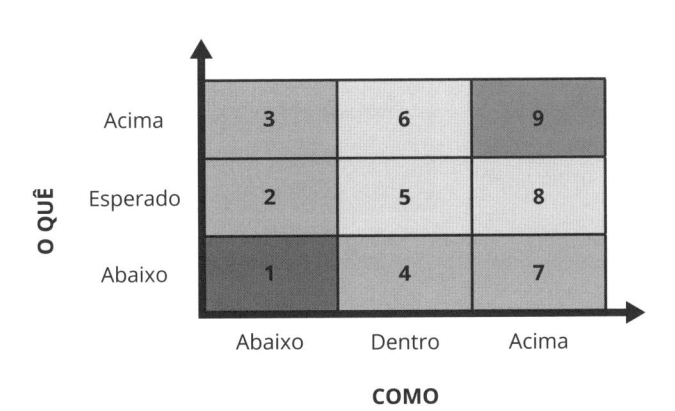

Fonte: Elaborada pelos autores.

FIGURA 4.2 – Exemplo 1 de *Nine-Box*.

Nessa matriz, é interessante observamos as extremidades do gráfico. No caso de uma pessoa que está acima no "como" e acima no "o quê", quais seriam as recomendações em termos de desenvolvimento, carreira, processo sucessório, retenção e remuneração? Em um olhar mais desavisado, poderíamos pensar em uma pessoa pronta para maiores desafios, mas isso pode não ser verdade, já que não temos informações suficientes para esse encaminhamento. Podemos ter uma pessoa excelente na sua *performance* e em seu comportamento e sem condições de assumir posições de maior complexidade. De qualquer modo, uma pessoa nesse quadrante é um exemplo a ser seguido e, portanto, muito importante para a organização. Provavelmente é uma pessoa que a organização quer valorizar.

Quando analisamos o quadrante onde a pessoa está acima no "o quê" e fica abaixo no "como", temos uma situação que inspira cuidado. Nesse quadrante podemos ter uma pessoa que, embora traga bons resultados no curto prazo, comprometa-os no longo prazo ou que crie um ambiente negativo ou ruim a sua volta, ou trate as pessoas com desrespeito etc.

Outro exemplo (Figura 4.3) é de uma organização que montou a matriz colocando no eixo X uma informação consolidada do desempenho, envolvendo o desenvolvimento, as metas e o comportamento, e no eixo Y o resultado de uma análise do potencial de evolução do indivíduo (quanto a pessoa pode crescer na organização), definido por um comitê de gestores.

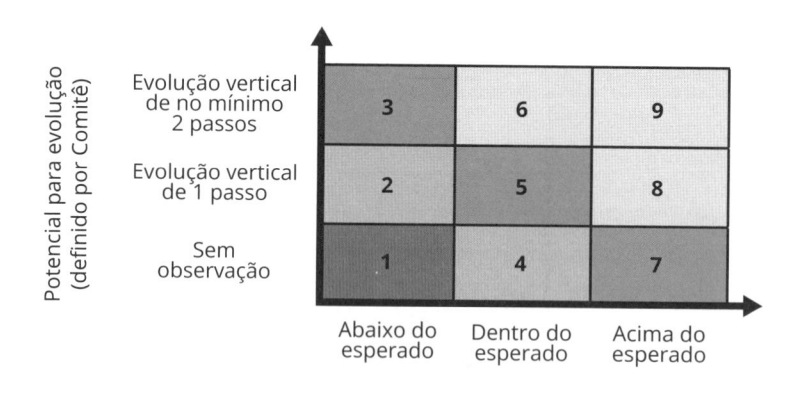

Fonte: Elaborada pelos autores.

FIGURA 4.3 – Exemplo 2 de *Nine-Box*.

Embora esse tipo de agrupamento possa parecer atraente, afinal é possível ver desempenho e potencial consolidados em apenas um gráfico, corremos o risco de perder informação (ou qualidade de informação) dificultando a decisão ou – o que é pior – levando a decisões equivocadas. Por exemplo, uma pessoa que alcança resultados e assume responsabilidades mais complexas deverá ter uma avaliação muito boa mesmo que tenha sérios problemas de comportamento. O problema é que essa informação "some" quando se observa o resultado consolidado, embora ele possa ser crítico (sobretudo se o aspecto comportamental for valorizado pela organização). Isso não quer dizer que a consolidação das informações em matrizes *nine-box* não tenha a sua utilidade; no entanto, devemos ter clareza sobre suas limitações. No momento da tomada de decisão, recomendamos que as informações sobre os profissionais em cada dimensão de avaliação estejam disponíveis para consulta de forma detalhada (aberta) de modo a permitir decisões realmente consistentes. Desse fato decorre nosso comentário inicial de que não podemos atribuir *poderes mágicos* às matrizes nem considerá-las a *panaceia* que resolverá todos os nossos problemas.

Voltando à análise da Figura 4.3, quando temos uma pessoa no quadrante 9, trata-se de uma pessoa que está acima em todos os parâmetros em sua atual posição e pode crescer até dois degraus na estrutura organizacional. Essa pessoa, naturalmente, deve ser indicada para o processo sucessório – desde que se discutam com mais cuidado os aspectos que levaram a esse resultado, como acabamos de expor.

Recentemente, pesquisamos seis organizações que utilizavam matrizes parecidas. Em três delas, tivemos a oportunidade de preparar as lideranças para as reuniões de comitês e acompanhamos algumas reuniões. Nessas reuniões, o líder está com seus pares e seu superior hierárquico está avaliando as pessoas, mas, também, está sendo avaliado. Os comitês são arenas políticas onde os participantes estão disputando espaços e vivendo uma grande exposição. Os critérios utilizados para avaliar os membros da equipe são, também, utilizados para avaliar os avaliadores. Os colegiados formam um ambiente complexo para as lideranças, estimulando um preparo prévio para evitar exposições negativas.

Um líder que negligencia a avaliação de sua equipe e atribui aos seus subordinados as notas máximas terá muita dificuldade para se explicar diante de seus pares e seu superior. As posições do líder têm que estar muito bem fundamentadas, mesmo que seus argumentos sejam rebatidos no comitê.

Como funciona a maior parte dos comitês? Os gestores, em virtude de sua experiência e dos embates vividos em outras reuniões, têm um conjunto de parâmetros para avaliar se uma pessoa está dentro do esperado ou acima. Sempre as decisões são tomadas comparando as pessoas. Se eu, por exemplo, convenço meus pares que meu subordinado de nome João está acima do esperado, há uma tendência de ele ser utilizado como parâmetro para avaliar os demais. Mas vamos supor que no meio do processo o subordinado de um colega de nome Antônio é visto como melhor que o João. Há uma alteração nos critérios e todas as pessoas avaliadas até então serão novamente avaliadas no novo padrão.

Foi possível observar que nos processos colegiados com maior maturidade há um padrão de exigência mais elevado. Nossa explicação para esse fato é que, em um processo mais maduro, há mais foco na cobrança e nos critérios de valorização, de modo que as pessoas apresentem um melhor desempenho. Nos seis casos analisados que usam matrizes semelhantes às da Figura 4.3, as lideranças preparam-se para os colegiados efetuando previamente as avaliações de suas equipes, realizando um diálogo com cada membro de sua equipe, fazendo a análise crítica de seu time e um exercício de posicionamento de cada um nos quadrantes da matriz. Desse modo, quando chegam aos comitês, as pessoas estão bem preparadas. Durante a realização dos comitês, um líder pode perceber que foi muito rigoroso na análise de um membro de sua equipe ou que foi pouco rigoroso. Essa percepção é um complemento ao diálogo que já havia mantido com a pessoa e ajuda-o a *recalibrar* as ações de desenvolvimento e o rigor da cobrança em relação à sua equipe.

Na maior parte das organizações, os colegiados descem na estrutura organizacional. Os diretores são avaliados pelo presidente em conjunto com alguns membros do conselho, os gerentes são avaliados pelos diretores em conjunto com o presidente e assim por diante. Existem, entretanto, rituais interessantes. Em uma das organizações pesquisadas, o presidente, diretores e gerentes ficam reunidos durante três dias, avaliam todas as pessoas da empresa e tomam as decisões gerenciais pertinentes. Em outra organização que tem várias divisões, é efetuada uma rodada de avaliações dentro da estrutura do líder e depois as lideranças são reunidas para efetuar avaliações cruzadas por função. Dessa forma, o processo permite a troca de experiências, aperfeiçoamento dos padrões de valorização na função, descoberta de pessoas interessantes para intercâmbio entre as diferentes divisões e a construção de ações conjuntas de desenvolvimento de pessoas.

A organização deve procurar criar rituais para a avaliação colegiada da forma mais alinhada possível a sua cultura. Assim procedendo, haverá maior chance de ser assimilado por todos. Voltaremos ao tema Comitês no Capítulo 8 – Governança em Gestão de Pessoas.

4.6 DESAFIOS PARA A GESTÃO DE DESEMPENHO NAS ORGANIZAÇÕES PÚBLICAS

Como vimos, a cada ano, no momento da tomada de decisão, os gestores deverão ter acesso à matriz de desempenho da sua equipe (ou das pessoas discutidas nos comitês dos quais faz parte), a qual, juntamente com outras informações, será subsídio para a tomada de decisão. Dentre as informações que podem ser utilizadas para subsidiar uma tomada de decisão, destacamos:

- Resultado das metas – considerando não apenas se o que foi proposto foi ou não executado, mas, também, o grau de desafio do que foi proposto tendo em vista o contexto vivido e o cargo do profissional e seu nível de carreira.
- Avaliação do profissional no conjunto de competências em que foi analisado, já corrigidos os eventuais vieses no processo.
- Adequação do profissional em competências consideradas críticas para a organização e/ou para a área que integra.
- Ritmo de evolução, ou seja, melhorias percebidas na contribuição do profissional e consistência dessa contribuição no tempo (ao se acompanharem os resultados de diferentes ciclos avaliativos).
- Domínio das competências técnicas definidas para os processos/áreas em que atua.
- Realização das ações de desenvolvimento sugeridas para o profissional como resultado de ciclos anteriores de análise do desempenho.
- Demonstração objetiva de engajamento ao, por exemplo, participar de grupos de trabalho ou projetos de desenvolvimento organizacional, assumir tarefas que demandam maior dedicação e responsabilidade, dentre outros fatores.
- Análise de consistência entre seu nível remuneratório atual e as contribuições que o profissional realiza.

Temos de reconhecer que o caminho necessário para obter esse conjunto de informações e para incorporar, de fato, a *Gestão* de Desempenho não é fácil. Trabalhar na estruturação de critérios e instrumentos adequados, tecnicamente bem elaborados e compatíveis com a cultura; criar um significado comum para esses critérios entre os avaliadores; quebrar resistências; incorporar a gestão de desempenho no dia a dia (*feedback* contínuo e registro das evidências de desempenho); trabalhar com clareza e transparência; dissociar a ideia de que avaliação é sinônimo de punição ou recompensa (separar avaliação da tomada de decisão); ajustar os instrumentos no tempo, tornando-os gradativamente mais simples e mais genéricos (isso só é possível quando se adquire maturidade para entender, em poucas palavras, um mesmo significado); investir em ferramentas de informática para serem usadas no dia a dia da gestão de desempenho e não só pontualmente, no momento da avaliação (hoje, vemos organizações trabalhando ferramentas que possibilitam a utilização em qualquer lugar, rapidamente, por meio de *tablets* ou *smartphones*), consiste em desafios para qualquer organização. Estes só são superados com consistência e persistência, pela repetição do processo, pela abertura para se reconhecerem falhas e pelo espírito de melhoria. Felizmente, percebemos avanços significativos nos processos de gestão de desempenho nas organizações ao longo dos últimos anos, inclusive quando analisamos experiências de organizações públicas.

No entanto, no setor público, temos notado algumas dificuldades adicionais para a consolidação desses processos e que precisam ser superadas. Vamos citar algumas delas:

- **Dificuldades decorrentes da descontinuidade de gestão**
Como apontamos, a consolidação da gestão de desempenho depende de continuidade, repetição, aprendizagem e de um forte patrocínio político para sua internalização. A descontinuidade de gestão, típica de organizações públicas, prejudica o amadurecimento desse processo e sua efetiva incorporação pela organização.

Para superar essa dificuldade, é necessário planejamento, de modo a elaborar os critérios, aplicá-los, colher os resultados e consolidá-los dentro de um ciclo de gestão. É necessário, ainda, trabalhar fortemente no processo de elaboração dos critérios, com ampla participação e envolvimento de gestores e profissionais. Só assim os resultados obtidos serão vistos como propriedade de toda a organização e não apenas de uma gestão ou do RH. Esse sentimento de propriedade, essa legitimidade, é requisito para que o processo se mantenha, resistindo às mudanças de gestão.

Outra dificuldade decorrente das alterações na gestão está relacionada às mudanças de prioridades. Essas mudanças, muitas vezes, levam à desmobilização de projetos e ao redirecionamento de ações para as quais a organização e seus profissionais vinham atuando. Isso pode gerar frustração. No entanto, trata-se de fenômeno comum na Organização Pública, cabendo aos profissionais e gestores serem resilientes, flexíveis e ágeis para mudarem de rumo quando necessário, sem perderem de vista a missão institucional da organização.

- **Dificuldades dos gestores em praticarem a gestão do desempenho**
Esta dificuldade não é exclusiva do setor público, afinal, não é raro observarmos a relutância do gestor em *julgar* os membros da equipe e o desconforto das pessoas em serem colocadas *sob uma lupa*. No entanto, nas Organizações Públicas esse fenômeno aparece com mais evidência, especialmente em situações nas quais o trabalho do servidor pressupõe independência.

Um dos motivos da maior dificuldade das Organizações Públicas para incorporarem a gestão de desempenho decorre, como já dissemos, do uso do cargo de gestão como espaço para reconhecimento salarial e *promoção* de profissionais sem perfil para a posição. Outro fator está na instabilidade da posição de liderança (você **não é gestor,** mas **está gestor**), que dificulta a formação de uma identidade profissional clara e, assim, a formação profissional para o exercício pleno de seu papel. E, por fim, a condição de instabilidade na posição pode gerar uma postura condescendente do atual líder em relação a sua equipe, ou seja, não serei tão rigoroso na avaliação pois, amanhã, meu subordinado pode vir a ser meu chefe e será *a hora da vingança*.

Para lidar com essa dificuldade, é preciso ter clareza nas diferenças de atribuição entre gestores e técnicos, colocar em prática um processo de escolha e formação da liderança cuidadoso e reforçar a intencionalidade da avaliação de desempenho, enfatizando suas consequências para desenvolvimento. Ou seja, não devo ficar chateado e com espírito de vingança caso um gestor tenha sido rigoroso em sua avaliação. Pelo contrário, devo agradecer-lhe ao entender que, ao fazê-lo, está contribuindo para meu desenvolvimento.

- **Tendência à burocratização e à** *matematização*
Em muitas Organizações Públicas, observamos um sentimento de desconfiança em relação à atuação da liderança, um sentimento de que sua atuação privilegiará sempre aspectos políticos e não técnicos. Esse sentimento impulsiona as organizações para a busca por critérios objetivos para avaliação das pessoas e para o seu reconhecimento, tirando da liderança a autonomia para tomar decisões sobre sua equipe e burocratizando o processo. Não é raro, como decorrência, encontrarmos organizações engessadas e lentas, com dificuldades para reconhecer as pessoas de acordo com sua contribuição e seu mérito.

Essa tendência à burocratização reverte-se, na gestão de desempenho, ao que chamamos de *matematização* do processo. Frequentemente, as organizações são seduzidas pela ideia de adoção de automatismos na gestão de desempenho, a matematização que pretende empacotar todos os fatores em dados objetivos e aplicar uma fórmula matemática que garanta uma aparente objetividade. Essa tendência é ainda mais forte no setor público, que tem a exigência legal de expor em normativos suas ferramentas e regras de gestão. O ensejo por esse artifício vem tanto da facilidade de defesa jurídica na explicitação de critérios objetivos, quanto do receio organizacional de depositar as decisões nas mãos de gestores considerados despreparados ou tendenciosos. Tal receio, na verdade, constitui-se em um paradoxo da causalidade: no receio de não confiar na decisão subjetiva dos gestores, busca-se matematizar, mas ao se fazer isso, não se permite que o gestor assuma seu papel, mantendo-o despreparado.

Ao matematizarmos o processo, temos três efeitos perversos: tiramos do gestor seu papel de decisor, deslegitimando-o; podemos levá-lo a *decisões* equivocadas; afinal, como assegurar que a soma das notas nas avaliações e demais critérios estabelecidos retrate, de fato, o profissional com mais entrega e, portanto, merecedor de reconhecimento? E vinculamos diretamente os resultados das avaliações a consequências (por exemplo, reconhecimento para os melhores classificados e não reconhecimento para os piores), enviesando o processo e tirando da avaliação uma de suas principais propriedades: servir de base para o diálogo de desenvolvimento.

Notamos que a matematização, assim, como curva forçada, consiste em tentativas de dar aparente objetividade ao processo de gestão de desempenho, ao transformar seus resultados em números e gerar classificações a partir deles. É preciso entender que a matematização não elimina a subjetividade nem garante a justiça nas decisões. Em primeiro lugar, porque a avaliação que gera a pontuação é realizada de forma subjetiva, pela natureza qualitativa dos critérios. Em segundo, porque os resultados obtidos, mesmo que objetivos, podem ter sido influenciados por condições de contexto, e não por mérito do profissional. Em terceiro, porque o somatório das avaliações não necessariamente classifica os profissionais de acordo com seu mérito.

Portanto, para evitar paternalismo ou perseguição nas decisões gerenciais, recomenda-se criar comitês (ver Capítulo 8) e espaços para as pessoas se manifestarem, mas não matar o processo. Caso você adote a matematização, de alguma forma preserve uma instância decisória em colegiado que, valendo-se da subjetividade meritocrática e não discricionária e arbitrária, consiga ratificar e retificar eventuais vieses da automação.

- **Dificuldades decorrentes da falta de confiança**
Uma das características fundamentais para que os processos fluam nas organizações é a confiança. A confiança de que o gestor quer contribuir com meu desenvolvimento e depende de minha contribuição para obter resultados; a confiança de que meu colega, assim como eu, será cooperativo e atuará para a

obtenção de resultados; a confiança de que aquilo que foi pactuado será mantido; etc. Não são raras em organizações públicas situações nas quais os pactos foram esquecidos, gerando um clima de desconfiança.

Uma das situações que mais nos marcaram foi a experiência de uma organização que, ao implantar um Modelo de Gestão de Pessoas por Competências, fez direitinho a sua lição de casa: reforçou que o modelo e o processo avaliativo que o acompanhavam tinham como propósito o desenvolvimento profissional; que serviriam de base para o diálogo entre os profissionais e a liderança; e que não teriam seus resultados diretamente relacionados a punições ou recompensas. No entanto, meses depois, quando essa organização teve a possibilidade de dar aumento de mérito, utilizou-se dos resultados das avaliações para classificar as pessoas, gerando um *ranking* de acordo com a nota que elas obtiveram no processo avaliativo. Naquele momento, a organização matou o processo.

Como fazer para superar essas dificuldades? Um primeiro passo é reconhecê-las e avaliar o quanto afetam seu ambiente. Em seguida, ir à luta para a incorporação dos processos de análise de desempenho, reconhecendo que, em alguns momentos, poderá enfrentar alguns reveses. Os caminhos para isso (patrocínio da direção, bons critérios técnicos, suporte de RH, desenvolvimento da liderança etc.) já foram discutidos nos parágrafos anteriores.

CONSIDERAÇÕES FINAIS

Neste capítulo, procuramos caracterizar e apresentar exemplos e técnicas para avaliação de pessoas tanto em dimensões mais intuitivas, como desenvolvimento, resultado e comportamento, quanto em uma dimensão não intuitiva chamada de avaliação de potencial ou de talentos. Pudemos discutir os resultados de pesquisas realizadas ao longo dos últimos 20 anos, tendo sido possível constatar a existência de duas instâncias de avaliação de pessoas: na primeira, o foco é o desenvolvimento da pessoa avaliada e se realiza na relação entre líder e liderado; na segunda, o foco está em remuneração, promoções, carreira, processo sucessório, movimentação etc. e se realiza, na maior parte das organizações pesquisadas, em processos colegiados. Por essa razão, abrimos um espaço neste capítulo para discutir os processos colegiados de avaliação.

A avaliação de pessoas tem recebido pouca atenção pela literatura brasileira e é um processo fundamental para pensarmos uma Gestão de Pessoas estratégica e integrada. Além disso, a avaliação tem um grande poder educacional em lideranças na gestão de suas equipes e sua aplicação possibilita obter informações que contribuam para revisão e melhoria contínuas das políticas e práticas de Gestão de Pessoas.

Discutimos, também, dificuldades típicas da aplicação de processos de avaliação de pessoas nas Organizações Públicas e algumas pistas ou caminhos para lidarmos com estas dificuldades. Não existe solução única: deve-se cunhar a melhor delas para cada contexto, considerando os aspectos jurídicos e requisições formais às quais está submetida a organização, o grau de desenvolvimento da liderança e maturidade em Gestão de Pessoas, dentre outros aspectos discutidos ao longo deste capítulo.

BIBLIOGRAFIA DO CAPÍTULO

AGUINIS, H. *Performance management*. Upper Saddle River, NJ: Pearson Prentice Hall, 2009.

_____; KRAIGER, K. Benefits of training and development for individuals and teams, organizations, and society. *Annual Review of Psychology*, n. 60, p. 451-474, 2009.

DUTRA, JOEL S. Carreiras paralelas: uma proposta de revisão da administração de carreiras. Trabalho apresentado no XV Encontro Nacional da ANPAD, Belo Horizonte, set. 1991. *Revista de Administração*, São Paulo: USP, v.27, n. 4, p. 65-75, out./dez. 1992.

_____. *Administração de carreiras*. São Paulo: Atlas, 1996.

_____. *Competências*: conceitos e instrumentos para a gestão de pessoas na empresa moderna. São Paulo: Atlas, 2004.

_____. *Gestão de carreiras na empresa contemporânea*. São Paulo: Atlas, 2010.

_____; VELOSO, E. F. R. *Desafios da gestão de carreiras*. São Paulo: Atlas, 2013.

FERNANDES, B. H. R.; HIPÓLITO, J. A. M. Dimensões de avaliação de pessoas e o conceito de competências. In: DUTRA, J. S.; FLEURY, M. T. L.; RUAS, R. (Org.). *Competências*: conceitos, métodos e experiências. São Paulo: Atlas, 2008.

HIPÓLITO, J. A. M. A.; REIS, G. Avaliação como instrumento de gestão. In: LIMONGI-FRANÇA, A. C. (Org.). *As pessoas na organização*. São Paulo: Gente, 2002.

JAQUES, E., *Levels of abstraction in human action*. London: Heinemann Educational, 1978.

_____. In praise of hierarchy. *Harvard Business Review*, Jan./Feb. 1990.

LOMBARDO, M. M.; EICHINGER, R. W. *The career architect development planner*. Minneapolis: Lominger, 1996.

_____. High potentials as high learners. *Human Resource Management*, v. 39, issue 4, p. 321-330, 2000.

STAMP, G. The individual, the organisation and the path to the mutual appreciation, *Personnel Management*, July 1989.

_____; STAMP, C. Wellbeing at work: aligning purposes, people, strategies and structures. *International Journal of Career Management*, n. 5, 1993.

5 Desenvolvimento Profissional e Pessoal

Assista ao vídeo *Desenvolvimento profissional e pessoal*.

uqr.to/djao

5.1 INTRODUÇÃO

A questão do desenvolvimento das pessoas na organização contemporânea é fundamental para a manutenção e/ou ampliação de sua efetividade. O grande desafio está em orientar esse desenvolvimento em um ambiente tão volátil como o que vivemos e provavelmente viveremos amanhã. Para enfrentar esse desafio, temos que encontrar referenciais estáveis para balizar o desenvolvimento das pessoas e da organização.

Podemos antever que, independentemente dos possíveis cenários futuros, as organizações e a sociedade como um todo caminham para maior complexidade tecnológica e das relações. As pessoas necessitam ser preparadas para contextos cada vez mais exigentes e complexos. Ao mesmo tempo, o desenvolvimento humano está cada vez mais associado à complexidade. Podemos definir o desenvolvimento da pessoa como **"capacidade para assumir atribuições e responsabilidades em níveis crescentes de complexidade"**.

Essa definição de desenvolvimento permite os seguintes desdobramentos:

- **Mensuração do desenvolvimento:** ao mensurarmos os níveis de complexidade, podemos medir o nível de desenvolvimento de uma pessoa.
- **Perenidade e comparabilidade dos padrões:** como o objeto da mensuração não é o trabalho da pessoa e sim a complexidade do seu trabalho, temos um padrão estável no tempo. Além disso, temos condições de comparação entre diferentes tipos de trabalho e de trabalhos em diferentes contextos.
- **Desenvolvimento como patrimônio da pessoa:** sabemos hoje que, quando a pessoa aprende a atuar em um determinado nível de complexidade, ela não regride para níveis menores. Ao contrário, quando tem que trabalhar em níveis de menor complexidade a pessoa se sente frustrada e não desafiada (STAMP; STAMP, 1993). O desenvolvimento é um patrimônio que a pessoa levará consigo para onde for.

O capítulo apresenta inicialmente a Gestão do Desenvolvimento das Pessoas e o Processo de Desenvolvimento, em seguida passa-se para a discussão da Construção da Gestão do Desenvolvimento com a construção dos Planos de Desenvolvimento Individual e Organizacional e a estruturação das ações de desenvolvimento. Por fim, discorremos sobre alguns dilemas relacionados ao Desenvolvimento Profissional em Organizações Públicas.

5.2 GESTÃO DO DESENVOLVIMENTO DAS PESSOAS

As organizações modernas estão cada vez mais preocupadas em direcionar os investimentos no desenvolvimento humano de modo que agreguem valor para si e para as pessoas. **O desenvolvimento profissional pode ser entendido como o aumento da capacidade da pessoa em agregar valor para a organização. A maior capacidade das pessoas em agregar valor está ligada à capacidade da pessoa em lidar com atribuições e responsabilidades de maior complexidade.** O grau de complexidade das atribuições – conjunto das funções e atividades executadas pela pessoa – e das responsabilidades – conjunto das decisões exigidas da pessoa pela organização – caracterizam o nível de desenvolvimento da pessoa. Por esse motivo, os sistemas de gestão de competências modernos procuram caracterizar diferentes níveis de complexidade da entrega para acompanhar o processo evolutivo das pessoas.

As pessoas entregam o que a organização espera ou necessita de diferentes formas porque são diferentes na forma como articulam seus conhecimentos, habilidades e atitudes com o contexto ambiental. Portanto, ao definirmos o que esperamos que as pessoas entreguem para a organização, iremos perceber que as pessoas o farão por diferentes caminhos. Teremos pessoas que entregarão o que a empresa espera dando ênfase às suas habilidades de relacionamento interpessoal e teremos outras pessoas que entregarão dando ênfase às suas habilidades técnicas. Ambas estarão entregando o esperado, porém de formas diferentes. Essa diversidade é fundamental para a organização, pois através dela a organização vai aprendendo diferentes formas de obter sucesso e competitividade.

Vimos até aqui que podemos definir o desenvolvimento como incorporação pela pessoa de atribuições e responsabilidades de maior complexidade, porque dessa forma a pessoa agrega mais valor para o contexto onde se insere. A questão fundamental, entretanto, é como a pessoa se desenvolve. O que permite à pessoa lidar com maior complexidade? A partir das pesquisas realizadas por Jaques (1978) e Stamp (1989), verificamos que, na medida em que a pessoa compreende mais profundamente e com maior amplitude as demandas do contexto sobre ela, maior será sua condição de lidar com mais complexidade. Jaques (1978; 1990) e Stamp (1989) chamam essa compreensão sobre o contexto de nível de abstração. A abstração e a complexidade caminham juntas, sendo influenciadas mutuamente. Caso uma pessoa seja desafiada a enfrentar uma situação mais exigente e mais complexa, só conseguirá seu intento se passar a compreender o contexto com maior profundidade. Ao fazê-lo, habilita-se a lidar com maior complexidade. Portanto, se uma pessoa lida com determinado nível de complexidade, ela tem um nível de abstração correspondente.

Como a pessoa desenvolve seu nível de abstração? Basicamente, através da experiência e da formação. A experiência e a formação estão intimamente ligadas ao desenvolvimento da pessoa. Imagine uma pessoa que faz a mesma coisa e do mesmo jeito durante toda a sua vida. Essa pessoa terá poucos estímulos para lidar com maior complexidade e para se desenvolver. Ao contrário, caso uma pessoa seja continuamente desafiada no limite de sua capacidade, terá um desenvolvimento contínuo e consistente.

Outro aspecto fundamental para compreendermos o desenvolvimento da pessoa é que, ao compreender melhor o contexto, ela está compreendendo sua relação nas várias dimensões de sua vida. Desse modo, ao se desenvolver, a pessoa não está se tornando apenas melhor profissional, mas, também, melhor cidadã, melhor membro de família e melhor pessoa. Quando alguém se desenvolve, o faz por inteiro, essa é a base para a conciliação de expectativas entre a pessoa e a organização. O desenvolvimento da pessoa é permanente. Na medida em que seu desenvolvimento é sustentado e explicado por seu nível de abstração ela não retrocede no seu nível de compreensão do contexto e nem em sua capacidade de lidar com determinado nível de complexidade. Isso explica por que, ao analisarmos diversas biografias profissionais e observarmos processo de mudança de trajetória de carreira, verificamos que as pessoas podem mudar de carreira no mesmo nível de complexidade. Ou seja, o desenvolvimento da pessoa passa a se constituir em um patrimônio que ela levará para onde for.

5.3 O PROCESSO DE DESENVOLVIMENTO

O processo de desenvolvimento das pessoas na organização e em relação ao seu trabalho tem sido trabalhado por diferentes autores. Para balizar a elaboração de planos individuais de desenvolvimento, nos baseamos em trabalhos desenvolvidos por Ruas (2001; 2002; 2005), Ruas e Antonello (2003) e Antonello (2004, 2005 e 2011) sobre aprendizagem organizacional, mais particularmente sobre a aprendizagem experimental e conversão de conhecimento. A aprendizagem experimental é baseada no ciclo de aprendizagem desenvolvido por Kolb, Rubin e McIntyre (1990), e a conversão de conhecimentos baseia-se em Nonaka e Takeuchi (1997).

A partir desses trabalhos, admitimos que o processo de aprendizado passa por diferentes etapas e que na construção de um plano de desenvolvimento podemos ter ações de aprendizagem de diferentes naturezas, agindo de forma sinérgica e permitindo que a pessoa alcance seus propósitos de desenvolvimento e de contribuição para a organização ou negócio. Classificamos essas etapas em: consciência da necessidade de se desenvolver; aquisição de conhecimentos e habilidades através da formação; experimentação e reflexão sobre o aprendizado. Vamos trabalhar essas diferentes etapas e como podemos transformá-las em ações de desenvolvimento.

5.3.1 CONSCIÊNCIA DA NECESSIDADE DE SE DESENVOLVER

As pessoas estarão engajadas em seu desenvolvimento caso percebam a necessidade disso para suas vidas no presente e no futuro. Foi possível observar em nossas experiências inúmeros casos de fracasso nas ações de desenvolvimento, porque as pessoas não viam aquelas ações como importantes para elas. O líder deve ter a sensibilidade de perceber o quanto a pessoa está convencida de que necessita desenvolver determinados aspectos para fazer frente aos desafios ou para realizar seus objetivos. Caso a pessoa não esteja convencida ou o líder tenha dúvidas sobre qual aspecto é mais importante desenvolver na pessoa, deverá pensar ações de aprendizagem com o objetivo de criar na pessoa a consciência de um ponto a ser desenvolvido ou com o objetivo de gerar convicção no líder e/ou no liderado sobre qual é o foco da ação de desenvolvimento.

As ações para criar consciência são habitualmente as que permitem à pessoa desenvolver uma distância crítica em relação ao seu trabalho ou sobre si mesma, como, por exemplo: realizar um *benchmarking*[1] em outras áreas da organização ou em outras organizações; participar ou coordenar um projeto interdepartamental, permitindo à pessoa desenvolver uma visão sistêmica em relação ao seu trabalho; participar de um curso em turmas abertas para conviver com pessoas que realizam trabalho semelhante em outras empresas; atuar em outra atividade ou projeto de diferente natureza; atuar em organizações filantrópicas ou sociais etc.

Essas atividades permitem que a pessoa tenha uma visão externa de si e do seu trabalho, e com essa visão externa cria-se a consciência de aprimoramentos comportamentais, de competências e de práticas. Essas atividades são úteis, também, para que o líder e a pessoa envolvida formem convicção de pontos a serem desenvolvidos.

Outra forma para trabalhar a consciência é buscar pessoas, grupos ou experiências ligadas ao desafio a ser enfrentado pela pessoa, para compartilhar conhecimentos e vivências. Essa prática é muito útil para antever dificuldades e o caminho a ser percorrido. Ao mesmo tempo em que aprimoramos o planejamento das atividades, percebemos nossas fragilidades e pontos de aprimoramento.

Finalmente, outra forma para trabalhar esses aspectos é iniciar uma ação de desenvolvimento, que em princípio faça sentido para a pessoa e para seu líder, e acompanhar os resultados em intervalos curtos de tempo para avaliar se a escolha foi adequada ou não.

---

[1] *Benchmarking* consiste no processo de comparação de desempenho entre dois ou mais sistemas, em que uma organização busca identificar melhores práticas a fim de melhorar a forma como realiza a mesma ou semelhante função (CAMP, 1993).

5.3.2 AQUISIÇÃO DE CONHECIMENTOS E HABILIDADES ATRAVÉS DA FORMAÇÃO

A formação caracteriza-se por uma atividade formal de aprendizagem, por meio da qual a pessoa receberá conhecimentos ou desenvolverá habilidades através de ações previamente estruturadas e testadas. A formação é recomendada quando a pessoa precisa adquirir um repertório sobre um tema ou sobre um trabalho que não conhece ou para o qual está pouco amadurecido. A formação oferecerá a possibilidade para a pessoa desenvolver *conhecimentos*: conceitos; experiências já vivenciadas e estruturadas no tema ou trabalho; visão de outras pessoas e de outras organizações sobre o tema; etc. No caso da pessoa que necessita adquirir *habilidades*, a formação oferece: experimentação assistida; interação com pessoas que estejam desenvolvendo a mesma habilidade; visão do emprego e articulação da habilidade ou das habilidades em seu trabalho; e percepção dos problemas gerados com o uso inadequado da habilidade ou da falta da habilidade.

A formação oferece uma certificação ou um reconhecimento formal de que a pessoa adquiriu os conhecimentos ou habilidades a que se propunha. Oferece segurança para a pessoa iniciar seu projeto ou trabalho com maior confiança e com espírito crítico. Portanto, a formação pode acelerar o desenvolvimento, elevando o patamar inicial de conhecimentos e habilidades da pessoa para iniciar um novo trabalho ou enfrentar um desafio.

Embora a formação responda por 10% a 15% do aprendizado da pessoa, é sempre fundamental para a criação ou revisão de repertórios, absorção ou aprimoramento de conceitos, tecnologias ou instrumentos.

5.3.3 EXPERIMENTAÇÃO

A partir da década de 1990 vai se formando um consenso nos autores quanto à aprendizagem sobre a importância da experimentação. Nossas experiências vêm comprovando essa importância ao analisarmos a efetividade das ações de desenvolvimento que permitiam às pessoas lidarem com situações de maior complexidade. Essa comprovação ocorreu, também, nos trabalhos de campo desenvolvidos por Ruas (2001; 2005) e Antonello (2004; 2005; 2011). Ambos analisaram vários cursos de formação gerencial e o processo de aprendizado.

A experimentação é o espaço para que a pessoa coloque em prática o seu conhecimento e/ou suas habilidades e converta-os em agregação de valor para o contexto e para si mesma. Na maior parte das organizações, esse aprendizado não é estruturado e perdem-se muitas oportunidades para o desenvolvimento de pessoas. Quando as organizações estruturam processos de aprendizagem vivencial ou não focam apenas em treinamento, têm um resultado muito interessante.

A recomendação é de estruturar situações de trabalho importantes para a pessoa enfrentar seus desafios e/ou encarar seus projetos de desenvolvimento. O fato, por exemplo, de uma pessoa poder participar da implantação de uma nova tecnologia ou uma nova ferramenta de trabalho pode ser fundamental para o seu desenvolvimento. O que parece óbvio não é praticado pela maioria das organizações.

Reforça-se aqui a importância de um diálogo estruturado de desenvolvimento, em que são discutidas oportunidades e situações de desenvolvimento. Algumas organizações procuram estruturar esse processo oferecendo situações de desenvolvimento vivenciais para determinados grupos de profissionais. Seguem alguns exemplos:

- Um grande grupo industrial criou em sua universidade corporativa o que chamou de escola de desafios. Trata-se de projetos estratégicos definidos pelos acionistas e presidentes para onde são convidados gerentes táticos com potencial de desenvolvimento. Esses gerentes são assistidos por um diretor e por consultores externos e devem desenvolver soluções. Essas soluções são apresentadas e discutidas com presidentes e acionistas, submetendo-se os participantes do programa a um padrão mais elevado de exigência e pressão, a um olhar mais amplo para o negócio e à necessidade de desenvolver uma forma de pensar estratégica.
- Outra organização que acompanhamos investe pesadamente na formação de seu quadro técnico e tem vários programas para desenvolvimento desse quadro em programas vivenciais. Um dos programas é o de mentoria técnica, onde técnicos especializados estimulam e oferecem suporte para que técnicos de nível sênior desenvolvam projetos sofisticados. Os resultados desse programa são: transferência de conhecimento crítico para a empresa, aceleração do desenvolvimento do corpo técnico e estímulo para que os técnicos optem pela carreira técnica ao invés da carreira gerencial.
- Em outra organização, é oferecido um concurso para os jovens engenheiros que entram na empresa. Nesse concurso, os jovens devem se agrupar e sugerir melhorias nos processos da organização. Esses grupos são orientados por mentores. Os resultados desse trabalho são: acelerar o desenvolvimento desses jovens, estimular uma visão sistêmica da organização, aumentar o nível de retenção dos jovens e criar um sentimento de propriedade dos resultados obtidos com os projetos.

Esses são exemplos de como a organização pode estruturar processos vivenciais de desenvolvimento.

5.3.4 REFLEXÃO SOBRE O APRENDIZADO

Em muitas situações, o aprendizado que obtivemos em uma determinada situação de trabalho ou ao enfrentar um desafio pode ser utilizado em situações diferentes, mas não nos damos conta disso. A reflexão sobre o que aprendemos é muito importante para consolidar o aprendizado e verificar sua utilização em situações diferentes, como, por exemplo: venci o desafio de construir uma parceria importante para minha organização, o aprendizado obtido poderia me ajudar ou ajudar outras pessoas a desenvolverem novas parcerias internas ou externas; assumi a liderança de uma equipe desacreditada e recuperei a autoestima das pessoas e a equipe tornou-se prestigiada pela organização, o aprendizado poderia ser utilizado em processos de formação de novas lideranças, na melhoria de processos de avaliação ou na minha atuação como mentor.

A reflexão sobre o nosso aprendizado ou sobre o aprendizado de membros da nossa equipe pode ser efetuada quando a pessoa é instada a estruturar o que aprendeu a fim de ensinar para outras pessoas. Em áreas de tecnologia ou em programas de residência médica essa prática é muito comum: a pessoa é convidada a expor seu aprendizado para as demais. Dentre as organizações pesquisadas, acompanhamos três empresas de tecnologia. Nas três existem vários rituais para estimular as pessoas a transmitirem seu conhecimento aos demais. Em uma delas, o quanto uma pessoa dissemina seus conhecimentos é um item importante da avaliação.

A disseminação de conhecimentos pode acontecer de várias formas, tais como: oferecimento de curso ou palestra sobre o que a pessoa aprendeu, processos de orientação, estruturação de um processo, criação de um instrumento ou uma ferramenta etc.

5.4 CONSTRUÇÃO DA GESTÃO DO DESENVOLVIMENTO

Como já vimos, as pessoas entregam o que a empresa necessita de forma diferente. Assim, uma pessoa pode entregar a competência exigida pela organização de uma forma bem particular. Como decorrência dessa constatação, não há uma forma padrão para o desenvolvimento de determinada competência, a forma de desenvolvê-la deve respeitar a individualidade de cada pessoa. Desse modo, diante da necessidade de aprimorarmos a condição de entrega de uma determinada pessoa, devemos analisar com ela quais são as ações que podem ajudá-la a entregar a competência requerida.

Sabemos que as pessoas se desenvolvem mobilizando seus pontos fortes; portanto, ao se investir nos pontos fortes de alguém há melhores resultados de desenvolvimento. As pessoas, ao investirem em seus pontos fracos, investem em regiões de desconforto profissional e obtêm resultados com grande sacrifício e, normalmente, resultados medíocres. Tanto para as pessoas quanto para as organizações, é mais produtivo investir nos pontos fortes. Os pontos fracos devem ser objeto de atenção quando eles atrapalham os pontos fortes.

Como já vimos anteriormente, ao pensarmos o desenvolvimento das pessoas como uma sucessão de níveis de complexidade e não mais como uma sucessão de cargos ou uma escalada nos diferentes níveis decisórios da organização, temos uma verdadeira revolução nos conceitos e na compreensão de como ocorre o processo de evolução profissional das pessoas na organização.

Essa revolução se estende também à forma de refletirmos sobre pessoas talentosas, com potencial, diferenciadas etc. A organização contemporânea, seja pública ou privada, exige que possamos orientar o desenvolvimento das pessoas, administrar a sucessão sem criar estigmas ou privilegiar pessoas. Sempre que criarmos estigmas, estamos comprometendo a credibilidade e legitimidade do sistema de Gestão de Pessoas porque, ao definirmos um grupo de privilegiados, estamos, inevitavelmente, criando pessoas excluídas que se sentem desqualificadas, não talentosas ou sem potencialidade.

Devemos sempre ter em mente que, se a pessoa trabalha na organização, é porque essa pessoa é talentosa e tem potencial para se desenvolver. Pensar de forma diferente nos conduzirá a excluirmos pessoas dos processos de desenvolvimento. Elas poderão se tornar o elo fraco da corrente e retardar o processo de desenvolvimento da organização ou, ainda, podem ser excluídas em definitivo por não terem lugar no futuro da organização (o que pode ser muito perigoso para a Organização Pública cujo quadro de profissionais goza de relativa estabilidade).

Em termos ideais, devemos pensar em todas as pessoas como sendo alvo da atenção da organização em termos de desenvolvimento. No sistema de gestão do desenvolvimento, verificamos que é possível trabalharmos cada pessoa em seu desenvolvimento e que também é possível avaliar aquelas pessoas prontas para maiores desafios.

Na organização contemporânea, as arquiteturas organizacionais e as estruturas decorrentes estarão sendo modificadas com velocidade cada vez maior. É impossível prever quais serão exatamente as necessidades da organização em seu futuro, mas é possível saber com certeza que ela necessitará de pessoas lidando com níveis crescentes de complexidade. Portanto, ao prepararmos pessoas para lidar com níveis crescentes de complexidade, estaremos preparando pessoas para o futuro da organização.

A seguir, abordaremos a construção do Plano de Desenvolvimento Individual.

5.4.1 CONSTRUÇÃO DO PLANO DE DESENVOLVIMENTO INDIVIDUAL (PDI)

A construção do Plano de Desenvolvimento Individual constitui-se em consequência importante da avaliação por competências, uma vez que dá ao processo um viés positivo, ou seja, um viés de desenvolvimento e preparação para o futuro. Descaracteriza, dessa forma, a usual percepção das pessoas de que a avaliação se constitui única e exclusivamente em mecanismo de controle, punição ou recompensa.

A responsabilidade pela construção e pela gestão do plano individual de desenvolvimento é da própria pessoa, cabendo ao líder ajudar na construção do plano (orientando sobre possibilidades) e atuar na viabilização das ações que foram planejadas. Algumas dessas ações dependerão única e exclusivamente do profissional para serem cumpridas, outras precisarão do apoio do gestor, pois exigirão planejamento e alinhamento com outros profissionais. Outras ainda dependerão de suporte institucional como, por exemplo, para a realização de treinamentos (em que há a necessidade de disponibilidade de recursos financeiros). A Figura 5.1 traz um exemplo das informações que podem ser inseridas do PDI.

Profissional				Gerência	
Gestor				Data	
Objetivo da ação de desenvolvimento	Ação de desenvolvimento	Detalhamento para viabilizar a ação	Responsável pela ação		Prazo para realização

Fonte: Elaborada pelos autores.

FIGURA 5.1 – Exemplo de PDI.

Temos visto um equívoco na formulação de PDIs, especialmente em Organizações Públicas. Talvez motivadas pela sua configuração mais processual e pela necessidade de seguir protocolos, há uma tendência de construírem ações de desenvolvimento para cada competência, especialmente para aqueles que apresentaram algum *gap* de desempenho. Como decorrência:

- foca-se mais em desenvolver pontos fracos dos profissionais e não em reforçar os pontos fortes, o que, como dissemos, pode não ser o caminho mais efetivo;
- constrói-se uma lista extensa de ações de desenvolvimento. Diante de muitas ações, o risco é que se diluam esforços ou, na falta de

prioridade, nada seja realizado. Portanto, é importante definir o foco prioritário do desenvolvimento.

Esse foco do desenvolvimento não precisa estar relacionado a uma competência, mas pode dizer respeito a várias delas. Ou seja, ao invés de buscar ações para cada competência, recomendamos que seja observada a atuação do profissional em seu conjunto e, com base nela, se defina o ponto a ser desenvolvido. Por exemplo, uma pessoa pode estar mostrando dificuldade em entregar os resultados desejados, em sugerir melhorias para a área em que se insere e em contribuir nas reuniões de equipe. Ao analisarmos com mais cuidado a situação desse profissional, percebemos que todas essas dificuldades são decorrentes de falta de clareza sobre as prioridades da organização e de como seus processos estão encadeados. Nesse caso, se concebermos uma ou duas ações de desenvolvimento para que o profissional amplie sua visão sobre a organização, teremos como reflexo a melhoria do desempenho em várias competências. A isso chamamos de causa raiz do problema.

Do Plano de Desenvolvimento Individual podem constar ações voltadas a suprir necessidades atuais (preparar o profissional para se consolidar na posição atual) ou desenvolver o profissional para desafios futuros. Além disso, é importante que vejamos os PDIs como *ferramentas de gestão* e não como *camisa de força*. Em outras palavras, temos que ter a flexibilidade para que durante o ano ele seja atualizado, seja com a inserção de ações novas (que não foram previstas quando da formulação inicial do PDI), seja com a exclusão de ações que, por algum motivo, deixaram de fazer sentido. Além da flexibilidade, a experiência mostra que os bons PDIs apresentam critérios:

- **Específicos:** ou seja, devem conter ações específicas (bem definidas), concretas e cuja execução seja mensurável (evitar descrições genéricas).
- **Realizáveis:** devem ser possíveis de serem implantados – é importante salientar que algumas competências demandam períodos mais longos para que seu desenvolvimento ocorra, especialmente quando envolvem mudanças atitudinais. Nesses casos, é possível subdividir o plano em etapas e realizar balanços ao longo do período.
- **Relevantes:** devem se concentrar nos aspectos prioritários (que façam diferença na evolução do profissional) e passíveis de serem desenvolvidos.

Um PDI bem-sucedido deve combinar a aquisição de conhecimentos com oportunidades de aplicação, por meio de **ações de desenvolvimento no ambiente de trabalho e de iniciativas de autodesenvolvimento**.

5.4.2 ESTRUTURAÇÃO DAS AÇÕES DE DESENVOLVIMENTO

Com o objetivo de desenvolver as pessoas para assumirem níveis crescentes de complexidade, o plano de desenvolvimento deve contemplar ações de diferentes naturezas:

- **Ações de desenvolvimento tradicionais:** são as ações estruturadas através de conteúdos programáticos específicos, envolvendo metodologias didáticas, instrutores ou orientadores, materiais bibliográficos e uma agenda de trabalhos ou aulas. Por exemplo: cursos, ciclo de palestras, seminários, programa de cultura compartilhada e orientação.
- **Ações de desenvolvimento vivenciais:** são as ações estruturadas através de atuações no próprio trabalho ou situações ligadas à atuação do profissional, por meio de atividades que podem ser realizadas pelo próprio indivíduo visando seu desenvolvimento. Algumas ações no ambiente de trabalho dependem de incentivos e viabilização do gestor. Por exemplo: coordenação ou participação em projetos interdepartamentais ou interinstitucionais, trabalhos filantrópicos, visitas a outras organizações/áreas, rotação de atividades, participação em grupos e entidades externas etc.
- **Ações de autodesenvolvimento:** são ações que podem ser realizadas por iniciativa do próprio profissional e sua efetivação é de inteira responsabilidade do funcionário. Por exemplo, ler livros e artigos, assistir e refletir sobre o conteúdo de filmes.

É possível observar que, quanto maior a complexidade das atribuições e responsabilidades, maior deve ser o percentual das ações de desenvolvimento vivenciais. A explicação está no fato de a complexidade demandar mais o uso diversificado do repertório de conhecimentos e experiências das pessoas e menos o uso de novos repertórios.

As ações de desenvolvimento devem ser definidas conforme as necessidades de cada pessoa em particular e a partir da premissa de ajudar a pessoa a mobilizar seus pontos fortes para desenvolver-se. Para ilustrar esse processo, relatamos uma experiência rica: em uma organização de serviços, tínhamos um gestor de conta que era muito bem quisto por todas as pessoas, inclusive pelos clientes, pelo seu jeito de ser. Sempre de bem com a vida e transmitindo muita alegria de viver, porém, com dificuldade para entregar o que os clientes necessitavam. Os clientes reportavam sua insatisfação com muito pesar por gostarem muito do relacionamento com seu gerente de conta. Ao analisarmos o problema, constatamos que esse gestor tinha grande dificuldade de estabelecer empatia com as necessidades de seus clientes, situação que era encoberta por seu jeito de ser. Ao conversarmos com esse gestor, ele também conseguiu visualizar o problema e foi estabelecido, de comum acordo, um conjunto de ações para desenvolver nele essa competência mobilizando seu ponto forte, que é o inter-relacionamento. Foi recomendado que ele se juntasse a uma organização filantrópica para auxiliar a comunidade carente da cidade onde morava. Ao fazê-lo esse gestor sentiu-se muito bem e passou a extrair grande satisfação de sua nova atividade. Para executar suas atividades nessa instituição filantrópica, ele tinha que estabelecer um processo de comunicação com uma comunidade onde a estrutura de valores era completamente diferente da sua e, para fazê-lo, necessitou estabelecer um processo de empatia com os valores dessa comunidade. Assim que conseguiu se colocar na situação vivida pela comunidade e compreender a forma de pensar das pessoas que nela viviam, ele conseguiu também estabelecer uma empatia com as necessidades de seus clientes (Dutra, 2010).

Neste exemplo, vemos que é possível ajudar as pessoas a desenvolverem-se a partir delas próprias e valorizamos as pessoas como elas são, preservando suas individualidades e criando maior comprometimento delas com o seu desenvolvimento.

PRINCIPAIS PONTOS A SEREM CONSIDERADOS NO PDI

1. Definir prioridades para o desenvolvimento: é natural identificar um conjunto de necessidades variadas de desenvolvimento, embora nem sempre seja possível a ação imediata sobre todas elas. Assim, é preciso estabelecer foco na causa raiz das lacunas (*gaps*) e não em cada competência individualmente. Além disso, deve-se priorizar o que é crítico para os desafios atuais e futuros, considerando as prioridades e a estratégica da organização.

2. Entender o desenvolvimento como um processo articulado e dinâmico: uma mesma ação de desenvolvimento pode se aplicar a mais de uma competência, e as ações definidas não devem ser vistas como uma *camisa de força*, mas como um *mapa para o desenvolvimento*. Portanto, revisões dessas ações, no dia a dia, devem ser vistas como naturais e não como um problema.

3. Confirmar os pontos fortes: normalmente, este é um aspecto negligenciado nos planos de desenvolvimento. As pessoas se desenvolvem a partir de suas forças e, portanto, ao se identificarem os pontos

fortes, é importante reforçá-los ainda mais e, dessa forma, explorá-los na sua plenitude.
4. Considerar as expectativas que foram pontuadas no Plano de Desenvolvimento pelo funcionário, assim como a preferência individual por determinados métodos, visando maior comprometimento com o plano estabelecido.
5. Não utilizar as ações de desenvolvimento de forma desvinculada do contexto e considerar o alinhamento entre os tipos de ações a serem utilizados e a experiência dos profissionais.
6. Eventuais diferenças de percepção entre gestores e profissionais sobre os pontos fortes e sobre as oportunidades de desenvolvimento são comuns e não devem inviabilizar a elaboração dos PDIs. Caso sejam identificadas diferenças de percepção, recomenda-se intensificar o acompanhamento e diálogo entre gestor e profissional sobre o ponto divergente, de modo que ele seja dirimido ao longo do tempo.

5.4.3 AÇÕES DE DESENVOLVIMENTO PARA LIDAR COM MAIOR COMPLEXIDADE

Para lidar com maior complexidade, a pessoa necessita ser exposta a situações mais exigentes. Para tanto, ela necessita ser estimulada e preparada, pois nem sempre lidar com situações mais exigentes causa prazer e satisfação. É comum nos sentirmos preparados e nos assustarmos diante dos desafios, mas, ao enfrentá-los, verificamos que tínhamos todas as condições para terminarmos bem-sucedidos.

Para minimizar a sensação de despreparo ou de intimidação frente aos desafios, dialogar com nossa liderança, ouvir uma pessoa mais experiente, ajuda. Existem ações muito efetivas para ajudar as pessoas a não se intimidarem com desafios ou situações mais exigentes. Observamos que algumas lideranças praticam isso naturalmente e nem percebem o quanto estão ajudando seus liderados a se prepararem para o futuro. A seguir, listamos algumas dessas ações:

- Planejar e executar ações de desenvolvimento que preparem o profissional para assumir responsabilidades de maior complexidade.
- Promover ações que permitam ao profissional desenvolver uma visão mais ampla do negócio e maior exposição na organização e junto a parceiros estratégicos.
- Colocar em prática ações que possam ampliar a rede de relacionamento da pessoa e sua multiplicação para a equipe e/ou área como um todo.

- Orientar o profissional a trabalhar os pontos mais importantes para alcançar os seus objetivos de carreira.
- Explorar ações de desenvolvimento que incluam exposição a situações diferenciadas de trabalho.

Um item que, em nossa experiência, chamou a atenção por sua simplicidade e eficiência foi o estímulo para que a pessoa ampliasse sua rede de relacionamento. Foi possível observar que pessoas técnicas desenvolvem toda sua rede entre pessoas técnicas e ficam prisioneiras de uma forma de pensar e encarar a realidade organizacional. Ao se estimular essa pessoa a ampliar sua rede de relacionamento, incorporando o contato com fornecedores, clientes, concorrentes etc., foi possível desenvolver uma visão diferente de seu trabalho, do negócio e do seu futuro. Essas ações podem ser implementadas designando a pessoa para representar a organização em entidades representativas nos níveis municipal, estadual e/ou federal, participar de encontros com a sociedade, participar de encontros com organizações congêneres etc.

A preparação de uma pessoa que está em uma atividade técnica ou funcional para uma posição gerencial é outro aspecto importante a ser observado.

Na maior parte das empresas que pesquisamos, não encontramos preparo para a pessoa assumir uma posição gerencial. Se não existe esse preparo, a organização e a pessoa assumem grandes riscos. Para a organização, o risco de perder um bom técnico e ganhar um péssimo gerente; para a pessoa, de ter ganhado um passaporte para a infelicidade profissional. A imagem que podemos criar para descrever esse processo é da pessoa que é atirada na jaula do leão. Se ela for devorada, a organização irá dizer que ofereceu uma oportunidade e a pessoa não soube aproveitar; se sobreviver, a organização irá dizer que acaba de ganhar um novo gerente. Até quando vamos continuar a atirar as pessoas aos leões?

Para estancar esse processo, é necessário apresentar, para uma pessoa que está sendo cogitada para a posição gerencial, a arena política. Como a arena política pode ser apresentada para a pessoa? Oferecendo para ela um projeto que tenha um componente técnico e, também, um componente político ou oferecendo-lhe um conjunto adicional de atribuições e responsabilidades com o componente político.

Essas experiências permitirão que a organização perceba se vale a pena investir na pessoa para uma posição gerencial ou não. Permitirão, também, que a pessoa perceba se gosta ou não do trânsito na arena política. Para exemplificar, vamos relatar uma situação que caracteriza as dificuldades de nossas empresas para testar as pessoas antes de colocá-las em uma posição gerencial. Acompanhamos o caso em uma organização de tecnologia onde um engenheiro especialista da área de desenvolvimento de produtos foi indicado para assumir a gerência. A indicação deveu-se a dois aspectos: o engenheiro era uma referência dentro e fora da organização em sua especialidade técnica e era apoiado pelos demais integrantes da área por tratar-se de pessoa extremamente generosa na disseminação de seu conhecimento e estímulo para que os colegas se desenvolvessem. Tão logo o engenheiro assumiu a posição gerencial, a organização percebeu que havia cometido um grande equívoco, pois se tratava de uma pessoa inábil no relacionamento político, assumindo posições muito rígidas e se escudando sempre diante das situações, gerando um isolamento na relação com os demais gerentes. Como consequência, não conseguia obter apoio político para suas posições, começou a ter dificuldades para manter o espaço político da área e para obter recursos. A equipe, com o tempo, percebeu que não tinha representação política e que estava perdendo prestígio na organização, passando a questionar a liderança de seu gerente.

Por essa razão é tão importante um processo de avaliação estruturado e maduro, onde seja possível perceber o surgimento de novas lideranças e prepará-las adequadamente. O preparo da futura liderança é básico para qualquer estratégia, pois uma liderança despreparada torna-se uma grande ameaça para a organização ou negócio.

5.4.4 PLANO DE DESENVOLVIMENTO ORGANIZACIONAL

Os Planos de Desenvolvimento Individuais deverão ser analisados pela área de Gestão de Pessoas visando construir o Plano de Desenvolvimento Organizacional. É de responsabilidade da área de GP monitorar a oferta de ações e treinamentos corporativos (inclusões, exclusões ou manutenção de treinamentos existentes, carga horária e programação), e elaborar o calendário anual, buscando abranger as necessidades da organização em termos de desenvolvimento de competências. Pode-se, nesse momento, analisar as possibilidades de melhor aproveitamento dos recursos existentes na própria organização. Por exemplo, pode-se verificar se há profissionais que se destacam em determinada competência e que poderiam ser estimulados a assumir um treinamento interno para os que precisam se desenvolver.

5.4.5 AVALIAÇÃO DAS AÇÕES DE DESENVOLVIMENTO

A avaliação da efetividade das ações de desenvolvimento é um aspecto importante quando discutimos os investimentos efetuados pela organização e pela pessoa em seu crescimento. Para exemplificar, vamos pensar em uma pessoa que não está entregando à competência orientação para resultados. Vamos supor que essa pessoa, em conjunto com sua chefia, tenha estabelecido uma série de ações de desenvolvimento e que tenha a expectativa de passar a atender a competência em um prazo de seis meses. Após esse período a pessoa, em conjunto com sua chefia, pode avaliar a efetividade das ações de desenvolvimento. Caso ela tenha atendido total ou parcialmente a competência, podemos dizer que as ações de desenvolvimento foram efetivas. Essa informação passa a integrar o patrimônio de conhecimentos da organização sobre quais ações são efetivas para desenvolver cada uma das competências humanas. Caso a pessoa, após os seis meses, não atenda à competência, podemos concluir que ou ela não foi aplicada o suficiente ou as ações não foram efetivas para torná-la competente em orientação para resultados.

Caso haja clareza sobre os pontos a serem incrementados com as ações de desenvolvimento, é possível ao próprio profissional monitorar sua evolução, verificando seus progressos através de autoanálise ou de *feedbacks* de outros. É importante que procure fatos e situações concretas que possam ilustrar sua evolução. O monitoramento dessa evolução irá ajudar o profissional a identificar aspectos que já foram desenvolvidos ou aqueles que necessitam de maior esforço e atenção, contribuindo na modificação do plano sempre que necessário.

A disponibilização de um roteiro para acompanhamento do exercício da execução e da efetividade das ações de desenvolvimento pode contribuir. Este roteiro pode conter informações como contribuição para o dia a dia no trabalho com o desenvolvimento da ação, obstáculos encontrados, plano de contingência para os obstáculos e anotações gerais.

A utilização desse roteiro pode contribuir também para o patrimônio de conhecimentos da organização, possibilitando que possam ser verificadas as ações mais efetivas para o desenvolvimento de determinadas competências. Essas informações ficam mais claras na medida em que temos um grupo de pessoas que apresentam problemas semelhantes e que são orientadas para conjuntos de ações muito próximas. Ao analisarmos os efeitos dessas ações sobre o nível de atendimento das competências, teremos condições de medir a efetividade dessas ações. A organização, ao repetir essas análises ao longo do tempo, amplia seus conhecimentos sobre as ações que funcionam para as diferentes competências, para os diferentes agrupamentos ocupacionais, para os diferentes eixos de carreira, para as diferentes subculturas organizacionais etc.

5.5 ALGUNS DILEMAS RELACIONADOS AO DESENVOLVIMENTO PROFISSIONAL EM ORGANIZAÇÕES PÚBLICAS

Assim como visto em outros processos de Gestão de Pessoas, as Organizações Públicas enfrentam, como qualquer outra organização, dificuldades para a consolidação de seus processos de desenvolvimento profissional, embora já existam excelentes práticas implementadas. Nos tópicos a seguir, procuramos explicitar algumas dificuldades e desafios a serem enfrentados e para os quais precisamos estar atentos:

- **Aproveitamento das oportunidades de desenvolvimento**
Como discutido no Capítulo 3– Gestão da Carreira, as oportunidades para que os profissionais exerçam atribuições mais complexas e, portanto, para que se desenvolvam, dependem da existência de espaços, de necessidades organizacionais. Esses espaços nem sempre se apresentam em abundância, especialmente em Organizações Públicas nas quais dois elementos que influenciam sua constituição muitas vezes não se encontram presentes: crescimento organizacional e *turnover*. Por isso, recomendamos que se atue no desenvolvimento organizacional (aperfeiçoamento de processos, tecnologia etc.) como movimento que desafie as pessoas a trabalharem em outros níveis de entrega e, dessa forma, possibilite um melhor aproveitamento das potencialidades dos profissionais.

Portanto, trabalhar no desenvolvimento organizacional, desburocratizando processos, dando mais autonomia e agilidade à atuação das pessoas e provocando-as à revisão e aprimoramento de seus processos de trabalho pode se constituir em movimento profícuo para o desenvolvimento dos profissionais. Afinal, é um contrassenso não aproveitarmos plenamente a capacidade de realização das pessoas e equipes se, na ponta, a sociedade demanda eficiência e agilidade.

Outro fator importante para que o desenvolvimento ocorra consiste em instigar os profissionais a uma postura de "insatisfação permanente", ou seja, provocá-los para que se desafiem permanentemente, que busquem formas diferentes de fazer as coisas e que exercitem um olhar crítico em relação aos problemas e dificuldades, procurando analisá-los sob diferentes ângulos na busca por soluções. Isso, muitas vezes, requer que as pessoas saiam da sua "zona de conforto" e passem a se esforçar mais para questionar o porquê de as coisas serem feitas como são.

Outra possibilidade é investir em mobilidade, desde que a migração entre áreas amplie a visão do profissional e, dessa forma, habilite-o a operar em níveis maiores de complexidade. Sabemos que a mobilidade na Organização Pública, como vimos, não é processo fácil, sendo necessário que se estabeleça um pacto entre a liderança para que aconteça de forma sistemática e planejada.

- **Banalização dos treinamentos**

Neste ponto, vemos dois grandes desafios que podem parecer contraditórios. Um *primeiro* é que, em algumas organizações, observamos falta de credibilidade nos treinamentos e em sua utilidade para o desenvolvimento profissional. Talvez essa falta de credibilidade seja oriunda de programas que não conjugavam a base conceitual que ofereciam com a prática ou por um histórico de oferta exagerado, sem foco. Presenciamos, nesses casos, a equipe de RH envergonhada pelo pequeno quórum de interessados nos treinamentos oferecidos e pelo alto índice de ausência nos programas. Em outras realidades, nas quais passar pelo treinamento era um requisito para a carreira ou somava pontos para um avanço de nível salarial, vimos a sala lotada; no entanto, só o corpo das pessoas estava presente.

Uma ação para mitigar esses problemas é conjugar os treinamentos em sala de aula com ações práticas, intercalando-os. Temos conduzido programas de formação nos quais exercícios e atividades de reflexão prévios, o preenchimento de diários de aprendizagem e a criação de espaços para discutir os problemas organizacionais apresentaram excelentes resultados. Outra possível ação é desvincular as ações de treinamento do reconhecimento – excetuando para aquilo que é obrigatório e, considerado requisito mínimo para habilitar a pessoa para o trabalho e, portanto, para qualquer possibilidade de reconhecimento. Da mesma forma que não recomendamos pontuar ações de desenvolvimento para progressão salarial, não vemos sentido em transformar ações de desenvolvimento em metas a serem remuneradas. Embora seja tentador fazer essa associação, acreditamos que o valor do desenvolvimento deve estar no próprio desenvolvimento.

O *segundo* desafio consiste em demostrar que não é só treinamento que traz desenvolvimento. Em todo tipo de organização vemos pessoas se lamentando que a empresa não as desenvolve, pois não financia os cursos que gostariam de fazer. Exige muito esforço mostrar o valor das experiências de trabalho como fontes de desenvolvimento, como já foi dito. E uma eventual impossibilidade de realização de um programa formal de treinamento não pode servir como muleta para a ausência de desenvolvimento; afinal, as fontes de informação e aprendizagem hoje estão largamente disponíveis, inclusive sem custo.

- **Elaboração de planos de desenvolvimento**

Como explorado, a elaboração de bons PDIs não é fácil, exigindo análise e reflexão sobre o profissional (de forma integral e não apenas em cada competência). Ainda vemos, em inúmeras organizações, a construção de planos de desenvolvimento pobres, superficiais, feitos de forma burocrática (uma ação de desenvolvimento para cada *gap* de competência) e enfatizando pontos fracos. Mas, por que isso acontece? Será que os profissionais e gestores não possuem repertório para elaborar bons planos de desenvolvimento? Gostaríamos de compartilhar uma experiência para demonstrar que o problema não é necessariamente esse.

Certa vez, ministramos treinamento para um grupo de gestores procurando qualificá-los para a elaboração dos PDIs de suas equipes, com base nos resultados de um mapeamento de competências que tinham acabado de realizar. Após algumas semanas do treinamento, o RH nos convidou para analisarmos os planos de desenvolvimento que tinham sido criados e foi uma verdadeira decepção: as ações propostas estavam, em sua grande maioria, focadas em treinamento formal (diferentemente do sugerido, de que deveriam privilegiar ações no local de trabalho) e as poucas ações vivenciais sugeridas estavam estruturadas de maneira muito frágil. Acordamos com o RH dessa organização que deveríamos fazer uma nova ação de treinamento e que, dessa vez, trabalharíamos com base em um estudo de caso.

Então, a partir das informações da própria organização, dos resultados das avaliações de competências realizadas e dos planos de desenvolvimento criados, construímos o estudo de caso e aplicamos para a turma. As pessoas deveriam analisar criticamente os planos de desenvolvimento sugeridos e, se não estivessem adequados, propor novos planos. Com um detalhe: não informamos que a *inspiração* para o caso tinha sido a realidade dessas pessoas, ou seja, os materiais que elas mesmas haviam produzido. Foi curioso notar que a primeira reação dos alunos diante do caso foi de indignação: "*Mas como esses gestores são ruins, como podem elaborar planos de desenvolvimento tão frágeis?*" Em seguida, partiram para a ação. Ao final das duas ou três horas separadas para o treinamento, ficamos espantados (desta vez positivamente) com a qualidade das ações de desenvolvimento que tinham sido propostas. Ações simples, de fácil execução, baixo custo e extremamente aderentes à realidade daquela organização e às características dos profissionais que deveriam ser desenvolvidos. Qual lição tiramos dessa experiência? Que nem sempre o problema está na falta de preparo para elaborar o PDI. Pode estar na falta de interesse ou de crença de que vale a pena investir duas ou três horas na reflexão. Ao final do treinamento, abrimos o jogo, mostrando que o caso tinha sido elaborado com base no que os alunos haviam produzido e reforçamos a importância de que se dedicassem um pouco ao assunto, pois repertório eles demonstraram.

- **Dificuldades do gestor**

Embora defendamos que as pessoas devam ser protagonistas de seu desenvolvimento e, portanto, devem exercer papel ativo nesse processo, o desafio do desenvolvimento também recai sobre o gestor, que tem o papel de auxiliar as pessoas e buscar situações concretas onde a aprendizagem possa ocorrer. Gestores que não possuem uma trajetória de diálogos constantes com sua equipe costumam apresentar dificuldades em desempenhar seu papel, necessitando de um suporte mais intenso da área de RH e de seus líderes. Um dos desafios nesse processo é conquistar a legitimidade diante de sua equipe.

Outro ponto de atenção e que, muitas vezes, passa despercebido é a necessidade de o gestor olhar o todo e não apenas parte da equipe. Não é incomum gestores que endereçam seu cuidado a apenas alguns membros da equipe, ignorando os demais. Assim, para aquelas pessoas em que tem confiança, com as quais tem afinidade ou em cujo desenvolvimento ele acredita, o gestor dá atenção, direciona oportunidades, orienta continuamente. Para os demais, demonstra pouca disponibilidade. Trata-se de um desafio para esse gestor trabalhar o desenvolvimento de todo o time, inclusive podendo se valer da força do desenvolvimento para recuperar o significado do trabalho, o senso de pertencimento e a motivação. A construção de Planos ou Ações de Desenvolvimento Coletivas, para a equipe, pode contribuir nesse processo.

CONSIDERAÇÕES FINAIS

Este capítulo teve como principal propósito discutir o processo de desenvolvimento das pessoas nas organizações. Hoje, há um estímulo crescente das organizações brasileiras para que a pessoa assuma o protagonismo de seu crescimento profissional. Do lado da organização, são fundamentais o estímulo e a criação de condições concretas e objetivas para que a pessoa se desenvolva.

BIBLIOGRAFIA DO CAPÍTULO

ANTONELLO, C. S. *Alternativa de articulação entre programas de formação gerencial e as práticas de trabalho*: uma contribuição no desenvolvimento de competências. 2004. Tese (Doutorado) – Programa de Pós-Graduação da Universidade Federal do Rio Grande do Sul, Porto Alegre.

_____. A metamorfose da aprendizagem organizacional: uma revisão crítica. In: RUAS, R.; ANTONELLO, C. S.; BOFF, L. H. *Aprendizagem organizacional e competências*. Porto Alegre: Bookman, 2005.

_____. Desenvolvimento de projetos e aprendizagem nas organizações. In: ANTONELLO, C. S.; GODOY, A. S. *Aprendizagem organizacional no Brasil*. Porto Alegre: Bookman, 2011.

CAMP, R. C. *Benchmarking*: o caminho da qualidade. São Paulo: Pioneira, 1993.

CASADO, T. *Tipos psicológicos:* uma proposta de instrumento para diagnóstico do potencial humano nas organizações. 1998. Tese (Doutorado) – Faculdade de Economia, Administração e Ciências Contábeis, Universidade de São Paulo, São Paulo.

DUTRA, JOEL S. *Gestão de carreiras na empresa contemporânea*. São Paulo: Atlas, 2010.

FLEURY, A.; FLEURY, M. T. *Aprendizagem e inovação organizacional*. São Paulo: Atlas, 1995.

JAQUES, E. *Levels of abstraction in human action*. London: Heinemann Educational, 1978.

_____. In praise of hierarchy. *Harvard Business Review*, Jan./Feb. 1990.

JUNG, C. G. *Psycological types*. Princeton: Princeton University Press, 1971. (The collected works of. C. G. Jung, v. 6, Bollinger Series XX.)

KOLB, D.; RUBIN, I.; MCINTYRE, J. *Psicologia organizacional*. São Paulo: Atlas, 1990.

NONAKA, I.; TAKEUCHI, H. *Criação de conhecimento na empresa*. Rio de Janeiro: Campus, 1997.

RUAS, R. Desenvolvimento de competências gerenciais e a contribuição da aprendizagem organizacional. In: FLEURY, M. T.; OLIVEIRA JR., M. (Org.). *Gestão estratégica do conhecimento*. São Paulo: Atlas, 2001.

_____. Gestão das competências gerenciais e a aprendizagem nas organizações. Documento preliminar preparado como material de apoio aos Cursos de Extensão do Programa de Pós-Graduação e Pesquisas em Administração da UFRGS, 2002.

_____. Gestão por competências: uma contribuição à estratégia das organizações. In: RUAS, R.; ANTONELLO, C. S.; BOFF, L. H. *Aprendizagem organizacional e competências*. Porto Alegre: Bookman, 2005.

_____; ANTONELLO, C. S. Repensando os referenciais analíticos em aprendizagem organizacional: uma alternativa para análise multidimensional. *Revista de Administração Contemporânea*, Curitiba: Anpad, v. 7, n. 3, 2003.

STAMP, G. The individual, the organization and the path to the mutual appreciation. *Personnel Management*, July 1989.

_____; STAMP, C. Wellbeing at work: aligning purposes, people, strategies and structures. *International Journal of Career Management*, n. 5, 1993.

6 Valorização de Pessoas

Assista ao vídeo *Valorização de pessoas*.

uqr.to/djap

6.1 INTRODUÇÃO

Este capítulo tratará do tema de valorização dos indivíduos no ambiente organizacional, comumente posto em prática via estratégias remuneratórias. Antes de aprofundarmos o tema, é preciso resgatar a **característica sistêmica**, necessária a toda boa estratégia e já enfatizada nos capítulos anteriores, sob o alerta de integração horizontal e vertical: toda e qualquer solução de Gestão de Pessoas deve estar harmonicamente integrada em seu contexto. A remuneração não foge à regra. Parece uma recomendação óbvia, mas frequentemente encontramos deslizes das organizações em respeitar tal premissa. Isso decorre do modelo compartimentado com que fomos acostumados: adquirir e armazenar conhecimentos escolares e, depois, organizacionais (Figura 6.1).

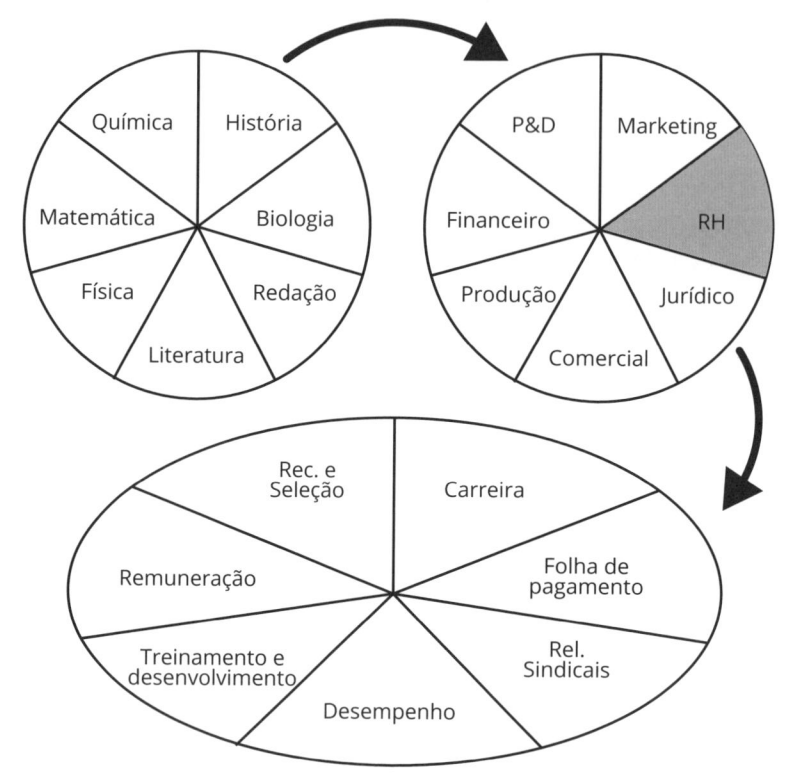

Fonte: Elaborada pelos autores.

FIGURA 6.1 – Método tradicional de armazenamento de informações.

Se, por um lado, essa lógica auxilia a delimitar didaticamente campos de *expertise*, por outro, há uma perda no entendimento sistêmico e interdependente entre os temas, fazendo com que tenhamos dificuldades na formulação e na implantação de estratégias ao reforçarmos percepções do tipo "este assunto não está em minha alçada, é de outra área", "não é um problema nosso, repasse à área competente" e "Gestão de Pessoas é coisa da área de RH". Esta visão, em silos, fica ainda mais premente nas Organizações Públicas, em que os pressupostos burocráticos, visando a eficiência e imparcialidade, acabam por promover a normatização das atribuições, a delimitação clara das funções e, com isso, reforçam a visão compartimentada. É comum, inclusive, se utilizar da expressão "competência", amplamente discutida neste livro, sob sua conotação jurídica,[1] querendo denotar alçada, alcance ou jurisdição: "não é de minha competência, passe adiante". A ironia é que o termo "competência" acaba sendo utilizado para afastar responsabilidades, quando deveria compor um sistema de gestão que reforçasse justamente o oposto!

Inserida nessa integralidade da Gestão de Pessoas, tem-se que Remuneração é um tema específico dentro de Gestão de Pessoas, que guarda suas particularidades e detalhes técnicos, mas nem por isso deve ser visto como algo isolado, exclusivo de uma área; ao contrário, deve estar alinhado com os demais subsistemas de RH, com as práticas de gestão e acessível aos gestores, para que estes possam exercitar na plenitude o seu papel. Só assim o tema cumprirá seu propósito: o de valorizar adequadamente as pessoas nas organizações. Para introduzir o tema, será preciso que nos debrucemos sobre três questões fundamentais, postas a seguir.

A primeira questão é: valorizar é sinônimo de motivar? Ou seja, podemos dizer que a remuneração trará a motivação dos profissionais? As pesquisas no tema, relacionando-o a estudos da psicologia (MITCHELL; DANIELS, 2003; PARKER, 2014), vêm concluindo que a remuneração, por si só, não gera motivação no ser humano, mas que a mesma remuneração, por si só, quando inadequada, pode gerar desmotivação. A conclusão da relação entre motivação e remuneração fica ainda mais evidente na realidade do setor público: os concursos exercem uma forte atração de candidatos devido a sua promessa de estabilidade na carreira e alguns concursos acrescem ainda a oferta de remunerações bastante competitivas ou mesmo acima do mercado, sobretudo quando consideramos posições iniciais de carreira. Entretanto, quando se analisam as motivações do servidor público após certo tempo na carreira pública, a remuneração inicial que lhe foi tão atraente já não é fator de motivação: é a constatação de que a remuneração provoca motivação imediata, em um período curto, mas, uma vez obtida, deixa de gerar motivação. O cuidado que devemos tomar é que o reverso da moeda não é uma contrapartida exata, ou seja, uma prática inapta de valorização (pagar aquém do merecido, sem critérios ou ainda sem parâmetros de equidade) não provoca apenas uma desmotivação de curto prazo, mas, quanto mais ela perdurar, maiores serão os efeitos de desmotivação. Conclusão: não basta remunerarmos de forma generosa e esperarmos uma motivação constante. É preciso remunerar de forma justa e adequada e integrar esse processo a outras ações de Gestão de Pessoas.

---

[1] Competência, no estrito significado jurídico, expressa a responsabilidade e legitimidade de um órgão judicial de exercer a sua jurisdição, fixando os limites dentro dos quais tal órgão possa atuar.

A segunda questão que o tema nos apresenta é: remuneração é obrigação da organização? É preciso cuidado com esse pensamento, que costuma vir carregado de conformismo, fatalismo e vitimização. A remuneração pode ser considerada como obrigação se a organização já tiver recebido algo de seus trabalhadores, ou seja, não é uma obrigação isolada, mas sim uma retribuição a uma realização laboral. Ela só se justifica na medida em que existe uma evidente produção decorrente da força de trabalho dos indivíduos. Se a contrapartida (resultado) não existir, isso deverá, portanto, afetar a remuneração percebida pelo profissional, seja por meio da flutuação de sua parcela variável, seja pela interrupção no pagamento da remuneração fixa (naturalmente, como fruto da interrupção do contrato de trabalho, questão que ainda é tabu em muitas Organizações Públicas).

A terceira questão é: decisões em remuneração podem ser rapidamente revertidas? A resposta é não. Devido a características jurídicas, que garantem uma perenidade da remuneração (especificamente da remuneração fixa), é difícil realizarmos mudanças drásticas e imediatas na remuneração e, consequentemente, na massa salarial.[2] Assim, qualquer decisão de aumento remuneratório inconsistente terá seu ônus não apenas na próxima folha de pagamento, mas em todas as folhas futuras, enquanto não se fizer alguma ação (geralmente de longo prazo) para corrigi-la.

Essas três questões iniciais evidenciam algumas das características do tema, destacando sua relevância como assunto a ser tratado estrategicamente, além da importância na gestão contínua da massa salarial. Ressaltamos que a gestão da remuneração é um dos fatores críticos para qualquer organização, mas que ganha especificidades importantes no setor público, tanto por aspectos relacionados à cultura e à natureza das relações de poder existentes, quanto pela definição de parâmetros constitucionais e legais aos quais vinculam suas estruturas remuneratórias (BERGUE, 2007).

Para efeitos didáticos, passaremos a estudar o tema, de acordo com sua divisão clássica, em remuneração fixa e variável. Contudo, reforçamos a ideia de que uma estratégia de valorização de pessoas deve atuar de forma sistêmica e holística; inclusive, adotando o conceito de recompensas, que extrapola a questão remuneratória (recompensas financeiras), ao trazer também a ideia de recompensas não financeiras que, em muitos casos, são fundamentais para o atingimento pleno da valorização dos indivíduos.

---

[2] Massa salarial é entendida como a soma das remunerações diretas, indiretas e dos encargos recebidos pelo conjunto de assalariados de uma empresa (adaptado de Dicionário Priberam da Língua Portuguesa, 2008).

RECOMPENSAS

RECOMPENSAS NÃO FINANCEIRAS
- Alinhamento de valores
- Desafio
- Oportunidade de crescimento
- Carreira
- Segurança
- Clima organizacional
- Qualidade de vida

RECOMPENSAS FINANCEIRAS

Remuneração Fixa
- Salário-base
- Rubricas remuneratórias adicionais
- Benefícios

Remuneração Variável
- Incentivos de curto prazo
- Incentivos de longo prazo

Fonte: Elaborada pelos autores.
FIGURA 6.2 – Recompensas financeiras e não financeiras.

6.2 AS RECOMPENSAS FINANCEIRAS FIXAS

As recompensas financeiras são usualmente divididas em remuneração fixa e remuneração variável. A remuneração fixa pode ser entendida como o somatório dos valores do salário-base, das rubricas remuneratórias adicionais e dos benefícios concedidos. Consiste na contraprestação pecuniária e por meio de concessão de serviços ou produtos (benefícios) repassados periodicamente aos trabalhadores, em um valor previamente estabelecido.

Diz-se que o salário-base (valores previstos nas tabelas salariais) e os adicionais remuneratórios perenes compõem a remuneração fixa direta, uma vez que são pagos no formato monetário. Já os benefícios fazem parte da remuneração fixa indireta, pois, ainda que concedidos mensalmente, ocorrem pela forma de concessão de facilidades, conveniências, vantagens e/ou serviços que as organizações oferecem aos seus trabalhadores para poupar-lhes esforços ou preocupações.

Há um forte debate no setor público brasileiro quanto ao formato da remuneração fixa direta: vencimentos ou subsídios. Enquanto o modelo de vencimento consiste no pagamento de uma parcela fixa principal (salário-base) e distintas rubricas complementares, remuneratórias ou não, perenes ou circunstanciais, o modelo de subsídio preconiza a adoção de uma parcela única e indivisível, paga como contraprestação do trabalho exercido pelos servidores, tendo em seu preceito a proibição de quaisquer outras parcelas adicionais, ou seja, deve ser adotado sem complementações.

O modelo de remuneração por subsídio encontra-se previsto na Constituição Federal de 1988 e é ratificado pela Emenda Constitucional nº 19, de 1998, como a "forma remuneratória de certos cargos, por força da qual a retribuição que lhes concerne se efetua por meio de pagamentos mensais de parcelas únicas, ou seja, indivisas e insuscetíveis de aditamentos ou acréscimos de qualquer espécie" (MELLO, 2011, p. 272). Conforme preconiza a Constituição Federal, é modo obrigatório de se remunerar cargos eletivos, por exemplo, Ministros, Secretários Estaduais e Municipais, membros do Poder Judiciário e servidores policiais e, facultativamente, ser estendido aos demais servidores organizados em carreira. Dentro dessa possibilidade, ainda que o modelo de vencimentos seja o mais usual, algumas Organizações Públicas vêm adotando o modelo de subsídio, como alternativa para a desburocratização, facilidade de gestão e de comparação entre posições e possibilidade de conferir maior transparência à gestão remuneratória.

No entanto, o arcabouço legislativo apresenta lacunas que possibilitam multiplicidade de interpretações, ocasionando posicionamentos distintos quanto à rigidez do entendimento de parcela única ou à possibilidade de convívio com algumas parcelas adicionais: indenizatórias (insalubridade, periculosidade e penosidade) e remuneratórias circunstanciais (gratificações variáveis por desempenho).

Quanto à primeira questão, da aplicação de adicionais como insalubridade e periculosidade, o que se deve ter como foco é que essas parcelas não procuram valorar o cargo, mas indenizar o trabalhador que se submete a situações adversas de trabalho ou que envolvam riscos. A Carta Magna menciona, em seu artigo 7º, que trata dos Direitos dos Trabalhadores urbanos e rurais, tais adicionais indenizatórios (inciso XXIII, que declara o adicional de remuneração para as atividades penosas, insalubres ou perigosas, na forma da lei). A CLT reforça tais adicionais e estipula formas de aplicabilidade. Já para os servidores públicos, não há clareza quanto aos percentuais devidos e não há um entendimento jurídico único. A própria Constituição traz em seu artigo 39º, parágrafo 3º, a política de administração e remuneração de pessoal, elencando quais incisos do artigo 7º seriam aplicáveis aos servidores públicos, mas, no rol abrangido, não se encontra o inciso XXIII. Assim, juridicamente, tem-se dúvidas quanto à aplicabilidade dessas parcelas indenizatórias à realidade do setor público brasileiro. Caso sejam devidas, elas podem conviver com o modelo de subsídio, sem ferir o conceito de parcela única? Há duas vertentes:

a) Incorporação das parcelas indenizatórias na parcela única do subsídio: acaba-se concedendo a todos os servidores de mesmo cargo um complemento individual que deveria existir apenas para aqueles que estão sujeitos às condições descritas e enquanto perdurar a causa de sua natureza. No entendimento dessa primeira vertente, ao incorporar a parcela indenizatória na parcela única, corre-se o risco de o servidor pleiteá-la novamente, ou seja, há o risco de pessoas solicitarem o adicional e o Estado ser obrigado a pagá-lo novamente. Assim, como há dificuldades posteriores em retirá-la da parcela única, caso seja cessada a exposição ao risco, haveria forte impacto à massa salarial nas consequências de pleito reincidente ou de dificuldade de expurgo quando cessada a insalubridade, repercutindo em uma grande fragilidade na gestão da massa salarial.

b) Pagamento à parte, a título de indenização: atrelando-se complementação constitucional ao subsídio, pode-se fazer a devida diferenciação particularizada da situação de insalubridade, porém fragiliza-se o entendimento de que subsídio seja uma parcela única, sem adendos remuneratórios coligados a tal parcela. O entendimento de parte da doutrina é de que as complementações constitucionais devem ser pagas em paralelo à parcela do subsídio, sendo o texto "parcela única, sem complementações" válido somente para se excluir a possibilidade de novas parcelas de gratificações não previstas na Carta Magna, ou seja, aquelas que a gestão decida conceder para reconhecer determinada classe ou valorizar determinado segmento. Também, nesta vertente, há a possibilidade de retirar o adicional quando necessário.

A segunda questão com que a Gestão de Pessoas se defronta como um desafio no modelo de subsídio são os casos de remunerações circunstanciais. Esses têm possibilidade ainda mais remota de coexistência com a parcela única. Isso porque aqui está-se falando de parcela remuneratória, concedida como contraprestação a um desempenho extraordinário e atingimento de dadas metas. Em termos de Gestão de Pessoas, é desejável que se tenha formas de se recompensar o desempenho obtido em uma gestão por metas e resultados, mas, no rigor do conceito do modelo de subsídio, a prática de remuneração variável fica bastante improvável.

Todas essas limitações fazem com que se questione a adequação do modelo para realidades nas quais o trabalho apresenta uma variedade maior de situações que aquelas presentes nos cargos eletivos, em que a exposição a situações insalubres ou perigosas é uma de suas dimensões ou, ainda, nos casos em que a adoção de remuneração variável é possível e desejável.

Dentre as reflexões que o modelo de subsídio traz, destaca-se a preocupação a respeito da gestão com a massa salarial: é preciso atenção constante acerca do custo do quadro de pessoal frente à estrutura de custos da organização, bem como da dificuldade de redução da massa salarial, ainda mais evidente no setor público, em que não há a possibilidade de demissão imotivada. A gestão da massa salarial fica ainda mais relevante quando se considera o modelo de aposentadoria própria e os impactos da parcela única de subsídio nos cálculos previdenciários.

O planejamento orçamentário para o cumprimento dos pagamentos da massa salarial se faz ainda mais relevante no setor público, pois difere do setor privado, no qual a rotatividade, seja motivada pelo trabalhador seja pela organização, representa um alívio à pressão salarial e uma forma de se controlar o aumento da massa salarial. Não é raro observarmos Organizações Públicas com dificuldades de pagamento de seu quadro efetivo, atrasando salários, congelando reajustes inflacionários e reduzindo custos em benefícios. É preciso fugir do fatalismo de que "no setor público a massa salarial é mais onerosa e sem possibilidades de redução e, portanto, a questão salarial será sempre um calcanhar de aquiles da gestão". É preciso aceitar os condicionantes vigentes, mas ir além e se planejar, adotando ações responsáveis na gestão salarial. Uma dessas ações passa por decisões responsáveis ao se concederem aumentos salariais, ou seja, sensatez e noção de consequências dos impactos no reconhecimento do servidor na carreira. Peculiaridades do setor público, em destaque a baixa rotatividade nos cargos, faz com que a velocidade de reconhecimento e os percentuais de aumento a cada degrau salarial sejam menores do que no setor privado. É o que discutiremos a seguir.

Ainda sobre a remuneração fixa, vale ressaltar que, quando o cargo se encontra disposto em um plano de cargos e salários, a parcela principal (ou a única, no caso do modelo por subsídio) deve vir explicitada em uma estrutura remuneratória, ou seja, uma tabela que apresente os degraus remuneratórios e evidencie o salário de ingresso, no momento do concurso, e a quantidade de degraus remuneratórios com seus respectivos valores. Com tais informações é possível depreender os percentuais de aumento entre um degrau e outro (progressões), os percentuais de aumento entre um nível de complexidade e outro, quando o modelo prevê níveis de complexidade (promoções) e a amplitude remuneratória do cargo (diferença entre salário final e inicial).

Por questões de equidade e isonomia, princípios fortemente requeridos no setor público, o comum é que se adotem os mesmos percentuais progressivos entre os degraus e os mesmos percentuais promocionais entre as mudanças de nível. Porém, pode ser que haja vantagens em realizar diferenciações, de acordo com o estágio da carreira (profissionais juniores tendem a ser movimentados mais rápido isso pode se dar com ciclos temporais menores, com avanços de mais de um degrau ou com percentuais maiores entre um e outro degrau).

Caso a estrutura salarial esteja disposta considerando-se níveis de complexidade, pode ser interessante que se adotem sobreposições entre faixas. Isso porque nem sempre um profissional que é pleno consegue migrar para sênior, por não ter demonstrado desempenho compatível com o próximo nível, entretanto continua a desempenhar muito bem as atuais atribuições de pleno e mereceria ser reconhecido na carreira. Assim, conferir alguns degraus extras no fim da faixa de pleno, que se sobreponham em valores com os primeiros degraus da faixa de sênior, possibilita praticar tais reconhecimentos. O setor privado e algumas organizações do setor público trabalham com a concessão de *lump sum*, que é um valor concedido a título de premiação, em dinheiro, para recompensar desempenhos diferenciados daqueles que já se encontram no teto de seu nível e enquanto aguardam promoção. Não incorpora aumentos salariais, permitindo assim uma flexibilidade de reconhecimento no condicionamento da legislação (no art. 461, CLT, Brasil, 2017) de que não se pode ter salários distintos para profissionais que desempenham a mesma função, no mesmo estabelecimento, ao mesmo empregador e com trabalho de igual valor.[3] Para o setor público, pode ser difícil a configuração legal de uma rubrica nos formatos do *lump sum*, sendo, portanto, a estratégia da sobreposição entre faixas uma alternativa possível.

Por fim, para finalizar o subcapítulo da remuneração fixa, vale um aprofundamento sobre as **metodologias de cargos e salários**, que têm como principal preocupação possibilitar a equidade (ou equilíbrio) no sistema de pagamentos. Essa equidade deve ser interna (equilíbrio entre remuneração e contribuição dos profissionais) e externa (equilíbrio com a remuneração praticada pelo mercado para posições com responsabilidades equivalentes). Um modelo baseado em Complexidade e Competências não apenas tem esse foco, mas também tem a propriedade de integrar a gestão salarial com os outros processos de RH, conforme enfatizamos sobre a necessidade da visão integrativa. Afinal, suas bases (carreira, desenvolvimento, avaliação etc.) devem estar alinhadas com os valores, missão, visão e estratégia organizacional (deles derivando).

A seguir, apresentamos uma breve análise comparativa entre a metodologia de pontos e a metodologia baseada em níveis de complexidade de trabalho e competências, considerando especialmente as necessidades das Organizações Públicas.

---

[3] Com a Reforma trabalhista, passa-se a entender como trabalho de igual valor o que for feito com igual produtividade e com a mesma perfeição técnica, entre pessoas cuja diferença de tempo de serviço para o mesmo empregador não seja superior a quatro anos e a diferença de tempo na função não seja superior a dois anos (no art. 461, §1º, CLT, Brasil, 2017).

6.2.1 METODOLOGIAS DE CARGOS E SALÁRIOS

6.2.1.1 *Metodologia tradicional de Cargos e Salários: Método de Pontos*

a) Princípios

Metodologia desenvolvida tendo como pressuposto um mundo estável e previsível. Assume que o principal elemento na Gestão de Pessoas é o **cargo** e que, portanto, as pessoas devem ser contratadas, treinadas e recompensadas pela execução das **atividades inerentes ao cargo** a ser desempenhado.

b) Funcionamento

Os cargos são descritos, essencialmente, pela explicitação do conjunto de **atividades** que lhes são próprias. Em seguida, eles são "pesados", ou seja, é calculada sua pontuação ao se comparar seu papel com um conjunto de critérios definidos para a pesagem (fatores de avaliação de cargos).

É importante observar que, apesar de ter seus resultados associados a números (pontos), a avaliação de cargos (nas várias metodologias) tem natureza qualitativa e, portanto, a **subjetividade** é inerente ao processo. Naturalmente, a definição de padrões e a aplicação da metodologia por profissionais treinados possibilita uma *redução na subjetividade* na avaliação do cargo, porém, ela sempre estará presente. Tratamentos quantitativos aplicados aos dados provenientes desse processo (como, por exemplo, correlacionando pontos obtidos pela aplicação da metodologia com salários praticados) tendem a dar uma *aparente objetividade* ao processo. Mas só aparente: quem já vivenciou a aplicação dessas metodologias sabe que o **julgamento** (tanto do técnico responsável quanto dos envolvidos – comitês, executivos, tomadores de decisão etc.) e, portanto, a **subjetividade** estão presentes.

c) Implicações

A aplicação da metodologia de pontos possibilita um ordenamento lógico dos cargos (em função da pontuação obtida) e, portanto, uma organização para a estrutura de cargos e salários. Entendemos que as variáveis para pesagem de cargos são dimensões fundamentais para explicar variações salariais (se a metodologia for robusta e, naturalmente, bem aplicada). No entanto, a descrição de cargo convencional (como um conjunto de atividades) e a aplicação dessa metodologia para Organizações Públicas podem trazer os problemas a seguir descritos.

Em um ambiente dinâmico, as atividades a serem desempenhadas pelos profissionais (e que compõem as descrições de cargos típicas) são alteradas rapidamente. Isso leva à necessidade de uma estrutura pesada para atualizar constantemente as descrições de cargo e se torna argumento fértil para acomodação ("não faço tal atividade pois não está prevista no cargo") ou para solicitação de equiparação por desvio de função ("estou fazendo uma atividade prevista para outro cargo, portanto, quero ganhar como ele"). Esses são dois comportamentos bastante comuns na realidade pública, em que alguns profissionais buscam se munir dos descritivos de cargo para delimitarem e restringirem suas atuações ou para entrarem com demandas trabalhistas por desvio de função.

Nem sempre pessoas *que fazem a mesma atividade agregam o mesmo valor*. A expansão de novas formas de organização de trabalho (células, grupos semiautônomos etc.) faz com que profissionais de diferentes níveis de carreira sejam envolvidos na execução das mesmas atividades. Naturalmente, eles exercem papéis e atribuições diferentes e estas devem ser explicitadas (não por haver diferença *na atividade,* mas no papel dessas pessoas, na execução dessa atividade).

Caracterizar o cargo com base em atividades limita a abrangência do cargo, perdendo a flexibilidade para dar respostas às necessidades organizacionais. São penalizadas a organização (porque não consegue contar com a pessoa na execução de outras tarefas, para não configurar desvio de função) e as pessoas (que não são estimuladas a se desenvolverem e que veem restringidas suas possibilidades de atuação). No caso do setor público, o modelo de cargo amplo visa suavizar essas limitações (por estar baseado em atividade que, como dissemos, variam constantemente).

A instabilidade do referencial não permite que sirva como elemento orientador da carreira (pensamos carreira no longo prazo, portanto, um referencial instável não nos dá a base para essa reflexão) e, tampouco, que se integre com os outros processos de RH. São incontáveis as experiências de Organizações Públicas nas quais o "Plano de Cargos e Salários" não passa de um conjunto de critérios burocráticos descolados da necessidade. Aliás, seu "empacotamento" de forma hermética (afinal, a quem é dado acesso pleno aos critérios e à metodologia de pontos?) e complexa faz com que pouco sirva como parâmetro de gestão.

As descrições de cargo como um conjunto de atividades a serem executadas não comunicam claramente a relação do trabalho a ser executado com a estratégia, os valores ou os desafios organizacionais.

6.2.1.2 Metodologia com base em Complexidade do Trabalho e Competências

a) Princípios

A base do Modelo é a mesma do Método de Pontos. Sua formulação consiste, inicialmente, na estruturação de critérios que caracterizem níveis crescentes de complexidade de trabalho (base para desenvolvimento, evolução na carreira e progressão salarial). Esses níveis são montados a partir de variáveis como escopo, autonomia, responsabilidade, impacto etc. (ou seja, dimensões análogas àquelas usadas como fatores nas diversas metodologias de avaliação dos cargos). O Quadro 6.1 ilustra algumas variáveis que podem ser utilizadas para caracterização dos níveis de complexidade e sua evolução. Importante destacar que, *se há subjetividade nos parâmetros mostrados, ela é exatamente a mesma que aquela presente no modelo de Pontos,* pois as duas metodologias estão ancoradas nas mesmas bases e são descritas de forma semelhante.

QUADRO 6.1 – Exemplo de variáveis de caracterização de níveis de complexidade

Nível	Escopo	Autonomia/Grau de supervisão	Aplicação do conhecimento	Amplitude da visão
Nível 6	Responde por processos/programas/projetos estratégicos e com abrangência interinstitucional (no âmbito do Estado ou maior).	Participa de decisões estratégicas, no âmbito do Estado. Gerencia processos/programas/projetos do Estado no contexto da organização. Participa do estabelecimento de normas e procedimentos de abrangência estadual e exerce influência sobre normas e procedimentos de abrangência nacional.	Realiza análises de tendências que subsidiam a tomada de decisões do Estado. Produz conhecimentos inéditos que contribuem para o avanço do estado da arte no campo do saber em que atua. Representa o Estado, nacional e/ou internacionalmente, sendo referência em seu campo do conhecimento ou área de atuação. Apoia a disseminação de estratégias do Estado.	Considera o impacto de sua ação no âmbito nacional e no internacional.

Nível	Escopo	Autonomia/Grau de supervisão	Aplicação do conhecimento	Amplitude da visão
Nível 5	Responde por programas/ macroprocesso ou projetos que influenciam na execução da estratégia da organização.	Toma decisões técnicas que impactam os resultados institucionais no longo prazo. Participa e influencia decisões estratégicas institucionais. Define normas e procedimentos de abrangência institucional.	Realiza análises de tendências que subsidiam a tomada de decisões estratégicas do instituto. Define metodologias a serem aplicadas no instituto. Lidera a geração de conhecimentos técnicos aplicáveis à organização. Representa a organização, sendo referência em assuntos de sua especialidade.	Considera os impactos de sua ação sobre o Estado.
Nível 4	Responde por programas, por um macroprocesso ou por projetos de abrangência institucional.	Toma decisões técnicas que impactam os resultados institucionais no curto e no médio prazos. Gerencia processos/programas/ projetos de abrangência institucional, requisitando e administrando recursos. Define normas, rotinas e procedimentos da área em que atua.	Analisa tendências que subsidiam a tomada de decisão na área em que atua. Propõe linhas de estudos e pesquisas em seu campo do conhecimento ou área de atuação. Internaliza e dissemina conhecimentos técnicos para a organização.	Considera os impactos de sua ação sobre a estratégia institucional.
Nível 3	Responde por processos/projetos da área em que atua.	Toma decisões técnicas que impactam os resultados da área (perspectiva de curto e médio prazos). Coordena tecnicamente equipes em processos/programas/projetos da área em que atua. Revisa normas, rotinas e procedimentos da área.	Realiza análises, estudos, relatórios e pareceres que demandam conhecimentos multidisciplinares. Define estruturas da análise em seu campo do conhecimento ou área de atuação.	Considera os impactos de sua ação sobre processos/ programas/ projetos de abrangência institucional.

Nível	Escopo	Autonomia/Grau de supervisão	Aplicação do conhecimento	Amplitude da visão
Nível 2	Responde por conjunto de atividades de apoio técnico à área.	Executa suas atividades com autonomia. Influencia decisões técnicas que impactam os resultados da área (perspectiva de curto prazo). Orienta tecnicamente profissionais menos experientes e profissionais de outros cargos (nível fundamental, nível médio, nível médio técnico). Responde por pareceres e relatórios técnicos.	Realiza análises, estudos, relatórios e pareceres em seu campo do conhecimento ou área de atuação.	Considera os impactos de sua ação sobre processos/programas/projetos da área em que atua.
Nível 1	Responde, sob acompanhamento, por conjunto de atividades de apoio técnico à área.	Executa suas atividades sob supervisão.	Realiza análises e estudos em seu campo de conhecimento ou área de atuação (sob acompanhamento).	Em fase de aprendizagem sobre o processo em que atua e processos relacionados.

Fonte: Elaborado pelos autores.

b) Funcionamento

A exposição dos níveis de complexidade (de maneira clara) serve como direcionador para a carreira e desenvolvimento dos profissionais, estimulando-os a assumirem graus crescentes de responsabilidade. Isso ajuda, inclusive, *a reduzir a subjetividade associada à noção de carreira* pois, em organizações que não possuem esses parâmetros bem definidos, predominam solicitações de reconhecimento associadas exclusivamente a critérios como tempo de casa e formação, entre outros. A explicitação dos níveis permite, ainda, que os gestores expliquem *por meio de fatos, dados e exemplos o que eles esperam da atuação do profissional em cada nível,* **possibilitando uma leitura comum** sobre os critérios que sustentam a carreira e a ascensão profissional (incluindo a valorização).

Após o estabelecimento dos níveis de complexidade, o Modelo considera a descrição das competências para cada nível de complexidade. A descrição de competências contribui ao transmitir para os profissionais mensagens relacionadas aos valores e objetivos organizacionais, traduzindo as **entregas** esperadas para cada cargo (amplo), trajetória de carreira e nível. Um exemplo de descrição da Competência "Assumir Responsabilidade" para um analista sênior é apresentado:

- "Decide sobre assuntos técnicos relacionados aos processos/projetos sob sua responsabilidade com agilidade, considerando os possíveis impactos sobre os resultados da Organização.
- Posiciona-se em assuntos diversos da área em que atua (visão ampla e multidisciplinar), oferecendo embasamento técnico para as decisões da liderança."

Ao descrever essas características como **entregas observáveis**, o Modelo *reduz ainda mais a subjetividade* do processo, tornando-o tão ou mais robusto que as variáveis que compõem a metodologia de Cargos por Pontos.

É importante notar que as descrições das competências não focam em atividades, mas em atribuições e responsabilidades – é isto que dá ao Modelo a condição de ser mais perene (duradouro). Com base nas atribuições, o descritivo do cargo fica amplo e flexível para se adequar às necessidades/variações do trabalho.

No que diz respeito à tabela salarial, nossas pesquisas[4] mostram que há uma correlação muito alta entre os níveis de complexidade de determinado trabalho e os valores salariais a ele atribuídos. Não poderia ser diferente; afinal, níveis de complexidade são a base de sustentação não só do Modelo de Competências, mas também do processo de pontuação de cargos na metodologia tradicional (pontos). No entanto, ao analisarmos o mercado de trabalho, podemos verificar pequenas variações salariais para cargos no mesmo nível de complexidade. Algumas delas são pontuais/momentâneas, fruto da lei da "oferta e procura". Outras se mostram mais consistentes no tempo. Em empresas privadas, tal fenômeno pode ser contemplado ao se desenhar mais de uma faixa salarial para posições que – apesar de estarem no mesmo nível de complexidade e terem a mesma natureza de trabalho – apresentam alguma diferença salarial no mercado (vide Figura 6.3).

---

[4] Para mais informações, vide Hipólito (2001).

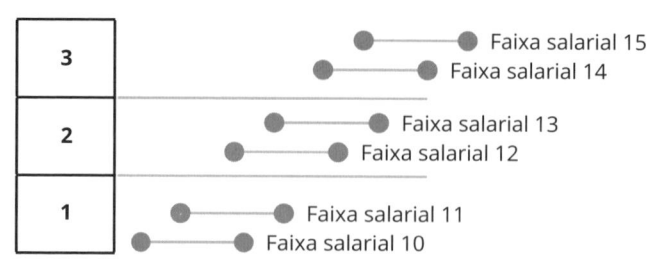

Fonte: Elaborada pelos autores.

FIGURA 6.3 – Setor Privado – distintas faixas salariais para posições de mesmo nível de complexidade.

No exemplo, os profissionais de TI e da área Jurídica (pressupondo que são mais valorizados) poderiam caminhar nas faixas salariais ímpares (11, 13 e 15), enquanto os profissionais dos demais cargos de natureza administrativa (RH, Contabilidade, Administração Geral etc.) caminhariam nas faixas pares.

Nossa experiência em Organizações Públicas, no entanto, aponta a tendência de que, para o mesmo Cargo e Nível de Carreira, seja adotada *apenas uma faixa salarial* (como na Figura 6.4), de forma a facilitar a mobilidade profissional e por transmitir mais fortemente a noção de equidade e equilíbrio interno. Caso se queira distinguir salarialmente um grupo como fazem algumas organizações privadas, recomenda-se avaliar cuidadosamente as vantagens e desvantagens dessa segregação quando da construção do Modelo.

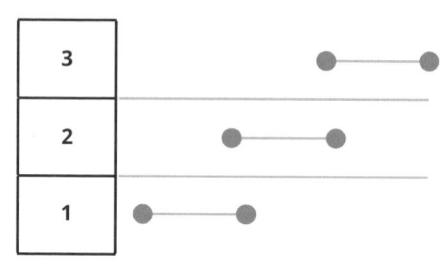

Fonte: Elaborada pelos autores.

FIGURA 6.4 – Setor Público – faixa salarial única.

c) Implicações

- Plano de Cargos e Salários como elemento integrador da Gestão de Pessoas e de alinhamento com a estratégia.

- Clareza dos critérios de evolução profissional – critérios lógicos e intuitivos transmitindo sentimento de justiça e equidade.
- Flexibilidade para que o Modelo continue válido mesmo que haja mudanças significativas nas atividades desempenhadas pelos profissionais. Com isso, há possibilidade de amadurecimento no uso dos critérios no tempo (referencial mantém-se estável e não há necessidade de revisar o PCS com frequência).
- Possibilidade de equidade interna (posições de mesmo nível de complexidade com salários semelhantes).
- Possibilidade de equidade em relação ao mercado – por estar ancorado na mesma lógica do mercado (complexidade de trabalho), fica fácil a utilização de pesquisas salariais tradicionais como base para a concepção da tabela salarial.
- Mobilidade profissional, possibilitando uma utilização plena da mão de obra disponível, quando aplicada em conjunto com o modelo de cargo amplo.
- Liberdade para que cada profissional construa seu espaço, se desenvolva em função das oportunidades da organização e de suas qualidades individuais – Modelo não "engessa" a atuação das pessoas a um conjunto de atividades prescritas em seu cargo.
- Redução da percepção de injustiças (em função da clareza) e de reclamações relacionadas a desvios de função.
- Mobilização das pessoas em torno do desenvolvimento profissional, carreira e ocupação de espaço (assumir responsabilidades).

Gostaríamos de ressaltar que os modelos de estruturação da remuneração fixa com base em níveis de complexidade e competências e conforme avaliação de cargos pelo método de pontos não são conflitantes ou antagônicos entre si, pelo contrário, sustentam-se em aspectos técnicos semelhantes. Isso permite, inclusive, que sejam aplicados em conjunto: em nossas experiências em organizações privadas, é muito comum a utilização de ambos os referenciais simultaneamente, ou seja, a metodologia de pontos sendo utilizada para a construção da estrutura salarial e o referencial de competências (por níveis de complexidade) sendo utilizado para aferir a atuação e o nível de desenvolvimento dos profissionais e, como consequência, servindo como referencial principal para decisões de reconhecimento desses profissionais na estrutura salarial. Entendemos que a adoção simultânea de ambas as metodologias também é possível para algumas Organizações Públicas (conforme sua natureza) mas recomendamos que, antes de adotar essa solução, se reflita amplamente sobre seu funcionamento e implicações, à luz dos objetivos e resultados desejados.

A seguir, trataremos sobre a valorização do servidor na carreira, ou seja, sobre os critérios utilizados para sustentar aumentos na remuneração fixa.

6.3 VALORIZAÇÃO DO SERVIDOR NA CARREIRA

Uma questão que sempre surge no momento em que um Órgão Público formula seu Plano de Cargos e Salários é: o que se deve valorizar? Ou, mais especificamente, quais critérios serão reconhecidos para balizar a evolução da carreira do servidor? Deve-se reconhecer o tempo de casa e a fidelidade do servidor? Ou a coletânea de certificados e titulações que o servidor adquire em sua trajetória? Ou então o esforço que o servidor realiza para cumprir suas atribuições? Ou, por fim, o alto desempenho, que repercutiu em resultados positivos à organização? Gradativamente, vem-se percebendo uma tendência à adoção e prevalência desse último critério – o mérito.

A busca por práticas meritocráticas vem gradativamente se intensificando na gestão de carreiras como um sistema de valores que apregoa a igualdade de oportunidades e o reconhecimento do desempenho profissional. Ela se aplica por meio do atingimento de metas, ou ainda pelo reconhecimento da capacidade de uma atuação mais complexa, repercutindo em movimentações na carreira e recompensas pecuniárias (MIYAHIRA; FISCHER, 2017).

Meritocracia é definida como "um conjunto de valores que postula que as posições dos indivíduos na sociedade devem ser consequência do mérito de cada um. Ou seja, do reconhecimento público da qualidade das realizações individuais[...] um conjunto de valores que rejeita toda e qualquer forma de privilégio hereditário e corporativo[...]" (BARBOSA, 2003, p. 21). Pode-se depreender de tal definição a noção central da meritocracia como uma ideologia que possibilita a adoção de um sistema de consequências, premiando aqueles que se destacam por seu alto desempenho, bem como identificando e adotando ações remediadoras àquelas com desempenho aquém do esperado.

Assim, percebe-se que a valorização do servidor na carreira encontra-se correlacionado com os temas tratados nos Capítulos 3 – Gestão da Carreira e 4 – Avaliação e Gestão do Desempenho, o que evidencia o aspecto sistêmico e interdependente dos temas e a necessidade de encará-lo de forma integral. Conforme verificado nesses capítulos, tem-se diferentes tipos de avaliação em Gestão de Pessoas, sendo que a avaliação por competências entendida como relacionada a realizações e entregas no ambiente de trabalho escalonadas em níveis de complexidade e tangenciando aspectos atitudinais/comportamentais é a que melhor possibilita como repercussão as reflexões para progressão e promoção na carreira, o que implica dizer aumentos na remuneração fixa.

É comum no setor público brasileiro observarmos amplitudes salariais menores quando comparadas àquelas praticadas no setor privado, ou seja, os salários inicial e final de carreira encontram-se mais aproximados. Isso advém de alguns fatores institucionais do setor público:

a) carreiras limitadas pelo nível de escolaridade, devido à exigência de ingresso via concurso público, condicionando os cargos em três níveis de escolaridade: fundamental, médio e superior, impossibilitando uma carreira fluida do fundamental ao superior; a não ser que se adote modelo de cargo amplo e irrestrito, de nível de escolaridade mais basilar, sem possibilidade de provimento via concurso público para os níveis mais elevados;

b) remunerações iniciais normalmente mais atrativas, quando comparadas ao setor privado, somadas à expectativa de que todos cheguem ao fim da carreira (último degrau remuneratório da tabela remuneratória), ocasionando uma folha de pagamentos pesada;

c) maiores entraves para rotatividade, maior complexidade no controle da massa salarial e repercussões da remuneração no modelo de previdência própria, repercutindo ainda mais em desafios para a gestão da massa salarial.

É sabido que, no setor público, construiu-se a expectativa de que todos caminhem nos degraus remuneratórios ao longo de suas carreiras, de modo que, ao se aposentar, o servidor se encontre nos degraus finais da tabela salarial. O olhar meritocrático vem questionar tal premissa não apenas possibilitando que alguns profissionais galguem degraus de forma mais acelerada, mas também considerando que alguns profissionais evoluem salarialmente em ritmo mais lento e que pode ser que não cheguem ao fim da tabela. Essa situação é sabida e intuitivamente aceita no setor privado, que percebe como natural o afunilamento do acesso às posições mais complexas de forma casada com as necessidades da organização (uma organização provavelmente não precisa da maioria de seu quadro de pessoal em posições de senioridade). Porém, no setor público, esse entendimento fica comprometido devido a fatores legais que enaltecem dois critérios na evolução da carreira: tempo e titulação. Esses dois critérios, com mensuração objetiva e pretensamente justos e isonômicos, acabam gerando acomodações, mensagens enviesadas na carreira e reconhecimentos errôneos, dificultando a gestão e o controle da massa salarial (VAN THIEL; LEEUW, 2002).

Tem-se que, no Brasil, esses dois critérios encontram-se normatizados juridicamente, havendo assim não apenas uma pressão coletiva dos trabalhadores pelo reconhecimento do tempo de casa, mas também dispositivos legais que estabelecem a antiguidade como critério de reconhecimento na carreira e constatação da fidelidade do indivíduo. O mesmo ocorre com a titulação, uma vez que a administração pública, em seu histórico, a utiliza tanto no provimento via concursos públicos (cargo de nível fundamental, médio e superior) quanto na movimentação de carreira via reconhecimento de titulações adicionais além do requisito mínimo do cargo.

Em Organizações Públicas brasileiras, o que se costuma encontrar é o critério meritocrático convivendo de alguma forma com critérios de tempo e titulação. Medidas que vêm sendo tomadas são a redução paulatina desses dois critérios e o fortalecimento gradual da meritocracia, por meio não penas de ferramentas formais de Gestão de Pessoas (Plano de Cargos e Salários com modelo de Gestão por Competências e níveis de complexidade e mecanismos de gestão de desempenho são exemplos), mas também da conscientização dos profissionais e das entidades de classe de que o modelo meritocrático beneficia o bom profissional, torna mais eficiente a organização e, consequentemente, seus retornos à sociedade.

Uma adoção usual na gestão de carreira e que repercute nos aumentos remuneratórios é a alternância de mérito e tempo. Enquanto o primeiro promove um olhar criterioso e sustentável no aumento, visto que, se houve mérito, houve agregação de valor à organização e maior capacidade de investimento em massa salarial, o segundo – critério temporal – pode provocar acomodação de alguns servidores, desestímulos àqueles que de fato ensejam maiores e melhores desempenhos, além de oneração do custo de pessoal, de forma não sustentável. Porém, a adoção dessa alternância mérito e tempo advém, novamente, de um aspecto normativo-legal: há uma exigência de adoção desse critério, caso a organização opte por homologar seu plano de cargos e salários junto ao Ministério do Trabalho. O ato da homologação, anteriormente à reforma trabalhista brasileira ocorrida em novembro de 2017, trazia vantagens quanto à maior blindagem a passivos trabalhistas acerca de desvio de função e equiparação salarial. Com a reforma, as organizações passam a poder instituir livremente as regras e diretrizes organizadas em plano de cargos e salários, sem a necessidade de homologação, desde que observem a clareza e garantam a divulgação.

Os esforços que vêm gradativamente ocorrendo são pelo fortalecimento do mérito (MOYNIHAN, 2008), que pode ocorrer via evidenciação dos níveis de complexidade em uma gestão por competências. Tais níveis conseguem concretizar os intentos meritocráticos ao segmentar as contribuições em patamares possíveis e desejáveis de *performance* e permitem periodicamente avaliar a contribuição efetiva do profissional e a agregação de valor à organização, de modo que tais informações sirvam de subsídio para decisões em concessão de aumento da remuneração fixa, seja devido a uma progressão (evolução no próprio nível de complexidade), seja devido a uma promoção (mudança de nível de complexidade).

As valorizações via promoção costumam ter percentuais de aumentos maiores e é comum estarem condicionadas à existência de vagas, além de ritual rigoroso de avaliação, em que se considerem não apenas os requisitos de acesso e o olhar se o profissional se encontra preparado para atuar em outro patamar de complexidade, mas também os fatores contextuais, de conjuntura econômica, estratégica, orçamentária, dentre outros. Percebe-se a complexidade dessa decisão, sendo recomendável que haja um processo decisório em colegiado. Isso faz com que o processo seja mais legítimo e justo. Um erro comum das organizações, a exemplo da pretensa justiça dos critérios de antiguidade e escolaridade, é insistir na busca por critérios matemáticos, que "ranqueiam" os profissionais com base em pontos obtidos de diversos fatores (avaliações, treinamentos realizados, projetos em que participou etc.). O *ranking* dá uma aparente objetividade ao processo, no entanto, expropria da organização a possibilidade de decidir sobre aqueles que deveriam ser sujeitos ao reconhecimento.

Acreditamos que a correlação entre a gestão de desempenho e a gestão remuneratória deve existir, mas que é preciso evitar automatismo. Mensurar o desempenho, via gestão por competências e níveis de complexidade, visa estimular o desenvolvimento e o atingimento de desempenhos superiores e contínuos, constituindo-se em ferramenta de gestão. No entanto, uma relação direta e automática (matematizada) entre avaliação e consequências pode levar a desvios no desempenho, buscando-se atingir os critérios da avaliação apenas para atingimento de ganhos remuneratórios, descuidando-se do foco na real contribuição para a organização e no desenvolvimento na carreira. Pode também aumentar o viés nas avaliações de desempenho que, na cultura brasileira, já tende a superavaliações, e gerar dificuldade de concessão de *feedbacks* corretivos e desconforto e falta de abertura no processo de gestão de desempenho.

A seguir, trataremos sobre a remuneração das posições de gestão.

6.4 A REMUNERAÇÃO DAS POSIÇÕES DE GESTÃO

Como explorado no Capítulo 2, as posições gerenciais nas Organizações Públicas são trabalhadas como cargo em comissão ou função gratificada. A transitoriedade dos gestores traz algumas dificuldades como a apropriação plena do papel de gestão, repercutindo nos gestores em conservadorismo nas ações, receio de retaliações ao retornar para a carreira, despreparo no papel gerencial e estratégias de manutenção da função ou cargo comissionado, visto que na exoneração perde-se a posição gerencial e a renumeração atrelada a ela. É este aspecto que merece nossa atenção neste capítulo, que trata de valorização; os outros aspectos serão explorados no Capítulo 9 – Desenvolvimento da Liderança e no Capítulo 10 – Processo Sucessório Estruturado.

É preciso que as Organizações Públicas reflitam de forma sistêmica ao elaborar suas estratégias remuneratórias, o que implica analisar a remuneração global do servidor de carreira e do servidor em posição gerencial, assim como a atratividade de tais posições, o grau adequado de majoração remuneratória ao assumir a posição gerencial e a forma de retorno à remuneração da carreira, no momento da exoneração. É preciso que se adotem critérios que evitem saltos remuneratórios, pois acabam se configurando como armadilhas em uma dinâmica que pressupõe transitoriedade. Deve-se considerar que a manutenção de gestores por longo período (dez anos) repercute na incorporação remuneratória do valor correspondente a essas posições de gestão. Ainda que a lei e a jurisprudência digam que a incorporação é devida nos casos de ocupação ininterrupta de dez anos no cargo ou função comissionada, algumas organizações adotam regras gradativas para a incorporação, aplicando proporcionalidade de anos com proporcionalidade de incorporação dos valores.

Em síntese, ao tratar da remuneração de posições comissionadas, recomendamos:

- refletir sistemicamente sobre as regras de transição, evitando saltos e tombos e tomando o devido cuidado de não assumir compromissos insustentáveis na folha de pagamento;
- utilizar as funções e cargos comissionados para seu devido fim (direção, chefia e assessoramento), identificando as pessoas aptas a essas posições;
- não utilizar funções e cargos comissionados como mecanismo para concessão de aumento remuneratório (este deve ocorrer na própria carreira). Tal situação é intensificada quando há dificuldade de se movimentar na carreira por critérios meritocráticos.

Na sequência, trataremos sobre as possibilidades de remuneração variável em uma estratégia remuneratória voltada ao setor público.

6.5 AS RECOMPENSAS FINANCEIRAS VARIÁVEIS

A Remuneração Variável consiste em qualquer pagamento que esteja ligado a alguma medida de resultado (desempenho) e não ao tempo trabalhado. Tem caráter flutuante e seu pagamento ocorre à medida que se atinge determinado patamar de *performance*, possibilitando que se vincule mais diretamente o desempenho com recompensas e, portanto, uma gestão meritocrática que motive o empregado a perseguir maiores e melhores desempenhos. Tem um enfoque no desempenho quantitativo, evidenciando resultados e metas coletivas e/ou individuais. Permite também o compartilhamento dos bons e maus resultados, a transformação de custos fixos em variáveis e a promoção de uma visão mais abrangente e sistêmica da organização; seja por meio do desdobramento das metas, pela percepção de impactos das atividades de cada indivíduo, área ou gerência nos resultados organizacionais, ou, ainda, pela mobilização conjunta das pessoas para perseguirem os objetivos estratégicos. O Quadro 6.2 sintetiza as contribuições e os pontos de atenção no uso da remuneração variável.

QUADRO 6.2 – Pontos positivos e pontos de atenção da prática de remuneração variável

Pontos positivos	Pontos de atenção
• Estimular a busca de objetivos/ resultados (semear uma cultura de resultados). • Incentivar esforço e recompensar a contribuição das pessoas para o sucesso do negócio. • Alinhamento da estratégia. • Compartilhar o risco com os funcionários (compartilhar bons e maus resultados). • Flexibilizar custos de pessoal (transformar custo fixo em variável). • Menor incidência de encargos (PLR). • Não aplicação do princípio da habitualidade (PLR).	• Incentivos não substituem o papel do gestor. • As pessoas concentram esforços onde são recompensadas, portanto, atenção para os critérios. • Dinheiro não é um motivador, tem efeito apenas temporário. • Recompensas também punem (quando não são ganhas). • Recompensas podem romper relações. • Recompensas podem restringir o desempenho, ao estreitar o foco apenas no que é incentivado. • Recompensas podem reduzir interesse e motivação intrínseca (incentivos reduzem sentimento do bom trabalho espontâneo).

Fonte: Elaborado pelos autores.

A respeito do ponto positivo de alinhamento da estratégia, vale ressaltar que o desdobramento das metas deve respeitar os intentos estratégicos, afunilando-se em especificidades de acordo com as áreas e gerências (e eventualmente indivíduos). A especificação das medidas de desempenho a serem utilizadas e dos resultados a serem alcançados devem advir, portanto, de um processo estruturado de desdobramento dos objetivos organizacionais. Recomenda-se que esse desdobramento leve em consideração a participação dos indivíduos que terão suas atribuições influenciadas pelos critérios (AGUINIS, 2009), sem que se perca, como referência, a relação com os objetivos maiores da organização. Busca-se, na medida do possível, a participação dos indivíduos na formulação das metas para que com isso sejam obtidos a legitimidade do modelo e o engajamento dos indivíduos na perseguição dos resultados.

É preciso também ter em mente que nem toda atribuição merece estar em um programa de remuneração variável. Estudos com enfoque no setor público como o de Swiss (2005), Weibel, Rost e Osterloh (2010) e Spekle e Verbeeten, (2009) comprovam que a RV aumenta significativamente o desempenho em atividades não interessantes, mas reduz significativamente o desempenho em atividades que por si só já eram atraentes. Locke e Latham (1990) apontam ainda para os seguintes cuidados: (a) a correta calibragem do desafio da meta, pois metas desafiadoras estimulam maiores níveis de esforço e desempenho; (b) metas em excesso podem levar a uma sobrecarga cognitiva e consequente queda do desempenho e; (c) para que as metas sejam efetivas, é preciso que haja acompanhamento e *feedbacks* constantes.

Antes de se adotar um Programa de Remuneração Variável, é preciso atenção para o composto remuneratório total e se, com a inclusão da parcela variável, não haveria desbalanceamento da equidade externa (mercado). Não se recomenda introduzir uma remuneração variável em situações em que a remuneração fixa por si só já posiciona a organização destacadamente de forma competitiva no mercado. É preciso ciência de que uma gestão por metas e resultados, que traria muito das benesses do Quadro 6.2, não precise necessariamente repercutir em adoção de práticas de remuneração variável. A introdução de mecanismos de avaliação e gestão com base em objetivos e metas, por si só, já propicia maior alinhamento entre as ações dos profissionais na direção das necessidades organizacionais, por permitir melhor entendimento em relação aos objetivos a serem perseguidos e, também, por possibilitar às pessoas maior compreensão sobre o significado e a importância do seu trabalho (gerando motivação). A interface desse processo com remuneração variável, a depender do contexto, pode acentuar esses resultados, uma vez que essa prática apresenta forte conteúdo simbólico, sinalizando o quanto a pessoa ou a equipe vale para a organização e por quais critérios a organização está disposta a recompensá-la. O simbolismo inerente aos modelos de remuneração e recompensas aponta para a necessidade de forte aderência entre os critérios de compensação e aquilo que a organização quer comunicar e reforçar junto aos seus profissionais, fruto de seu intento estratégico, valores, crenças e padrões culturais.

Ao se adotar a remuneração variável, é preciso também atenção à correta calibragem das metas e dos desafios, não apenas para a área/indivíduo direcionado, mas também comparativamente aos pares e a toda a organização. Isso porque, intuitivamente, o ser humano é movido pela teoria da equidade, buscando tratamento igual perante um comportamento ou uma ação na presença de uma determinada situação similar (ADAMS, 1965). Ou seja, promove comparações entre situações vigentes e busca o reequilíbrio das condições no caso de injustiças. No caso de um programa de remuneração variável que proporciona percepção de injustiças, o indivíduo pode: (a) mudar os insumos: p. ex., "relaxar"; (b) mudar os resultados, p. ex., se o pagamento é por peça, o indivíduo pode passar a focar em produzir mais com menor qualidade; (c) distorcer percepções de si mesmo: "achava que trabalhava em um ritmo moderado, porém acho hoje que trabalho muito"; (d) mudar a referência de comparação: "meu cunhado ganha mais do que eu, porém hoje estou melhor do que meu pai, na mesma idade"; ou (e) deixar o campo: pedir demissão (HOUSTON, 2006; DECI; RYAN, 2000). O grande alerta que a teoria da equidade lança sobre as estratégias de remuneração variável é: não se deve ter uma visão limitada de que apenas importa o valor absoluto do dinheiro, mas sim compreender que os impactos ocorrerão também sobre a percepção de seu valor relativo.

Uma tendência do setor público ao se adotarem práticas de remuneração variável é propiciar um aparente programa de metas e resultados sem que, entretanto, haja de fato o compartilhamento do risco e as flutuações naturais de pagamento decorrentes de variações no atingimento das metas, sejam elas decorrentes de fatores internos ou externos à atuação dos indivíduos, equipes ou organização. A prática usual do setor acaba sendo por um "fixo variável", ou seja, uma parcela variável que se encontra garantida como líquida e certa e que de variável só guarda mesmo o nome. São desvirtuamentos que prejudicam a intenção meritocrática e enfraquecem todos os pontos positivos de um modelo remuneratório variável.

Vale também um breve comentário sobre o grau de desdobramento de metas: algumas organizações se esforçam para chegar ao nível individual, do não gestor. Pode ser situação possível, quando a realidade desse profissional permite que se mensure seu desempenho de forma métrica, porém, na maioria dos casos, isso é dificultado, seja pela natureza da atividade, pela dificuldade de alinhamento com os intentos estratégicos, pela complexidade que esse modelo traz na formulação e na gestão ou, ainda, pelas mensagens que se passam ao enfatizar um desempenho individual. Portanto, para uma boa parte das posições em Organizações Públicas, pode ser suficiente (e até recomendável) o desdobramento de metas apenas até o nível gerencial/equipes (DUTRA; HIPÓLITO, 2012).

Por fim, vale resgatar que uma das premissas para adoção de remuneração variável atrelada à gestão por metas e resultados é que o programa seja sustentável, ou seja, que uma melhora no desempenho dos profissionais, engajados na perseguição das metas, traga aumento nos resultados e nas condições de pagamento por parte da organização. Entretanto, algumas Organizações Públicas possuem suas fontes de receita atreladas a uma sistemática compulsória, sem que haja grandes possibilidades de que maior *performance* dos empregados impacte em maior receita. Nesses casos, é preciso encarar a gratificação de desempenho como um custo, um valor necessário para compor a remuneração total do servidor: remuneração fixa (salário) + remuneração variável (gratificação de desempenho). Para que isso faça sentido, é preciso verificar os condicionantes do setor, sua familiaridade com a prática de remuneração variável, bem como a posição da organização quanto a sua remuneração total frente ao seu mercado.

A seguir, passamos a discorrer sobre outras formas de recompensas, as ditas não financeiras.

6.6 OUTRAS RECOMPENSAS – AS NÃO FINANCEIRAS

As recompensas não financeiras são aquelas oferecidas em troca do trabalho, mas não sob uma base financeira e sim sob aspectos de ascensão profissional, oportunidades de desenvolvimento, reconhecimento, gratificação pessoal obtida pelo trabalho realizado. Estão calcadas nos valores dos indivíduos, tendo caráter subjetivo e intrínseco (imagem interna e externa da organização, valores empresariais, segurança no emprego, carreira, desenvolvimento etc.).

Gradativamente, as organizações vêm se conscientizando da importância de se trabalharem as recompensas não financeiras de forma estratégica e não apenas como algo posto e passivo, utilizando-se de conceitos como o EVP – *Employee Value Proposition* (HEGER, 2007): na proposta de valor ao empregado, a questão remuneratória é apenas um dos aspectos, sendo também importantes, e por vezes determinantes para engajamento e decisão de continuidade na organização, aspectos como: benefícios, carreira, afiliação aos valores e propósitos e desafios do trabalho.

No setor público, dados da pesquisa "As Melhores Empresas para se Trabalhar na Administração Pública[5]" evidenciam que como recompensas não financeiras valorizadas pelos servidores encontra-se a questão da estabilidade na carreira, além de qualidade de vida e da possibilidade de desenvolvimento profissional. São tópicos que o EVP do setor público pode e deve considerar em sua formulação de proposta de valor.

Temos visto como comum a busca por parte de Organizações Públicas de introduzirem mecanismo de reconhecimento não financeiro em suas práticas, o que, a princípio, deve ser visto como um movimento positivo. Cabem, portanto, algumas ressalvas:

- Não necessariamente é preciso criar novos mecanismos de recompensa para se trabalhar a proposta de valor. Ao invés disso, devem-se comunicar e explicitar recompensas aos empregados que são intrínsecas à própria natureza e às qualidades do trabalho. Por exemplo, o ambiente organizacional, o sentimento de estabilidade, os valores que norteiam o comportamento das pessoas e a própria consequência do trabalho – que gera valor à sociedade e a seus cidadãos – devem ser explicitados, uma vez que raramente são comunicados com a devida ênfase.

- Se forem criados novos reconhecimentos, é importante avaliar as mensagens que transmitem a sua aderência com as mensagens que a organização pretende passar. Por exemplo, observamos diversas organizações concedendo um dia de folga como prêmio ao bom empregado. Será que essa é a melhor forma de reconhecimento ou estamos passando a mensagem de que o trabalho é exaustivo, indesejável e a melhor recompensa é nos livrarmos dele? Não deveríamos, ao contrário, valorizar a

---

[5] Pesquisa realizada pela revista VOCÊ S/A em parceria com a FIA (Fundação Instituto de Administração) em 2014.

experiência de trabalho como fator edificante que contribui para o desenvolvimento do ser humano?
- Também vimos algumas organizações recheando suas práticas com inúmeras ações de reconhecimento, de maneira errática e sem foco. Isso serviu apenas para tornar o sistema de reconhecimento mais complexo, confuso e de difícil gerenciamento. Recomendamos que se foque em poucas ações, mais bem estruturadas, com critérios claros, bem definidos e legítimos. Certa vez, avaliamos o caso de uma organização que "vendia" como algo positivo a possibilidade de o bom profissional ter seu trabalho reconhecido e valorizado em uma cerimônia simbólica que, depois, era divulgada por meios de comunicação internos. Até aí, tudo bem... O problema é que os critérios e o ritual de escolha dos destaques não estavam claros, o que gerava fortes questionamentos. Melhor trabalhar com poucas ações bem estruturadas do que com um grande conjunto de práticas conduzidas sem o cuidado necessário.

Por fim, valem as seguintes ressalvas para aquelas organizações que intencionam fazer mudanças em suas práticas de remuneração e recompensas (WRIGHT; PANDEY, 2011; LEWIS; FRANK, 2002; RHEINBERG, 2008; PERRY; MESCH; PAARLBERG, 2006):

- Considere a cultura da organização – a proposta de valor influenciará o perfil dos profissionais.
- Fique atento para o equilíbrio no *mix* remuneratório (fixo e variável).
- Assegure que os critérios de Gestão de Pessoas estejam alinhados com a estratégia e que haja consistência entre valores e práticas.
- Entenda que o mercado é uma referência, não uma obrigação. Cuidado com o "efeito manada" e com os modismos.
- Não coloque todas as fichas na remuneração; ela é apenas parte da questão (não a salvação e tampouco a fonte de todos os males).
- Assegure o cumprimento dos princípios de governança, a transparência e a comunicação (inclusive da Proposta de Valor).
- Trabalhe para que a Remuneração seja estratégica e para que haja uma Estratégia de Remuneração/Gestão de Pessoas.

A Figura 6.5 sintetiza os tópicos que devem ser considerados em uma estratégia remuneratória.

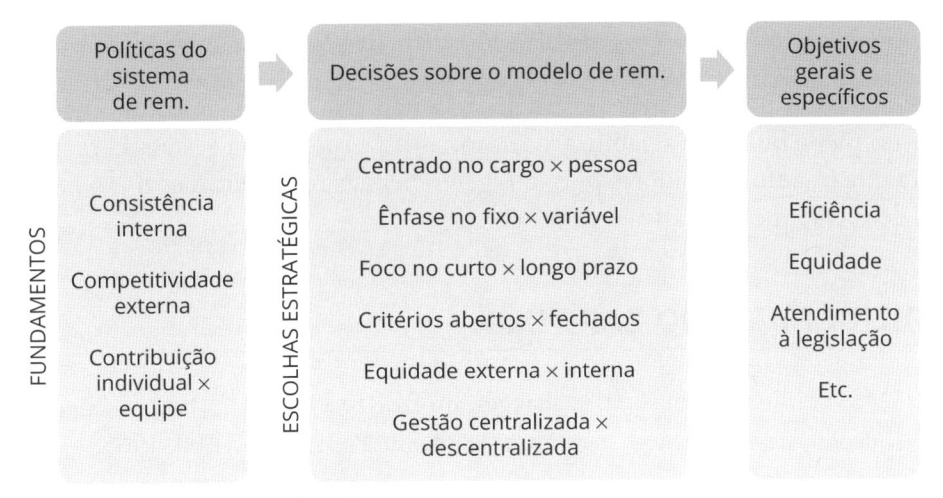

FUNDAMENTOS	Políticas do sistema de rem.		Decisões sobre o modelo de rem.		Objetivos gerais e específicos
	Consistência interna	ESCOLHAS ESTRATÉGICAS	Centrado no cargo × pessoa		Eficiência
	Competitividade externa		Ênfase no fixo × variável		Equidade
			Foco no curto × longo prazo		Atendimento à legislação
	Contribuição individual × equipe		Critérios abertos × fechados		Etc.
			Equidade externa × interna		
			Gestão centralizada × descentralizada		

Fonte: Milkovich e Newman (1987).

FIGURA 6.5 – Reflexões sistêmicas sobre estratégias de recompensas.

CONSIDERAÇÕES FINAIS

Este capítulo começou com o enfoque sistêmico e estratégico que deve ser dado ao tema da valorização, apontando as peculiaridades do assunto tanto por seu caráter instrumental de meio de sobrevivência que o aspecto pecuniário traz ao ser humano, quanto suas características específicas de dificuldade de redução e ajustes imediatos, demandando uma gestão contínua e atenta da massa salarial. Trouxe ainda os condicionantes do setor público, que tornam o tema ainda mais complexo.

Na sequência, foram apresentadas as recompensas financeiras fixas, os métodos tradicionais por pontos e por complexidade e competências, sempre à luz da realidade do setor público brasileiro. Fez-se, então, um destaque à valorização do servidor na carreira, o que implica adotar critérios meritocráticos nas movimentações, fugindo dos critérios tradicionalmente adotados, pretensamente objetivos, mas faticamente injustos: antiguidade e escolaridade, além de alertar para o risco da relação direta entre avaliação de desempenho e consequências remuneratórias.

Em seguida, abordou-se a transitoriedade dos gestores públicos em suas posições e todas as implicações advindas dessa condição. Depois, passou-se a discorrer sobre as possibilidades de recompensas financeiras variáveis no ambiente público. E finalizou-se com as recompensas não financeiras.

A mensagem que fica é de que, por mais que o setor público seja campo árido para a prática de gestão meritocrática, havendo pressupostos normativos que apontam para possíveis restrições, ela não está posta como um engessamento pleno ou uma inviabilização automática e total dessa gestão. Há espaço para que os administradores públicos gerenciem as remunerações dos servidores de forma meritocrática e sustentável.

BIBLIOGRAFIA DO CAPÍTULO

ADAMS, J.S. Inequity in social exchanges. In: BERKOWITS, L. (Ed.). *Advances in experimental social psychology.* New York: Academic Press, p. 267-300, 1965.

AGUINIS, H. *Performance management.* Pearson Prentice Hall, 2009.

BARBOSA, L. *Igualdade e meritocracia.* Rio de Janeiro: FGV, 2003.

BERGUE, S. T. Gestão da remuneração em organizações públicas: limites e possibilidades para a assimilação de modelos do setor privado. In: I Encontro de Gestão de Pessoas e Relações de Trabalho, Natal, set. 2007.

BRASIL. Constituição da República Federativa do Brasil. Brasília: Senado Federal, 1988.

BRASIL. Consolidação das Leis do Trabalho. Brasília: Senado Federal, 2017.

DECI, E. L.; RYAN, R. M. When rewards compete with nature: the undermining of intrinsic motivation and self-regulation. In: SANSONE, C.; J. M. HARACKIEWICZ, J.M. (Ed.). *Intrinsic and extrinsic motivation The Search for Optimal Motivation and Performance Educational Psychology.* Cambridge: Academic Press, 2000.

DICIONÁRIO PRIBERAM DA LÍNGUA PORTUGUESA. Disponível em: <https://www.priberam.com/dlpo/massa>. Acesso em: 2008.

DUTRA, J. S.; HIPOLITO, J. A. M. *Remuneração e recompensa.* Rio de Janeiro: Campus, 2012.

HEGER, B.K. Linking the employment value proposition (EVP) to employee engagement and business outcomes: preliminary findings from a linkage research pilot study. Organization Development Journal, 25, v. 2, p. 121-132, 2007.

HIPÓLITO, J.A.M. A Gestão da administração salarial em ambientes competitivos: análise de uma metodologia para construção de sistemas de remuneração de competências, 2001. Dissertação (Mestrado) – FEA-USP, São Paulo.

HOUSTON, D. J. 'Walking the walk' of public service motivation: public employees and charitable gifts of time, blood, and money. *Journal of Public Administration Research and Theory,* v. 16, p. 67-86, 2006.

LEWIS, G. B.; FRANK, S. A. Who wants to work for the government? *Public Administration Review*, v. 62, p. 395-404, 2002.

LOCKE, E. A.; LATHAM, G. P. *A theory of goal setting and task performance*. Upper Saddle River, NJ: Prentice Hall, 1990.

MITCHELL, T. R.; DANIELS, D. Motivation. In: WEINER, I.B.; BORMAN, W.C.; ILGEN, D.R.; KLIMOSKI, R. J. (Ed.). *Handbook of psychology*: industrial and organizational Psychology. Wiley, v. 12, 2003.

PARKER, S.K. Beyond motivation: job and work design for development, health, ambidexterity, and more. *Annual Review of Statistics and Its Application*, v. 1, Jan. 2014.

MELLO, C. A. B. *Curso de direito administrativo*. 28. ed. São Paulo: Malheiros, 2011.

MILKOVICH, G. T.; NEWMAN, J. *Compensation*. 2. ed. Plano, TX: Business Publications, 1987.

MIYAHIRA, N.N.; FISCHER, A.L. A meritocracia aplicada à realidade do setor público brasileiro: um estudo sobre a implantação da gestão de carreira por competências. In: EnANPAD, 41, 2017.

MOYNIHAN, D. P. The normative model in decline? Public service motivation in the age of governance. In: PERRY, J. L.; HONDEGHEM, A. (Ed.). *Motivation in public management*). Oxford: Oxford University Press, p. 247-267, 2008.

PERRET, N.; MIYAHIRA, N. N.; HIPOLITO, J. A. M. O modelo remuneratório por subsídios e o tratamento dado às parcelas complementares: aplicação do adicional de insalubridade. In: XXXIX Encontro da ANPAD, 39, Belo Horizonte, 2015.

PERRY, J. L.; MESCH, D.; PAARLBERG, L. Motivating employees in a new governance era: the performance paradigm revisited. *Public Administration Review*, v. 66, p. 505-514, 2006.

RHEINBERG, F. Intrinsic motivation and flow. In: HECKHAUSEN, J.; HECKHAUSEN, H. (Ed.). *Motivation and action*. New York: Cambridge University Press, p. 323-348, 2008.

SPEKLE, R. F.; VERBEETEN, F. The use of performance measurement systems in the public sector: effects on performance. AAA 2009 Management Accounting Section (MAS) Meeting Paper. Disponível em: <http://ssrn.com/abstract=1162242>. Acesso em: 2009.

SWISS, J. E. A framework for assessing incentives in results-based management. *Public Administration Review*, v. 65, p. 592-602, 2005.

VAN THIEL, S.; LEEUW, F. L. The performance paradox in the public sector. *Public Performance & Management Review*, v. 25, p. 267-281, 2002.

WEIBEL, A.; ROST, K.; OSTERLOH, M. Pay for performance in the public sector? Benefits and hidden costs. *Journal of Public Administration Research and Theory*, v. 20, p. 387-412, 2010.

WRIGHT, B. E.; PANDEY, S. K. Public organizations and mission valence: when does mission matter? *Administration & Society*, 42, v. 8, p. 22-44, 2011.

7 Planejamento da Força de Trabalho

Assista ao vídeo *Planejamento da força de trabalho*.

uqr.to/djaq

7.1 INTRODUÇÃO

Apesar de o planejamento e gestão de quadro de pessoal há muito tempo se configurar em aspecto crítico nas organizações, haja vista o impacto da massa salarial sobre suas estruturas de custo, pouca atenção ao assunto tem sido dada por pesquisadores e práticos. Atribuímos esse fato à complexidade do tema, uma vez que a necessidade (e mesmo a disponibilidade) de mão de obra tem-se demonstrado variável, sendo impactada por inúmeros fatores, muitos dos quais não estão sobre influência direta da gestão. Como exemplo de fatores que afetam a gestão do quadro, podemos citar incertezas do ambiente, avanços tecnológicos, custos e rigidez dos processos de provimento e desligamento de pessoas (fator especialmente crítico em Organizações Públicas), ausência de instrumentos confiáveis para medida do desempenho, fatores históricos e culturais, entre outros. No entanto, invariavelmente, momentos de crise econômica trazem à tona o tema, uma vez que as organizações se sentem pressionadas a cortar gastos, rever seus processos e alocar de maneira eficiente seus recursos (inclusive humanos) sem perder de vista seus objetivos e tampouco afetar sua capacidade de operação. Aproveitarem períodos de crise para se reorganizarem e fazerem os ajustes necessários em sua estrutura tem sido ação adotada por inúmeras organizações, não apenas para passarem pelo momento de baixa mas, também, para responderem às oportunidades que o mercado apresentará quando da retomada do crescimento. Advogamos, porém, que o tema Planejamento da Força de Trabalho (PFT) não deve ser discutido apenas em momentos de crise: estamos convictos de que as organizações perdem muito recurso ao não o tratarem como um processo contínuo, presente no dia a dia da organização e de seus gestores.

A carência de literatura sobre o tema apresenta-se como um desafio mas, também, como uma oportunidade. **Desafio**, pois, além de escassa, a literatura se mostra na maior parte das vezes frágil, discutindo o tema de forma superficial e apontando para caminhos ora excessivamente complexos, demandando muito tempo e recursos e fazendo com que tenhamos dúvidas sobre sua viabilidade prática para contextos organizacionais em contínua transformação, ora pouco claros. **Oportunidade**, na medida em que possibilita propormos uma metodologia de aplicação viável e alinhada à necessidade de ação rápida e contínua por parte das organizações, apoiando-se nos instrumentos de Gestão de Pessoas vigentes, fortalecendo-os e reforçando o papel da liderança na Gestão do Quadro de Profissionais. Além disso, notamos que o tema vem se constituindo na "bola da vez" em termos de evolução nas práticas de Gestão de Pessoas em Organizações Públicas. Não apenas devido aos reflexos da crise econômica iniciada em meados de 2014, mas, também, porque essas organizações experimentaram evoluções importantes em seus modelos de Gestão de Pessoas nos últimos anos e que se constituem em base fundamental para gestão e planejamento do quadro de pessoal.

Começaremos o capítulo explorando a importância do assunto e alguns cuidados a ele relacionados. Em seguida, traremos elementos que subsidiam a formulação de uma metodologia de Planejamento de Força de Trabalho, primeiro, abordando sua dimensão quantitativa e, em seguida, a qualitativa. Na sequência, uniremos esses referenciais na proposição de uma metodologia de PFT e fecharemos o capítulo reforçando os desafios para a inserção do Planejamento e Gestão da Força de Trabalho como mais um processo contínuo e permanente de Gestão de Pessoas.[1]

7.2 IMPORTÂNCIA E ASPECTOS-CHAVE DO PLANEJAMENTO DA FORÇA DE TRABALHO

É comum associar-se o Planejamento da Força de Trabalho ao dimensionamento da quantidade e da qualidade (perfil, grau de desenvolvimento e maturidade) dos profissionais de uma organização para atender às suas necessidades de operação. Este ponto, que se constitui em uma de suas dimensões-chaves, já apresenta impacto suficiente para classificarmos o tema como um assunto crítico em Gestão de Pessoas. Basta lembrar, como explorado no capítulo anterior, que a massa salarial representa um dos itens mais significativos de custos da maioria das organizações. Perder o controle sobre a massa salarial, portanto, pode trazer custos substanciais, não somente pelo volume de recursos alocado, mas porque trata-se de um custo que é incorporado no longo prazo. Isso é particularmente verdadeiro em Organizações Públicas, nas quais a demissão para ajuste de estrutura não se constitui em prática, a não ser por meio de aplicação de Programas de Demissão Voluntária (PDVs). E não é tão difícil perder o controle sobre a massa salarial! Uma resposta natural das organizações em períodos de crescimento é trazer gente para *dar conta do recado*, afinal, ninguém quer *perder oportunidades ou deixar de entregar o que precisa ser entregue*. Parece a coisa certa a ser feita... No entanto, os resultados positivos vêm e mascaram as ineficiências. Somente quando paramos para observar atentamente os processos e a força de trabalho é que nos damos conta de quanto recurso pode ter sido desperdiçado.

Vamos exemplificar: imagine que nossa organização ofereça 100 unidades de um determinado serviço e que a demanda cresça, ou seja, passamos a ser cobrados por entregar 120 unidades. Qual o raciocínio rápido que muitas vezes é feito? "*Temos que aumentar nosso quadro para dar conta do aumento de demanda*". Mas, será que essa é a melhor solução? Antes deveríamos nos perguntar:

---

[1] Optamos por focar a reflexão sobre dimensionamento e planejamento de quadro para posições de natureza técnica. Para posições de natureza de gestão, sugerimos a consulta de referenciais relacionados à estrutura organizacional, amplitude de controle (*span of control*) e níveis de trabalho (*work levels*).

a) "A demanda incremental de 20% será contínua ou retrata uma necessidade de momento/reflete um fenômeno sazonal?" Afinal, custos de contratação e demissão são altos (não somente custos *financeiros*, mas também *emocionais*) e não se pode oscilar o quadro a cada variação na demanda de trabalho. Utilizar-se de banco de horas, planejar o momento apropriado para conceder férias, remanejar temporariamente a mão de obra disponível (migração entre áreas ou realização de "forças-tarefa") ou valer-se do auxílio de terceiros podem ser caminhos para auxiliar a organização a lidar com essas oscilações.

b) "Existem outras formas de aumentar a produção em 20% que não impliquem aumento de quadro?" Se para darmos conta de um aumento de 20% na entrega temos que aumentar 20% no quadro, é porque a solução que estamos dando é "fazer mais do mesmo". Antes, devemos responder se não existem maneiras mais eficientes para realizarmos essas entregas: mudanças no processo de trabalho, priorização de atividades, introdução de tecnologia, qualificação da equipe, cobrança de desempenho podem ser soluções viáveis e que não impliquem aumento de quadro.

c) "Todo trabalho que está sendo realizado é necessário e agrega valor?" Com o passar do tempo, somos demandados a realizar novas entregas, a fazer outras coisas, adotar novos procedimentos, gerar novos relatórios. Isso acontece o tempo todo, continuamente. Porém, nem sempre identificamos e abandonamos as práticas que não agregam mais valor com a mesma intensidade: inserimos na nossa rotina a elaboração de novos relatórios sem descartarmos a elaboração dos anteriores, mesmo que ninguém mais faça uso deles; acrescentamos trabalho sem atentarmos se este já está sendo realizado ou se poderia ser realizado por outras áreas ou pessoas de forma mais eficiente; raramente atentamos se há sobreposição/redundância entre os trabalhos que estão sendo realizados etc.

d) "O volume de trabalho está bem distribuído?" Existem áreas da organização cujo volume de trabalho não é afetado diretamente por esse aumento de demanda e que poderiam ceder – temporária ou permanentemente – profissionais para as áreas mais afetadas?

e) "Podemos implantar soluções inovadoras e até mesmo disruptivas que otimizem a obtenção dos resultados sem perder de vista a missão institucional?" Aqui se encaixam soluções de alto impacto, estejam associadas à reorientação de foco ou à quebra de paradigmas associados a como devemos nos organizar para atingir os resultados. Acompanhamos recentemente organizações que encontraram na revisão de toda organização do trabalho e na adoção da polivalência em alta intensidade a saída para superar as dificuldades e otimizar o emprego da mão de obra. No passado, vimos a experiência de Secretarias da Fazenda em instituir premiações aos contribuintes para estimular a solicitação de notas fiscais como uma sacada brilhante para aumentar a arrecadação: com baixo custo, colocamos milhares, milhões de pessoas atuando *"na fiscalização"* para evitar sonegação.

Se não pensarmos nas alternativas acima, a cada aumento de demanda corremos o risco de introduzir custos significativos com mão de obra. E o quantitativo do quadro, até aqui explorado, representa apenas parcela desse custo. Além dos custos diretos (salário, encargos, benefícios) que se elevam quando da contratação de profissionais, os custos indiretos (equipamentos, espaço físico, custos com treinamento etc.) e outros custos relacionados à desmotivação e à redução da produtividade podem emergir.

Além do aspecto quantitativo, a massa salarial está relacionada ao perfil qualitativo da mão de obra, uma vez que tende a haver uma associação entre esse perfil (caracterizado pelo nível de contribuição, decorrente de suas atribuições e responsabilidades) e a remuneração percebida pelo profissional. Esse é outro aspecto crítico para a gestão da massa salarial, cujos insumos devem derivar de um bom processo de Planejamento e Gestão do Quadro. Parte-se do princípio de que pessoas que recebem mais devem exercer trabalhos mais complexos, que agreguem mais valor e que impactem de maneira mais significativa o contexto em que estão inseridas. Portanto, de pessoas que ganham mais deve-se cobrar desempenho superior, aspecto que deverá ser observado na análise qualitativa da força de trabalho. Vamos a um exemplo: imaginemos que um profissional de minha organização já em final de carreira e com remuneração elevada tenha se aposentado e eu preciso repor essa mão de obra. Se eu for ao mercado contratar um profissional "pronto" para ocupar essa vaga, um profissional experiente e especializado, provavelmente terei que pagar uma remuneração compatível àquela que pagava para o profissional que se aposentou. Ou seja, não há impactos significativos sobre minha estrutura de custos. Se, por outro lado, eu contratar um profissional jovem, em início de carreira, este receberá uma remuneração bastante inferior para, naturalmente, realizar um trabalho de impacto e complexidade inferiores.

Esse movimento, que para a organização privada é uma opção (já que pode contratar em qualquer nível), no setor público é quase uma imposição pois recomenda-se fortemente a contratação no primeiro nível da carreira. Isso gera a oportunidade para as Organizações Públicas (mais do que isso, uma obrigação) de trabalharem de forma estruturada o desenvolvimento, a carreira e a remuneração de seus profissionais na dimensão qualitativa. Com essa prática, conseguimos otimizar a massa salarial, utilizando os recursos provenientes da diferença entre a remuneração do profissional que se aposentou e do profissional que está chegando para "financiar" ao menos parte do investimento em progressões salariais e em promoções. Esse processo, inclusive, é recomendado por relatório da OCDE (2010) destinado ao setor público brasileiro, que coloca o PFT como uma prioridade estratégica. O relatório cita que, embora o governo federal tenha *"conseguido bons resultados ao controlar a quantidade de pessoal e os custos relacionados a eles, bem como com atividades terceirizadas"*, o PFT é *"principalmente orientado por processos e dados mais focados em responder às novas necessidades políticas"* e para *"permitir novas contratações"*. Segundo o relatório, trata-se de uma prática potencialmente dispendiosa, especialmente porque a próxima grande onda de saída de pessoal por aposentadoria pode fornecer uma *"oportunidade única e possivelmente mais barata para ajustar a dimensão da força de trabalho e realocar competências em função das prioridades setoriais"* (OCDE, 2010, p. 12).

Por fim, se não cobrarmos dos profissionais uma contribuição compatível com seu grau de desenvolvimento e remuneração, podemos estar gerando sentimento de injustiça, desmotivação e acomodamento, sobretudo se oferecermos aos profissionais trabalho inferior à sua capacidade de realização. Esses pontos, em adição aos anteriormente citados, reforçam a importância do planejamento e gestão do quadro em seu aspecto qualitativo.

Neste tópico, procuramos introduzir brevemente o tema Planejamento da Força de Trabalho que, apesar de estratégico para qualquer organização, ganha relevância ainda maior nas Organizações Públicas. Em primeiro lugar, porque muitas atuam predominantemente como prestadoras de serviços e, portanto, são intensivas em mão de obra. Em segundo porque, via de regra, praticam salários superiores aos praticados por organizações privadas (OCDE, 2010). Em terceiro, porque possuem dificuldades adicionais para adequação de seus quadros às variações de demanda de trabalho, seja em função da rigidez de seus processos de provimento ou desligamento, seja por aspectos culturais que dificultam a mobilidade profissional e o melhor aproveitamento da mão de obra disponível. Além disso, essas organizações enfrentam o desafio de oferecer um serviço de qualidade e célere para a população mesmo diante de situações de queda de arrecadação que periodicamente afetam as Organizações Públicas em suas diversas esferas.

Apesar da relevância, assusta-nos o fato de inúmeras organizações só analisarem o tema de forma pontual e episódica, não constituindo-o em parte da rotina de Gestão de Pessoas. Com isso, vão acumulando ineficiências e custos que só são percebidos e corrigidos quando *resolvem realizar mais um projeto* para mapeamento de suas necessidades de quadro. Correm o risco, como mencionado por Marinho e Vasconcelos (2007, p. 75), de trabalharem *"com um contingente de pessoal subdimensionado"*, podendo gerar *"problemas de qualidade do produto ou serviço"* e afetar a motivação e a qualidade do trabalho do empregado, ou com um quadro *superdimensionado*, resultando em prejuízos financeiros e também gerando desmotivação pela falta de expectativas e perspectivas.

No tópico a seguir procuramos definir PFT para, em seguida, adicionarmos mais alguns elementos que apoiam a formulação de uma proposta metodológica de como executá-lo.

7.3 O QUE É, AFINAL, O PFT?

Marconi (2002) (apud RODRIGUES; OLIVEIRA; LIMA, 2015, p. 6) define o dimensionamento da força de trabalho como *"um processo sistemático e contínuo de avaliação das necessidades atuais e futuras de recursos humanos, no que diz respeito aos quantitativos e a composição e perfil dos servidores, devendo resultar no número correto de pessoas, com as habilidades, competências e aptidões adequadas, para desempenhar as atribuições corretas, com os recursos tecnológicos ideais, no local e momento oportuno"*. Rocha e Morais (2009, p. 1) propõem definição semelhante e sinalizam que o PFT deve englobar as *"estratégias e ações necessárias para o alcance de tais necessidades"* e que consiste em uma *"técnica inovadora que visa dotar **gestores públicos** de ferramentas para traçar estratégias no sentido de melhor aproveitamento de sua força de trabalho"*.

Vamos explorar um pouco mais essas definições, pois elas trazem inúmeros pontos relevantes para a concepção de uma metodologia de PFT. O primeiro ponto é que se trata de um *processo sistemático e contínuo*. No entanto, como dissemos, na prática notamos inúmeras organizações que tratam o tema de forma episódica, pontual, convocando para a reflexão sobre o assunto somente em momentos de crise ou quando a área responsável pelo tema resolve fazer uma intervenção, seja por iniciativa própria, da direção ou por solicitação da própria área atendida. Na metodologia a ser proposta, é fundamental assegurarmos o caráter sistemático e contínuo do processo de Planejamento da Força de Trabalho.

O segundo ponto é que a definição também aponta para a importância de se analisarem as *"necessidades atuais e futuras de recursos humanos"*, isto é, não devemos analisar a necessidade de quadro com o "farol baixo", mapeando apenas a necessidade imediata, mas devemos alongá-lo, expandi-lo, para que aponte também necessidades futuras. Trata-se de um ponto particularmente importante para as Organizações Públicas pelas dificuldades e custos que apresentam em contratar e demitir; pelo tempo de permanência esperado dos profissionais que ingressam nessas organizações; e pelas dificuldades para promover a mobilidade do profissional de uma área ou atividade para outra, seja por restrições associadas à configuração dos cargos previstos em seu Plano de Carreira (quando específicos e não amplos), seja por aspectos culturais. Em um contexto como esse, a responsabilidade por aprovar novas contratações é muito grande: ao se contratar pessoas para um cargo, deve-se ter em mente que esse profissional tenderá a permanecer na organização nos próximos 30 anos ou mais. Não se trata de adivinhação, mas de se projetar necessidades e ser cuidadoso, avaliando cenários e possibilidades de alocação e realocação desse profissional ao longo do tempo. Naturalmente, o PFT não consegue cobrir as necessidades de quadro em um horizonte tão largo. Rocha e Morais (2009, p.7) sinalizam não haver um padrão fixo para o horizonte do planejamento, mas que ele deve corresponder a, no mínimo, um governo, tornando-o alinhado ao Planejamento Estratégico e factível, pois, para os autores, a *"complexidade de sua realização torna inviável a sua repetição em períodos muito curtos"*. Nosso desafio, que exploramos na metodologia proposta, é tornar o processo de Planejamento da Força de Trabalho mais simples do que vem sendo sugerido pela literatura sem perder sua consistência e robustez, de modo a que possa ocorrer de forma dinâmica e contínua. E, dessa forma, possibilitar o alinhamento constante do quadro ao longo do tempo.

A definição acrescenta (terceiro ponto) que o PFT deve trazer respostas a duas dimensões sobre o quadro, a dimensão quantitativa, sinalizando a quantidade de pessoas necessárias, e a qualitativa, que deve trazer informações sobre o *"perfil dos servidores"*, suas *"habilidades, competências e aptidões"*. Adiciona que não basta definirmos no processo a quantidade de pessoas necessária e o seu perfil, mas, também, devemos pactuar ações para chegarmos a esse perfil ou a quais *"estratégias e ações necessárias para o alcance de tais necessidades"* (ROCHA; MORAIS, 2009, p. 17). Acreditamos que somente alcançaremos esses objetivos se envolvermos fortemente os gestores nesse processo, não apenas para nos dizerem qual o quadro necessário, mas para que também atuem para um melhor aproveitamento de sua força de trabalho.

Outro aspecto que deve nos nortear na proposição de uma metodologia para PFT é que ela não *"se basta por si mesma"*, mas sua contribuição está atrelada à sinergia, às amarrações e relações com outras práticas de Gestão de Pessoas. Neste sentido, a integração com outros processos de RH é fundamental, tanto ao considerar seus *inputs* quanto para alimentá-los. Por exemplo, informações sobre o quadro atual – sua distribuição ao longo da carreira, seu perfil de competências, o desempenho obtido, índices de *turnover*, proximidade da aposentadoria – são aspectos que devem ser considerados no processo de PFT e que derivam de outros processos de Gestão de Pessoas. Ao utilizarmos essas informações no PFT, não apenas estamos assegurando sinergia como estamos valorizando e reforçando esses processos. Já os *outputs* do PFT se materializam quando, em decorrência das informações geradas, se põe em prática, por exemplo, um novo processo de provimento; se formam sucessores; se direcionam recursos para desenvolvimento; se trabalha nos processos de remanejamento de pessoal; entre outras ações. Enfim, seus resultados se concretizam na medida em que se promove uma melhor gestão de pessoal e um melhor gerenciamento do desempenho para que se alcancem as metas, ou seja, na medida em que os resultados do PFT se relacionem "às estratégias de Governo e da organização, a fim de alcançar os objetivos institucionais" (RODRIGUES;, OLIVEIRA; LIMA, 2015, p. 8).

Pelos impactos decorrentes do PFT, não podemos deixar de envolver fortemente os gestores e a alta administração, que, de acordo com Rodrigues, Oliveira e Lima (2015, p. 8), devem contribuir para *"reforçar o caráter prioritário desta atividade como, também, garantir a sustentabilidade do processo e do alinhamento à estratégia da instituição"*. Ademais, acreditamos que esse envolvimento é fundamental para a conscientização dos líderes sobre o assunto, porque são os líderes que *"possuem fartas condições de avaliar as estimativas sobre o número de servidores necessário e contribuir para a definição do perfil desejado para o alcance dos resultados esperados"* (ROCHA; MORAIS, 2009, p. 5) e para romper com a enorme dificuldade das Organizações Públicas em promoverem a **mobilidade profissional**. Por questões culturais, por *status* ou por poder, é comum gestores terem certo *sentimento de posse* sobre suas equipes, o que dificulta a mobilidade mesmo quando claramente necessária. O comprometimento da alta administração no processo e sua intervenção podem ser necessários para que o PFT cumpra seu papel, ou seja, se torne *"parte dos documentos estratégicos das organizações e da prestação de contas dos seus gestores"* (OCDE, 2010, p. 12).

7.4 PILARES DA METODOLOGIA DE PFT

Como vimos, a conciliação entre a oferta e a necessidade de mão de obra é particularmente complexa e crítica em Organizações Públicas, uma vez que estão sujeitas a regulações que dificultam os ajustes no quadro à medida que oscila a demanda por trabalho. Nessas organizações, o processo de contratação (via concurso público, excetuando-se para cargos comissão) é dispendioso e, por isso, é feito com intervalos longos de tempo. Na outra ponta, é difícil fazer ajustes que reduzam o quadro quando há uma queda no volume de trabalho: as demissões ocorrem raramente e, somente, em situações críticas de desvio de conduta ou ausência de desempenho. A rotatividade natural do quadro é baixa considerando, inclusive, saídas por aposentadoria, uma vez que é comum os servidores estenderem seus vínculos após completarem idade para aposentarem-se e os Planos de Demissão Voluntária (PDVs) se tornam um dos poucos mecanismos para redução do quadro e, mesmo assim, apresentando custo significativo.

Essas dificuldades não devem ser vistas como empecilhos ao Planejamento da Força de Trabalho na Organização Pública, pelo contrário, devem acentuar a preocupação dessas organizações em planejarem adequadamente sua força de trabalho e em buscarem mecanismos que permitam sua contínua conciliação com as necessidades organizacionais. Para nos apoiarmos nesse processo e visualizarmos as variáveis que devem ser consideradas no PFT, vamos utilizar como referência o Modelo para Planejamento do Quadro de Pessoal proposto por Milkovich e Boudreau (2000), apresentado na Figura 7.1.

Nele, os autores apontam que os ajustes no quadro devem considerar a *demanda* por trabalho, derivada do Plano de Negócio da Organização, contraposta às possibilidades de *oferta* de trabalho (ou de mão de obra). Nem sempre temos a possibilidade de gerenciar demanda por trabalho pois, no setor público, esta pode variar de acordo com mudanças de regulamentação ou por pressões (inclusive legítimas) da sociedade. Do lado da oferta, também são encontradas dificuldades: (1) como mencionado, exonerações, demissões e dispensas são raras e difíceis de serem implantadas, sobretudo se o propósito for *apenas* o de ajustar o quadro; (2) a mobilidade de profissionais entre órgãos públicos também é difícil, seja por aspectos culturais, seja pela predominância de Cargos e Planos de Carreira sem a amplitude necessária para um melhor aproveitamento;[2] (3) a contratação, via

---

[2] Para maior flexibilidade na utilização da mão de obra, é necessária a utilização de cargos amplos, que permitam a migração de profissionais do exercício de um conjunto de atividades para outro. Ao ampliarmos o conceito de cargos amplos, podemos adotar cargos que sirvam a um conjunto de organizações (por exemplo, cargos gerais do Estado, que podem ser alocados e remanejados entre diferentes secretarias). Para exemplos e aprofundamento, sugerimos a leitura do relatório produzido por Komatsu (2013), que traz informações sobre como outros países têm trabalhado o PFT.

CAPÍTULO 7 • Planejamento da Força de Trabalho | 165

Análise da Oferta

Externa

Atrações de candidatos
Novas contratações

→ **Previsão da Oferta Externa**
Quantidade
Experiência
Capacitação
Diversidade
Custos

Interna

Mudança nas atividades dos empregados
Remuneração
Treinamento
Comunicação
Estruturação de tarefas

Análise do Quadro de Profissionais

→ **Previsão da Oferta Interna Disponível**
Quantidade
Experiência
Capacitação
Diversidade
Custos

Análise da Demanda

Condições Organizacionais
Plano de marketing
Plano de finanças
Plano operacional
Plano técnológico

Mudança na Quantidade de Empregos
Promoções
Rebaixamentos
Transferências
Aposentadorias
Exonerações
Demissões voluntárias
Dispensas

→ **Previsão da Demanda**
Quantidade
Capacitação
Diversidade
Custos

Comparado com ←→ **Comparado com**

CONCILIAÇÃO POR MEIO DE DECISÕES

Fonte: Milkovich e Boudreau (2000, p. 144).

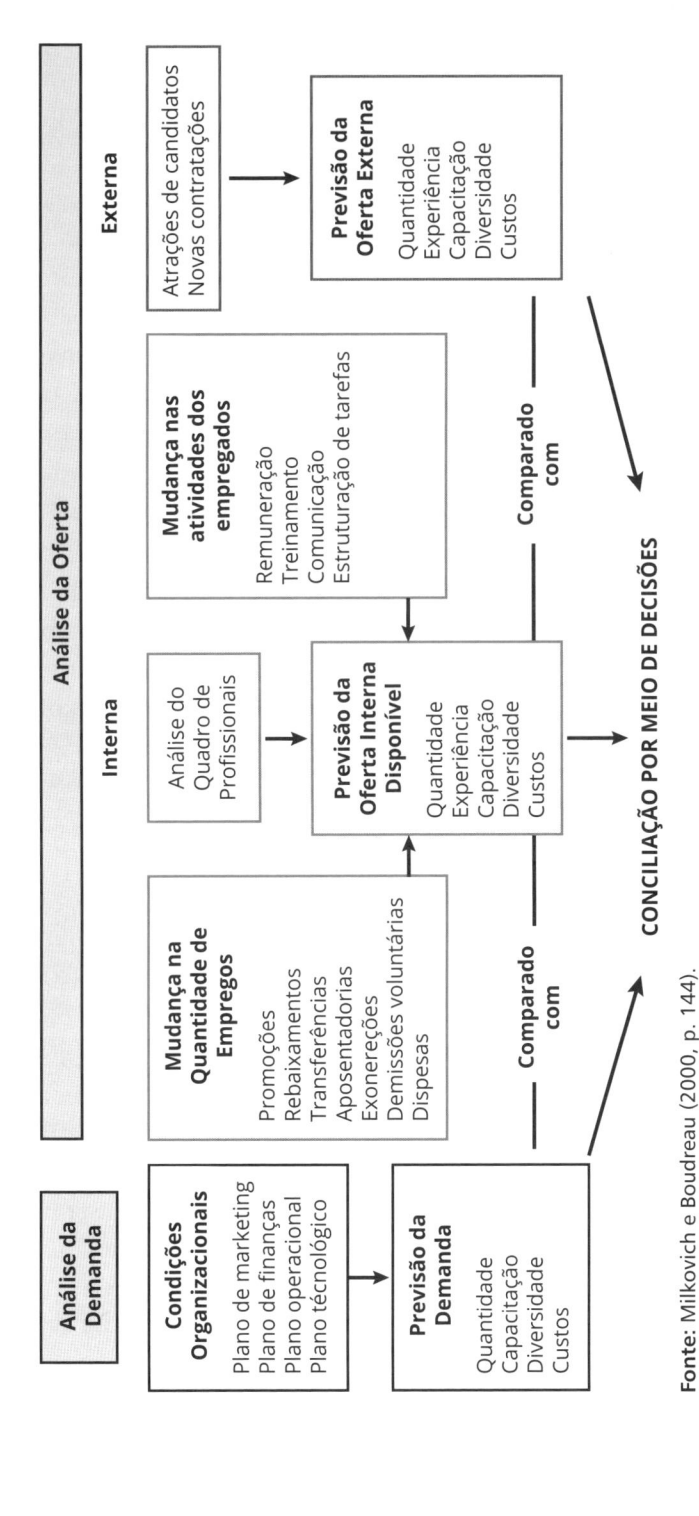

FIGURA 7.1 – Modelo para Planejamento do Quadro de Pessoal de Milkovich e Boudreau.

concurso público, é lenta e custosa e nem sempre consegue selecionar os profissionais com o perfil e capacidades necessários às demandas do cargo; (4) respostas a demandas temporárias, que poderiam ser supridas por fornecedores externos/terceirizações, também encontram resistências, sejam culturais, seja pela regulamentação vigente.

Apesar dessas dificuldades, o modelo proposto por Milkovich e Boudreau (2000) apresenta-se como de grande utilidade ao destacar que o PFT deve considerar tanto a análise da demanda por trabalho quanto a disponibilidade (ou oferta) de mão de obra e suas possíveis flutuações/alterações em função de aposentadoria, *turnover* ou investimento no desenvolvimento profissional, alterando seu perfil. A oferta de mão de obra está relacionada à análise dos profissionais que já fazem parte do quadro de servidores das Organizações Públicas, devendo-se considerar tanto a flexibilidade de alocá-los quanto a competitividade dessas organizações em atrair profissionais do mercado de mão de obra.

Entender e estar atento aos movimentos da organização e do mercado e a seus reflexos sobre a necessidade e disponibilidade de mão de obra é passo importante para alimentar o processo de PFT e deve estar presente em qualquer metodologia. Além disso, notamos que as metodologias exploradas na literatura sugerem, via de regra, os seguintes passos:

Primeiro passo: Definir propósito e metodologia do trabalho e comunicá-los

Consiste na explicitação dos resultados pretendidos com o processo de PFT, quem será envolvido e com qual papel/responsabilidade. Segundo Rodrigues, Oliveira e Lima (2015, p. 9), envolve a "*sensibilização dos servidores da instituição, da alta direção até o nível operacional*" para que entendam "*os objetivos do processo, assim como os benefícios que a implementação acarretará aos processos de trabalho e aos servidores que atuam no órgão*". Caso o estudo da força de trabalho não abrace toda a organização, nesta fase comunica-se qual o público-alvo do trabalho ou seja, sua abrangência.

É nesta fase, também, que se capacitam na metodologia a ser utilizada os agentes que terão papel ativo no processo e que se estabelecem as premissas orientadoras para que o trabalho seja realizado. Em geral, essas premissas e a metodologia são elaboradas ou, ao menos, *validadas* pela alta liderança da organização, de modo a assegurar o alinhamento deste processo com a estratégia e para que sejam obtidos comprometimento e patrocínio que suportem a realização dos trabalhos. Rocha e Morais (2009, p. 9) apontam que mapear e contar com apoiadores e patrocinadores para o processo (no alto escalão e líderes informais) é fundamental para o sucesso dos trabalhos.

A elaboração de um bom plano de comunicação também é crítica, sobretudo para evitar que "fantasmas" em relação ao PFT "ganhem vida". Por exemplo, é comum associar-se um trabalho dessa natureza a cortes ou a transformações significativas na estrutura, sendo que esta não é necessariamente a intenção da organização. É preciso demonstrar as vantagens de um trabalho desse tipo, cujo produto deve contribuir positivamente para a organização e para as pessoas na medida em que auxilia na alocação dos profissionais em áreas nas quais possam ser desafiados, se desenvolvam e tenham experiências que agreguem valor para suas carreiras, para a organização e, como consequência, para a sociedade. Em um projeto que realizamos, por exemplo, explicitamos o que consistia e o que não consistia em foco do trabalho (Figura 7.2.).

Não é FOCO	É FOCO

- Reduzir o quadro gerando sobrecarga, insegurança ou perda de qualidade.
 	
- Deixar de respeitar a legislação.
 	
- Gerar economias pequenas que podem afetar o ambiente, a motivação e a produtividade ("economia de cafezinho").
 	
- "Precarizar" trabalho.
	- Reduzir custos com mão de obra (e relacionados) ao longo do tempo.
	
	- Identificar oportunidades de otimização em atividades e processos (fazer com mais foco e melhor).
	
	- "Motivar" o trabalhador por meio de desafios e desenvolvimento.
	
	- Subsidiar aperfeiçoamento na Gestão de Pessoas:
	  - qualificar quadro;
	  - reduzit *turnover*;
	  - melhorar ambiente e produtividade.
	
	E como decorrência, aumentar a capacidade da organização em atrair, reter e desenvolver pessoas.

Fonte: Elaborada pelos autores.

FIGURA 7.2 – Exemplo de explicitação do que é ou não foco no projeto.

Ao explicitar suas expectativas, a organização conseguiu gerar a abertura necessária para que os profissionais envolvidos contribuíssem para o processo, além de ter servido como guia para sua realização.

Segundo passo: Levantar o que já existe

Um segundo passo, que em alguns aspectos pode ser conduzido em paralelo com o primeiro, consiste em organizar as informações já existentes e que devem subsidiar o dimensionamento e planejamento do quadro. Atribuímos esta tarefa aos facilitadores do processo (área de RH, de processos ou outras áreas envolvidas) que devem zelar para que os demais envolvidos consigam focar seu tempo e energia em atividades de análise e reflexão e não no levantamento de informações já existentes. São exemplos das informações a serem consideradas:

- direcionadores derivados da missão, objetivos e principais metas, alinhadas com o Planejamento Estratégico (ROCHA; MORAIS, 2009);
- reconhecimento de fatores econômicos e políticos (como restrições orçamentarias) que devem nortear as análises (ROCHA; MORAIS, 2009);
- quantidade de profissionais efetivamente trabalhando em cada área com respectivos cargos e níveis na carreira. Neste ponto, é necessário classificar profissionais próprios, terceiros, estagiários, e relacionar situações de funcionários cedidos, licenciados, afastados etc., de modo que não distorçam a análise;
- carga horária disponível para o trabalho que, de acordo com Marinho e Vasconcelos (2007, p. 73) e com Rocha e Morais (2009, p. 27), pode ser obtida descontando-se, das horas trabalhadas por mês, os tempos não trabalhados em razão de férias, abonos, faltas, folgas, feriados, licenças, afastamentos, tempos envolvidos em locomoção interna e demais fatores de ausência de pessoal. Rocha e Morais (2009, p. 27) sugerem, também, que sejam considerados outros pontos como *"atividades não mapeadas, má distribuição física, dependência de integração com outros serviços, promoção de pessoal, saídas para treinamento, busca de decisões de chefias e outros fatores retardadores do processo"*;
- atribuições e fluxos das atividades desenvolvidas em cada setor e rotinas de trabalho (RODRIGUES, OLIVEIRA; LIMA, 2015);
- projeção de alteração do quadro nos próximos anos, oriunda, por exemplo, da análise de possíveis aposentadorias.

Além desses fatores, Marinho e Vasconcelos (2007, p. 63) chamam a atenção para o fato de que os estudos para planejamento da força de trabalho não devem *"focar apenas os processos e as pessoas, mas também, entre outros fatores, as condições de trabalho, as relações interpessoais, o desenvolvimento pessoal e organizacional, a evolução tecnológica"*, embora não detalhem como isso poderia ser feito. É comum, também, utilizar-se de fator de correção sobre as horas disponíveis para o trabalho e aquelas horas efetivamente alocadas em atividades produtivas; afinal, deve-se considerar que durante a jornada o profissional deve alocar certo tempo para ir ao banheiro, beber água, tomar um cafezinho, lanche, ligações telefônicas, fazer a ginastica laboral etc. Embora não tenhamos encontrado muitas referências sobre o tempo estimado para essas atividades, encontramos textos que sugerem algo em torno de 10% (ROCHA; MORAIS, 2009, p. 13) do tempo disponível para o trabalho (compatível com o que temos observado em nossas experiências práticas), o qual, naturalmente, deve ser ajustado conforme a realidade da organização ou tipo de atividade realizada.

Notamos, portanto, que boa parte das informações necessárias para iniciar o processo de dimensionamento da força de trabalho é possível ser obtida por resgate documental, que, segundo alguns autores, pode ser complementada com questionários ou entrevistas. Nossas experiências mostram que um diferencial nessa etapa consiste em resgatar e valorizar experiências positivas da organização no que diz respeito à utilização e racionalização da força de trabalho. Por exemplo, é comum nos projetos que realizamos listarmos as iniciativas que já haviam sido implantadas e que permitiram a otimização do quadro e, em seguida, apresentarmos essas informações nas ações de capacitação e sensibilização para o processo. Esta prática tem contribuído muito, pois exemplos da própria realidade são carregados de significado e promovem alto impacto sobre os participantes; mostram que é possível introduzir ações para a otimização do quadro, basta querer; e valorizam aqueles gestores cujas experiências são relatadas, servindo como modelo e referência para os demais.

Terceiro passo: Dimensionamento propriamente dito
As metodologias de Planejamento da Força de Trabalho, invariavelmente, mencionam duas dimensões na análise do quadro: a quantitativa e a qualitativa. Exploraremos a seguir cada uma delas.

A dimensão quantitativa
De acordo com Marinho e Vasconcelos (2007, p. 63), o primeiro método para dimensionar as necessidades de pessoal foi o de *tempos e movimentos* (Taylor) e, com o tempo, o tema foi se inserindo nas práticas de RH (mais especificamente, de planejamento de RH). Nos modelos clássicos de PFT, trata-se da etapa mais robusta do processo, na qual a estimativa de demanda por funcionários deriva *"do cálculo do volume de serviço da organização e dos tempos de execução das diversas tarefas executadas"* (Rocha & Morais, 2009, p.9).

Para isso, os diversos autores sugerem a identificação dos blocos de atividades[3] necessários (RODRIGUES; OLIVEIRA; LIMA, 2015) e o mapeamento da interação entre as áreas e dos fluxos dos processos de trabalho para facilitar a identificação do volume de trabalho em cada setor/área. De acordo com Rocha e Morais (2009, p. 10), em geral os autores sugerem que o número de blocos de atividades seja reduzido (para evitar grande fracionamento dos processos de trabalho) e que sejam definidos *"através do desenho da cadeia de valor da organização, que ressalta os principais produtos e mapeia as atividades mais relevantes, sequenciais ou interligadas, necessárias ao alcance dos resultados desejados"*. Ainda de acordo com Rocha e Morais (2009), a análise dos processos de trabalho deve, então, levantar o volume de trabalho correspondente, o tempo de serviço demandado para realizá-lo e a jornada de trabalho das pessoas que efetuam esses processos. Daí estima-se a quantidade requerida de pessoas para executar os processos de trabalho (ROCHA; MORAIS, 2009).

Muitas propostas metodológicas recomendam que o dimensionamento da força de trabalho seja precedido pelo ajuste nos processos, de modo a otimizá-los. Caso contrário, podemos dimensionar um volume de trabalho que apenas justifique o quadro vigente, trabalhando com informações que mascarem ineficiências, sobreposições de atividades ou realização de trabalhos que não agregam valor. Concordamos que esse parece ser o *mundo ideal*; no entanto, devemos tomar cuidado para que tal recomendação não se transforme na *boa justificativa* para protelar a análise do quadro, ou seja, "enquanto eu não tiver os processos mapeados e revistos, não inicio os trabalhos". Entendemos que, dependendo do contexto da organização, a ordem possa ser justamente a inversa: utilizar-se do estudo do quadro para promover reflexão e apontar oportunidades de racionalização no uso da força de trabalho e, dessa forma, suscitar a realização de estudos mais profundos sobre os processos e sobre a oportunidade de otimizá-los.

Além da análise da demanda por trabalho, derivada dos produtos ou serviços a serem entregues, do conjunto de atividades necessário à sua execução e da análise da disponibilidade da mão de obra (considerando jornada de trabalho, descontando férias, folgas etc.), para que se dimensione o quadro é preciso realizar algum estudo de produtividade do

---

[3] Bloco de atividades é *"um conjunto de atividades ou processos de trabalho que estão inter-relacionados e geram um determinado produto, como o atendimento de balcão, a preparação de um curso, a concessão de uma licença médica ou a elaboração de uma folha de pagamento, por exemplo"* (ROCHA; MORAIS, 2009, p.10).

trabalhador, ou seja, medir o tempo médio necessário para a realização das tarefas. Recomenda-se que a análise da produtividade seja feita considerando um *trabalhador padrão*, ou seja, que não seja tomado por base aquele profissional com *performance* excepcional e, tampouco, o que está em fase de aprendizagem ou que tenha desempenho aquém do esperado. Feldman (1972; apud MARINHO; VASCONCELLOS, 2007, p. 64), na década de 1970, já apontava algo em comum nas metodologias de dimensionamento de quadro de pessoal e que de certa forma resume o processo sugerido acima: "*as atividades a serem medidas são primeiramente definidas, um tempo padrão é desenvolvido para a execução de cada atividade através do uso de uma técnica particular de mensuração e, finalmente, um sistema de registro é estabelecido para comparar o tempo real despendido com o tempo padrão necessário, baseado no volume de trabalho executado para cada atividade importante*".

Marinho e Vasconcellos (2007, p. 75) acrescentam outros pontos a serem considerados nas análises sobre a necessidade de quadro:

- equilíbrio da divisão do trabalho;
- nível de informatização atual e prevista;
- política de qualidade e outras políticas organizacionais;
- políticas de RH (horas extras, jornada de trabalho, escalas de trabalho, acordos coletivos etc.);
- outras políticas organizacionais diversas;
- outras características do quadro funcional atual (funcionários disponibilizados para outros órgãos, licenças por tempo determinado e indeterminado, licenças médicas), desvios de função, grau de absenteísmo etc.

Enfim, consideramos importante notar que os textos mais recentes não propõem nada muito diferente do que já era sugerido há mais de 40 anos, a despeito das mudanças significativas no ambiente, nas organizações, no trabalho executado e na atuação esperada da liderança na condução de suas equipes e em sua responsabilização por resultados. Retomaremos esse ponto mais à frente, como argumento para sustentar a metodologia proposta. Hoje, porém, temos um conjunto maior de experiências e modelos que podemos utilizar como referência para o Dimensionamento da Força de Trabalho, conforme pode ser observado no Quadro 7.1.

QUADRO 7.1 – Métodos, tipos de modelo e variáveis consideradas

Método	Tipo de Modelo	Variáveis Consideradas
Gaidzinski (1998)	Algébrico Simplificado	Quantidade de pessoas de enfermagem; quantidade de pacientes Tipo de cuidado requerido; tempo de trabalho; produtividade média Folgas, férias, feriados, ausências etc.
Teoria das Filas	Paramétrico	Ritmo médio de chegada de usuários; quantidade de profissionais Ritmo médio de atendimento; probabilidade de ocupação da fila; Tempo médio de permanência na fila
Modelo de Programação Inteira (2007)	Não paramétrico	Tempo para realização de tarefas; custo de realização de tarefas; Alocação do profissional na tarefa
Componentes Demográficos (2008)	Não paramétrico	Imigrantes e emigrantes; sexo; novos registros nos conselhos profissionais
Marinho e Vasconcelos (2007)	Algébrico	Duração da tarefa em minutos; produção por dia; total de dias trabalhados no mês
Modelos Hospitalares (2000)	Algébrico	Número de leitos; horas exigidas por leito; jornada; taxa de ocupação dos leitos; índice de segurança técnico (faltas, férias etc.)

Fonte: Isidro-Filho e Serrano (2016, p. 7).

Consideramos que o *framework* explorado até aqui consiste nas referências básicas, no ponto de partida para qualquer estudo mais estruturado de dimensionamento quantitativo da força de trabalho. Esses estudos, no entanto, apresentarão diferentes níveis de dificuldade conforme a organização e/ou área e conforme o tipo de trabalho realizado. É usual encontrar parâmetros mais sólidos para suportar os estudos de dimensionamento em realidades cujo trabalho é padronizado, repetitivo ou quando é possível encontrar volume de dados suficiente para se identificarem padrões de produtividade. Por exemplo, em uma indústria, muitas vezes o processo, o equipamento, dita a quantidade de profissionais necessários para operá-lo. Outro exemplo são os órgãos que lidam com alto volume de análises a serem realizadas: apesar de lidarem com análise, o volume de dados permite que se estabeleçam padrões de produtividade esperados. É o caso, por exemplo, de inúmeros órgãos do judiciário para os quais é possível estabelecer expectativas de desempenho para os servidores em função do tipo (e da complexidade) dos processos que serão analisados. O mesmo ocorre em bancos, para os quais é possível estimar o número de pessoas necessárias por agência em função do volume de operações esperado.

Nesse tipo de organização, é possível encontrar volume de dados que facilitem os estudos de dimensionamento e, a partir deles, diagnosticar unidades cuja produtividade apresenta-se como diferente (para mais ou para menos) daquela esperada e procurar entender os motivos dessas diferenças. Ao se aprofundar a análise, esta pode chegar a diversos fatores que podem justificar as diferenças de produtividade. Alguns exemplos, entre outros inúmeros fatores:

- Pode estar retratando apenas uma particularidade regional, por exemplo, o tipo de processo que tramita naquela unidade exige mais ou menos esforço do que aqueles que tramitam em outras unidades.
- Pode apontar oportunidades de racionalização do processo ou introdução de tecnologia que já está sendo empregada em algumas unidades e não em outras.
- Pode apontar variações na produtividade em função de diferenças na qualificação ou preparo do quadro de profissionais ou por diferenças no nível de cobrança de desempenho executado por sua chefia.
- Pode tornar evidente quais gestores conseguem obter maior produtividade de seus times, o que suscita um estudo sobre sua atuação para que possam ter suas práticas compartilhadas com outros gestores.

Descobrir variações de produtividade e suscitar ações delas derivadas constitui-se, a nosso ver, em uma das maiores contribuições de um processo de mapeamento da força de trabalho. Muito maior, inclusive, do que o mero número de profissionais necessários a cada área, que se obtém ao final do processo.[4]

Cabe atentar, também, para variações no volume de trabalho em função de sazonalidade, informação fundamental para o planejamento de período de férias dos profissionais ou para fixação do horário de trabalho. Por exemplo, se em minha área financeira/contábil o período de fechamento do ano contábil demanda a realização de atividades adicionais àquelas presentes na rotina da área, evitarei conceder férias nesse período, pois, ao fazê-lo, estaria sobrecarregando os demais profissionais. Se nessa mesma área há um volume maior de operações a ser realizada no início de cada mês, procurarei administrar isso com banco de horas (que poderão ser compensadas em dias menos intensos

---

[4] Percebemos que inúmeras organizações enveredam por trabalhos de dimensionamento da força de trabalho com a única expectativa de identificar um número de profissionais a ser cortado (comum em organizações privadas diante de períodos de retração econômica) ou para justificar a abertura de um processo seletivo externo (mais comum em Organizações Públicas). No entanto, vemos que o PFT pode oferecer muito mais às organizações, na medida em que seja utilizado como efetivo instrumento de gestão e como insumo para o aperfeiçoamento organizacional. Compreender o PFT apenas como um número a ser obtido é empobrecer demasiadamente o tema.

de trabalho), pagamento de horas extras ou deslocando alguns profissionais para contribuírem com a realização das atividades necessárias nesse período. E se os pagamentos e operações financeiras devem ocorrer durante o período de funcionamento bancário, deverei ter a maior parte do meu quadro trabalhando nesse período, de modo que eu crie regras sobre a utilização do horário flexível de trabalho para minha área. Podem parecer dicas muito simples (e são), mas descuidos em pontos como esses podem fazer com que haja uma falsa percepção de que o quadro é insuficiente, sendo que, na realidade, ele pode estar apenas mal distribuído. Rocha e Morais (2009, p. 21) expõem um exemplo muito interessante, observado no processo de emissão das carteiras de identidade pelo Governo de Minas Gerais. Havia, no órgão, uma percepção de que o quadro de profissionais deveria ser aumentado como saída para reduzir o tempo de demora para atendimento da população. Ao se estudarem o volume de trabalho e a disponibilidade da equipe, constatou-se que a maior parte dos servidores tinha preferência por trabalhar no período da tarde, enquanto a população do Estado buscava atendimento principalmente no período da manhã. Ou seja, não havia defasagem no número de servidores, mas estes não estavam disponíveis quando a população mais precisava. Simples assim... Simples, fácil, mas, no entanto, questões como essas só são claramente diagnosticadas quando a organização se predispõe a fazer um estudo cuidadoso de sua força de trabalho.

Em organizações ou áreas cujo trabalho é menos estruturado e previsível, o processo de planejamento do quadro torna-se mais difícil; no entanto, deve seguir o mesmo raciocínio. Vamos dar um exemplo que nos é familiar: como estimamos a necessidade de quadro para conduzir um projeto de consultoria se cada projeto é diferente um do outro, se cada cliente e contexto têm suas peculiaridades? Fazemos isso estimando o conjunto de atividades necessárias à realização do projeto, sejam presenciais ou estudos técnicos (blocos de atividades), prevendo o volume de horas necessário para a realização dessas atividades e definindo o perfil dos profissionais que deverão ser nelas envolvidos. Embora cada projeto seja, na prática, diferente um do outro, a experiência nos permite dimensionar o volume de horas a ser alocado com um grau de precisão muito alto. Já o perfil da equipe está relacionado ao aspecto qualitativo do PFT, discutido a seguir.

A dimensão qualitativa

Embora a dimensão quantitativa do PFT seja trabalhosa, por exigir o levantamento do volume de trabalho e confrontá-lo com a disponibilidade de horas alocadas pelos profissionais, é na dimensão qualitativa que vemos a maior complexidade de execução ou, ao menos, maior variabilidade de propostas na literatura. Muitos dos textos que estudamos tratam do assunto de forma vaga e genérica, sendo difícil capturar como operacionalizar, na prática, as ideias que são colocadas. Um exemplo disso é a proposição de que se utilize o conceito de competências como base para o processo de dimensionamento qualitativo. Isso não é muito esclarecedor, uma vez que existem diferentes correntes conceituais que tratam competências e, principalmente, inúmeras formas adotadas pelas organizações para operacionalizar o conceito na prática. Ademais, dependendo da abordagem de competências utilizada, o processo de dimensionamento pode se demonstrar excessivamente trabalhoso ou ver seus resultados se tornarem obsoletos rapidamente, em decorrência das transformações organizacionais. Vamos a alguns exemplos:

- Para dar conta da dimensão qualitativa do PFT alguns autores propõem que sejam mapeados o conjunto de Conhecimentos, Habilidades e Atitudes (CHA) necessários para a realização dos trabalhos designados para a área sob análise. Implicitamente, esses autores estão assumindo que a soma de Conhecimentos, Habilidade e Atitudes é suficiente e define a entrega realizada pelos profissionais, o que pode ser muito perigoso. Sabemos que a efetiva realização do trabalho não é função apenas do CHA, tanto que diferentes pessoas podem gerar a mesma *entrega* e com a mesma eficiência mobilizando repertórios diferentes de CHA. Ao enquadrarmos pessoas em um perfil único de Conhecimentos, Habilidades e Atitudes ao invés de desenvolvermos e mobilizarmos todo seu potencial, podemos estar limitando-as, ou seja, indo na contramão do esperado.
- Outra limitação da utilização da abordagem centrada em CHA está relacionada ao custo-benefício desse levantamento. Vamos supor que o CHA tivesse a propriedade de traduzir o potencial de trabalho dos profissionais. Imaginemos o investimento de tempo necessário para fazer o mapeamento e manter atualizado o registro do conjunto de CHA existente na organização. Tivemos provas, nos anos 1990, de que essa abordagem foi se demonstrando pouco prática, não operacional, tanto que inúmeras organizações que enveredaram por esse caminho o repensaram na sequência, corrigindo a rota.
- Além do esforço para mapeamento, o referencial de Conhecimentos e Habilidades mostra-se volátil, instável. Por exemplo, um conhecimento que hoje é importante para realizar um trabalho pode se tornar de pouca valia no futuro próximo, caso sejam introduzidas mudanças na tecnologia, no processo ou nos equipamentos empregados. A cada

mudança dessa natureza, desestabilizaríamos o processo de PFT. Seria uma loucura tentar administrar dessa forma, uma vez que nos dias de hoje mudanças são nossa única certeza (e em alguns setores essas mudanças ocorrem de forma muito acelerada)

Acreditamos que o referencial de competências pode se constituir em uma boa base de apoio para o dimensionamento qualitativo do quadro, porém, desde que entendido sob a perspectiva da *entrega* esperada dos profissionais e não como seu repertório de CHA. Estamos em linha com o que propõem, por exemplo, Rodrigues, Oliveira e Lima (2015), que, ao citarem Carbore et al. (2006), sugerem que se utilizem competências descritas como comportamentos objetivos e passíveis de observação no ambiente de trabalho. Nesse sentido, e para ancorar a metodologia de dimensionamento qualitativo de quadro, vemos valia tanto na utilização dos resultados do mapeamento dos profissionais nos níveis de carreira (por competências, como parte do processo de gerenciamento do desempenho) como na utilização do referencial de competências técnicas (entendido como *entregas* ou realizações esperadas das áreas e/ou processos). Ao final, deve-se chegar ao quantitativo de quadro esperado para cada área e, também, ao nível de desenvolvimento e carreira dos profissionais requeridos, como ilustrado na Figura 7.3.

Exploraremos esses pontos em breve, quando apresentarmos a metodologia proposta para PFT.

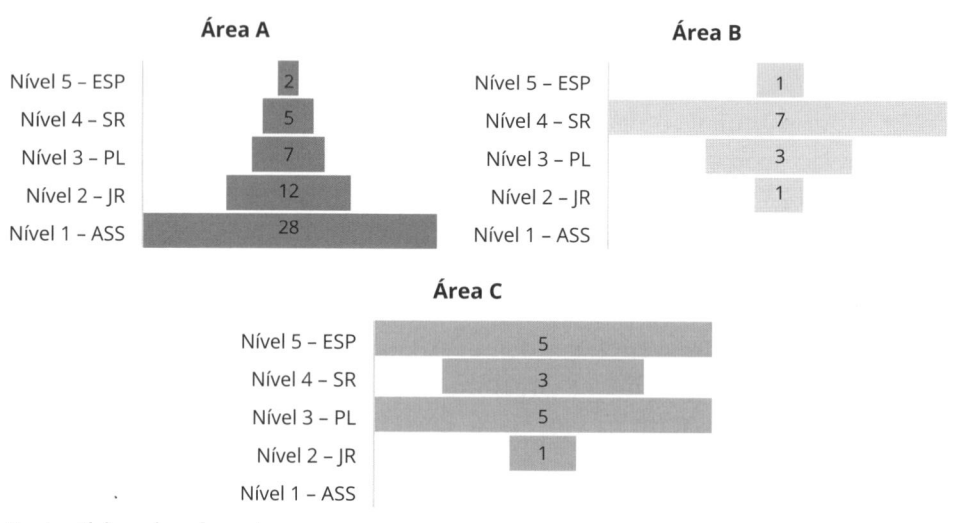

Área A

Nível	Quantidade
Nível 5 – ESP	2
Nível 4 – SR	5
Nível 3 – PL	7
Nível 2 – JR	12
Nível 1 – ASS	28

Área B

Nível	Quantidade
Nível 5 – ESP	1
Nível 4 – SR	7
Nível 3 – PL	3
Nível 2 – JR	1
Nível 1 – ASS	

Área C

Nível	Quantidade
Nível 5 – ESP	5
Nível 4 – SR	3
Nível 3 – PL	5
Nível 2 – JR	1
Nível 1 – ASS	

Fonte: Elaborada pelos autores.

FIGURA 7.3 – Algumas possibilidades de necessidade de quadro, distribuídas nos níveis de carreira.

Quarto passo: Projeção da necessidade futura

Um cuidado importante no processo de PFT, já mencionado, é não levarmos em consideração nos estudos apenas a necessidade imediata, premente, de quadro, mas também projetarmos a necessidade futura. Afinal, ajustes na configuração do quadro, sobretudo em Organizações Públicas, tendem a ser lentos em função de uma série de regulações às quais essas organizações estão submetidas, o que reforça a importância de se atuar de forma planejada.

Para isso, temos que prever no processo um momento para que se levantem tendências e movimentos que podem afetar a organização no futuro e que possam impactar na configuração de seu quadro de pessoal, seja quantitativa seja qualitativamente. Demonstrando preocupação semelhante, Rocha e Morais (2009, p. 6) sugerem algumas perguntas direcionadoras dessa fase do trabalho:

- "*Quais as mudanças esperadas nas atividades, processo e fluxos de trabalho da organização em função de redefinições na missão, metas, prioridades políticas, avanços tecnológicos e do processo de terceirização?*"
- Quais impactos essas mudanças terão sobre os recursos humanos da organização?
- Quais as habilidades necessárias para o futuro?

Também exploraremos esse ponto mais detidamente ao apresentarmos nossa proposta metodológica.

Quinto passo: Ajustes na configuração do quadro

Não basta chegarmos ao final do processo de PFT com o perfil do quadro definido. É fundamental "*irmos além*" e definirmos quais ações serão realizadas concretamente, na prática, para que o ajuste do quadro seja efetivado. É necessário definirmos ações, atribuirmos responsabilidades e selarmos compromissos para que os ajustes sejam realizados.

Vamos supor que o processo aponte que uma área tenha a necessidade de mais dois profissionais em função do seu volume de trabalho. Essa necessidade será suprida por profissionais próprios ou por terceiros? Se próprios, será trabalhada a mobilidade interna ou a contratação? Se mobilidade, de quais áreas esses profissionais virão? Se não for necessário ajuste no quantitativo do quadro, mas apenas em seu perfil, como chegaremos ao perfil desejado? Caso essas questões não sejam respondidas como fruto do próprio processo, se os pactos não forem estabelecidos, corremos o risco de que não haja modificações significativas na configuração do quadro e, portanto, enfraquecemos o processo e subutilizaremos seus resultados.

A questão da mobilidade, por exemplo, tem-se demostrado uma questão crítica. Deve-se evitar que os movimentos de mobilidade sejam conduzidos à força, devendo, na medida do possível, ser fruto de um entendimento e de um consenso. Sabemos que isso não é fácil, pois é necessário que gestores entendam e reconheçam que devem abrir mão de recursos presentes em sua estrutura para que atuem em áreas com maior necessidade de profissionais, bem como que profissionais enxerguem mudanças de área como movimentos necessários para a organização e positivos para seu desenvolvimento e carreira. Nem sempre o consenso pleno é possível, mas o debate, o diálogo, ameniza resistências que podem vir de um processo autocrático e impositivo. Permite, ainda, a identificação de soluções que só são possíveis ao se analisar o todo, a partir de uma visão sistêmica dos recursos e necessidades da organização. Por exemplo, em uma organização na qual atuamos se optou pela realização de mutirões, de forças-tarefa para atuarem na redução de volume de trabalho represado em uma de suas áreas. Em outra organização, vimos soluções de tecnologia sendo empregadas para facilitar a tramitação de processos de uma unidade para outra, o que possibilitou equilibrar melhor a distribuição do trabalho entre as unidades. São soluções que não foram impostas, mas que surgiram dos próprios envolvidos que reconheceram o problema e, juntos, encontraram soluções.

Por isso, vemos que o PFT deve ser conduzido de maneira participativa, em um processo em que os envolvidos possam apresentar suas opiniões e buscarem soluções conjuntamente. É esse envolvimento que propiciará maior abertura, proporcionará resultados legítimos e mais alinhados às reais necessidades da organização e fará que os envolvidos cresçam com o processo. A participação, o envolvimento e a responsabilização são alguns pilares da metodologia proposta no tópico a seguir.

7.5 PROPOSIÇÃO DE UMA METODOLOGIA PARA O PFT

7.5.1 ORIGENS E PREMISSAS ORIENTADORAS

Nossa atuação com o tema PFT vem do início dos anos 2000, período em que realizamos projetos relacionados ao assunto, tanto para Organizações Públicas como privadas. Foram experiências muito ricas. Gostaríamos de explorar um pouco mais uma delas, que simboliza a forma como tratávamos o tema e um certo incômodo com os resultados que estávamos obtendo.

Era um trabalho para uma empresa do setor de saneamento. Na ocasião, tivemos acesso a uma grande base de informações sobre o setor e das empresas que o compõem (volume de tratamento de água e esgoto, população atendida, quantidade de profissionais etc.); foi possível estabelecer comparações quantitativas entre as unidades de operação da empresa; e fizemos *benchmarking* com organizações tidas como referência, com o objetivo de complementar as informações obtidas nas fontes secundárias de dados. Enfim, tínhamos o cenário perfeito para efetuarmos os estudos para o dimensionamento quantitativo da força de trabalho. Então, contratamos estatísticos para nos ajudar e arregaçamos as mangas...

Foi construído um modelo estatístico para prever a necessidade de pessoal à medida que alterávamos informações relativas à operação e o aplicamos à realidade da organização estudada. Na sequência, levamos os resultados a cada gestor, para análise e aprofundamento. Nesse momento, fomos surpreendidos com uma reação muito forte de diversos gestores, contrapondo-se aos resultados obtidos. E diversas foram as justificativas utilizadas para desqualificar os resultados: "não dá para comparar, porque a tecnologia utilizada por outras organizações é diferente daquela que empregamos"; "o relevo da região que atendemos é mais acidentado e, portanto, precisamos de mais recursos para darmos conta do recado"; "nem entre nossas unidades podemos estabelecer esse tipo de comparação, pois nossos processos não são padronizados", entre outras. Nos sentimos expostos e sem elementos para contrapor essas falas; afinal, nossos entrevistados é que conhecem de saneamento! Nós éramos *apenas* especialistas em Gestão de Pessoas.

Voltamos com a experiência para a consultoria e refletimos sobre o que tinha acontecido e o que poderia ter sido feito diferente... Nos perguntávamos: "por que tamanha resistência ao processo, afinal, estávamos levando dados objetivos?"; "será que vale a pena tanto esforço para dimensionar o quadro, sendo que, a cada mudança de foco, tecnologia ou regulamentação, a necessidade de pessoal mudará?"; "mesmo tendo chegado – à custa de muito esforço – a um resultado, será que o projeto realmente agregou valor para a organização cliente? Como poderia ter gerado mais valor?".

Após algum tempo, redesenhamos a metodologia, começando pela definição de algumas premissas que evitassem cairmos nas armadilhas em que caímos anteriormente. Foram elas:

- *Quanto ao momento de realização do dimensionamento.* Não poderia ser algo pontual, episódico, mas deveríamos tratar como um processo contínuo a ser internalizado na dinâmica organizacional; afinal, a necessidade de quadro varia o tempo todo e a tendência é que varie cada vez mais à medida que o contexto se torna mais dinâmico e exigente.
- *Quanto ao responsável pela realização do dimensionamento.* Aprendemos que quem conhece a realidade, a operação, o dia a dia de trabalho é o gestor e, portanto, ele deve ser o responsável pelo planejamento e pela gestão do quadro. Nossa atuação, portanto, seria de suporte, sensibilizando e qualificando o gestor para o processo e dando o apoio técnico necessário para que reflita e sustente a necessidade de pessoal e encontre meios para otimizar a utilização dos recursos alocados. Provocaríamos a reflexão analisando a consistência e fundamentação das proposições e confrontando-as com dados existentes na organização e no mercado.
- *Quanto ao tempo dedicado e à abrangência do processo.* Como dissemos, percebemos, na literatura, que uma boa parte dos artigos que tratam do tema se restringe a reflexões conceituais ou, quando há alguma experiência relatada, ela não é abrangente, sendo focada em alguma ou poucas áreas ou processos da organização. Entendemos que isso pode estar relacionado à complexidade das metodologias propostas. Nosso objetivo foi, então, propor um caminho que abrangesse toda a organização, partindo de um modelo simples, mas que pudesse ser enriquecido no tempo, à medida que a organização fosse ganhando maturidade.
- *Quanto às dimensões a serem consideradas.* A metodologia proposta deveria dar conta das dimensões quantitativa e qualitativa e integrar-se com outras ferramentas de Gestão de Pessoas.

7.5.2 A METODOLOGIA PASSO A PASSO

Com base nas premissas estabelecidas, clarificamos o papel esperado dos gestores, da área de RH ou da área responsável por conduzir o processo de dimensionamento (Figura 7.4) e desenhamos os passos para a realização do estudo de dimensionamento, explorados na sequência.

CAPÍTULO 7 • Planejamento da Força de Trabalho | 181

Papel RH ou Área de Apoio

- Compreender gestores e estruturar planilhas para o dimensionamento do quadro
- Orientar/dar suporte/solucionar dúvidas
- Calcular custos
- Analisar consistência
- Facilitar alinhamento e aprovação

Papel dos Gestores

Fluxo de etapas:

1. Compreender processo, cuidados e resultados pretendidos
2. Estudar/mapear necessidade de quadro quanti e qualitativamente
3. Refletir se necessidade é pontual ou de médio/longo prazo
4. Avaliar se não há outras formas de suprir necessidade que não o aumento de quadro
5. Síntese: quadro atual x quadro necessário justificativas

Quantitativamente, o gestor deve:
- Justificar: volume de trabalho x carga horária disponível x produtividade.
- Quando possível utilizar-se de *benchmarking*; padrões internacionais; outras referências.

Qualitativamente, o gestor deve:
- Considerar necessidade de acordo com a complexidade do trabalho.

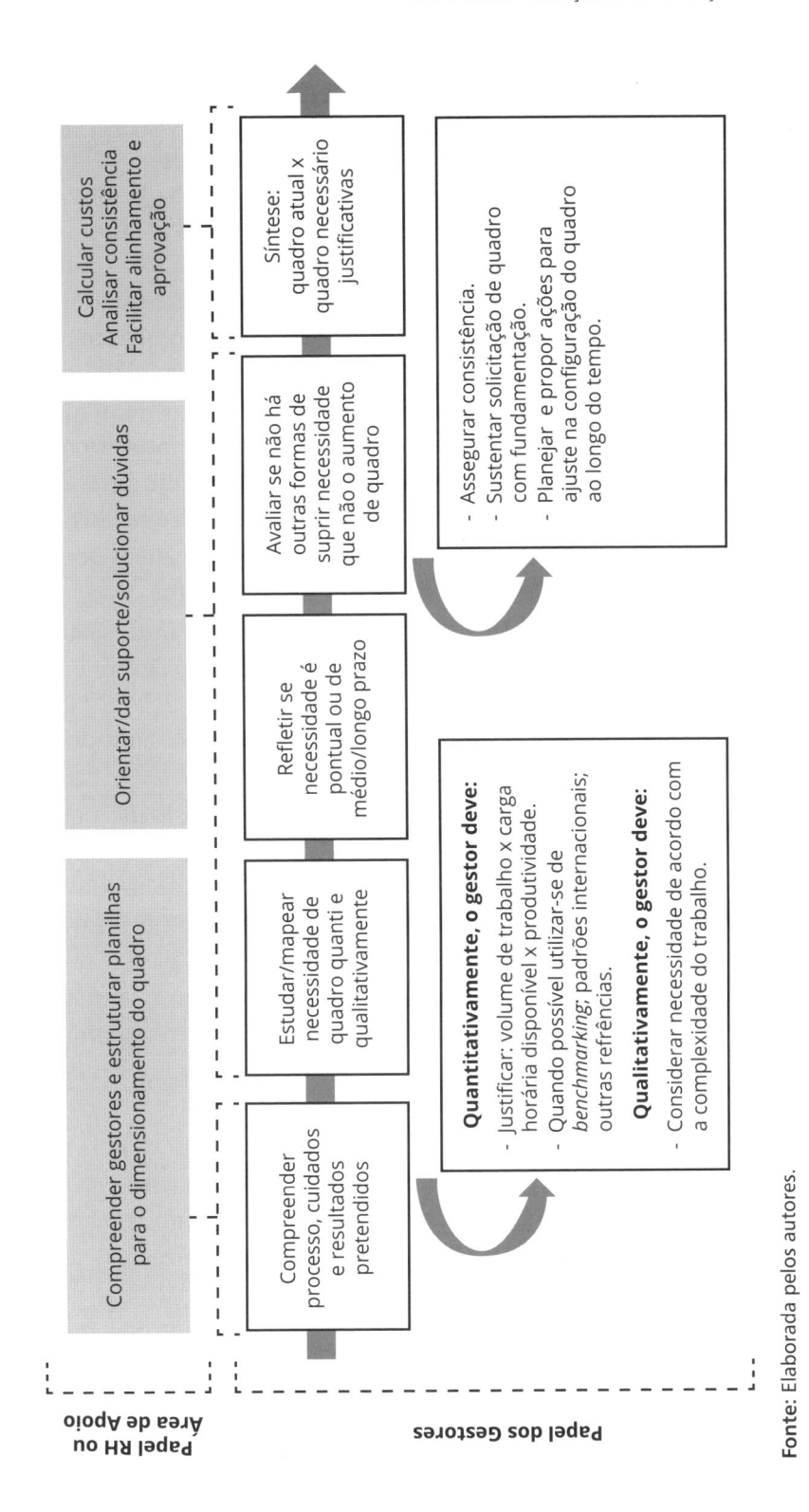

Observações finais:
- Assegurar consistência.
- Sustentar solicitação de quadro com fundamentação.
- Planejar e propor ações para ajuste na configuração do quadro ao longo do tempo.

Fonte: Elaborada pelos autores.

FIGURA 7.4 – Papéis na execução do PFT.

Passo 1: Capacitação dos gestores e preparação de planilhas para execução do dimensionamento

Inicia-se pela sensibilização e preparação dos gestores para que elaborem o dimensionamento de quadro necessário para sua estrutura, bem como a preparação das planilhas que suportem sua reflexão. Como preparação, é fundamental sensibilizá-los para a importância da gestão do quadro; apontar os custos envolvidos com massa salarial e seu impacto sobre os resultados organizacionais; demonstrar o efeito duradouro de incrementos no quadro sobre a estrutura de custos da organização; e fazer provocações para que reflitam sobre oportunidades de intervenção que possibilitem o alcance dos resultados desejados sem incremento do quadro. Deve-se alertar que aumentos no quadro devem ser a última saída para atingir os resultados, ou seja, que antes disso é necessário responder, por exemplo, se não há oportunidades de redesenhar os processos, introduzir tecnologia, eliminar atividades que agreguem pouco ou nenhum valor, dentre outros pontos já explorados neste capítulo.

Recomendamos que, no evento de capacitação da liderança, sejam distribuídas as planilhas a serem preenchidas pelos gestores. Elas devem conter:

- O Quadro atual da área com uma lista dos profissionais alocados, seus cargos e o respectivo nível de carreira.
- As atuais atribuições (entregas esperadas) da área e os papéis que devem ser desempenhados para que essas entregas sejam feitas. Esses papéis devem ser classificados em níveis de carreira de modo a permitirem a captura da dimensão qualitativa. A Figura 7.5 ilustra uma planilha para dimensionar a necessidade de analistas para o processo de "Administração de RH". Nela, é possível observar as entregas ou competências técnicas esperadas do processo e, na parte da direita, os papéis que devem ser desempenhados pelos profissionais *em cada nível de carreira*, para que essas entregas sejam feitas.

A estruturação destas planilhas é de fundamental importância para o processo de dimensionamento, uma vez elas que explicitam as entregas e atribuições previstas para cada área. Normalmente, as referências para a montagem dessas tabelas já existem nas organizações, seja em descrições dos cargos, dos processos ou em referenciais que explicitem competências técnicas ou atribuições das áreas. A vantagem dessa planilha é que o gestor analisa simultaneamente os aspectos quantitativo e qualitativo da força de trabalho. Caso não existam boas referências para a montagem da planilha, será necessário trabalho prévio de

Competência Técnica	Detalhamento	ANALISTA		Horas por Mês
		Nível de Complexidade	Atividades	
Administração de Recursos Humanos	Elaborar e propor as diretrizes e políticas de Gestão de Pessoas, e cuidar de sua manutenção e atualização.	Analista IV	Orientar tecnicamente a elaboração e proposição de diretrizes e políticas de Gestão de Pessoas. Fazer a proposta da redação final das políticas de RH. Dar suporte técnico ao gestor na apresentação das diretrizes/políticas. Realizar estudos de avaliação de cenários e tendências de RH no mercado.	
	Acompanhar, através de pesquisas internas, a motivação e o clima organizacional, desenvolvendo ações de melhoria do clima, quando necessário. Realizar estudos e análises de cenários e tendências de RH no mercado.	Analista III	Elaborar e propor as diretrizes e políticas de Gestão de Pessoas. Elaborar, aplicar e analisar resultados de pesquisa de clima. Contribuir na realização de estudos de avaliação de cenários e tendências de RH no mercado.	
		Analista II	Aturalizar as políticas de GP. Esclarecer dúvidas e orientar a aplicação das políticas estabelecidas	
		Analista I	...	

Fonte: Elaborada pelos autores.

FIGURA 7.5 – Exemplo de planilha para auxiliar dimensionamento quali-quantitativo do quadro.

preenchimento juntamente com os responsáveis pelas áreas e/ou com referentes técnicos.[5]

- Como nosso objetivo com o PFT não é apenas definir o quadro, mas também estimular o gestor a encontrar alternativas para racionalizá-lo e, além, disso, apontar necessidades futuras (haja vista, como apontado, a necessidade de tempo, sobretudo nas Organizações Públicas, para ajustar o quadro), é fundamental que a planilha contenha um espaço para esse tipo de reflexão. O exemplo da Figura 7.6 ilustra essa possibilidade ao solicitar do gestor que preencha atividades passíveis de terceirização, redução ou racionalização (por melhoria de processo ou emprego de tecnologia) e que aponte eventos críticos previstos que possam impactar sua necessidade futura de quadro. Além de listar esses possíveis fenômenos, deve haver um campo para que o gestor sinalize seu efeito sobre a necessidade de horas de trabalho.

Passo 2: Preenchimento dos dados pelos gestores e realização de reuniões de orientação

O papel do gestor deverá ser preencher o volume de horas necessárias para a execução das atribuições previstas em cada bloco de atividades, utilizando-se, para isso, de análises de produtividade, levantamentos de volume de trabalho, dados de *benchmarking* e outras informações disponíveis. Em nossas experiências, temos estimulado que essa reflexão seja feita pelo gestor responsável pela área (por exemplo, por um gerente) com a contribuição de líderes dos processos que a compõem (ex.: por coordenadores ou profissionais experientes do processo). Esse envolvimento possibilita mais qualidade na reflexão e alinhamento na área sobre o processo e seus objetivos. Recomendamos que esses coordenadores e/ou profissionais experientes também sejam capacitados para contribuírem com o processo. Caso haja dúvidas no preenchimento das planilhas, a área responsável pelo processo de dimensionamento deve estar a postos para ajudar. Ao final dessa etapa, o gestor deve encaminhar os dados à equipe responsável pelo estudo de dimensionamento.

---

[5] Importante notar que o conteúdo descrito para cada nível de carreira (coluna "atividades" da Figura 7.5) deve ser estruturado *a partir dos níveis de complexidade de trabalho* definidos pela organização. Dessa forma, asseguramos alinhamento e sinergia entre esse referencial e aquele utilizado por outros processos de Gestão de Pessoas, uma vez que ambos se apropriam dos conceitos explorados no Capítulo 2 deste livro.

ANALISTA					
Processos/áreas	Relacionar atividades passíveis de:			Evento crítico na área que mudará a necessidade de quadro	Estimativa de redução/ alteração de horas (quanto e quando)
	Terceirização	Racionalização por melhoria de processos	Redução por tecnologias		
Administração de Recursos Humanos					
Carreira, Remuneração e Benefícios					
Treinamento e Desenvolvimento					
Administração de Pessoal					
Gestão de Desempenho					

Fonte: Elaborada pelos autores.

FIGURA 7.6 – Exemplo de planilha para auxiliar impactos das necessidades futuras.

Passo 3: Análise preliminar dos dados recebidos dos gestores

Os dados recebidos deverão ser organizados e submetidos a uma primeira análise. Nesta, contrapomos as horas apontadas pelo gestor para executar os blocos de atividades previstos em sua área com as horas de trabalho disponíveis e, assim, verificarmos se há solicitação de aumento ou possibilidade de redução no quadro atual.

A Figura 7.7 ilustra esse processo. Na coluna "Demanda", temos o conjunto de horas apontado pelo gestor para cada nível de carreira com base na consolidação das informações obtidas na planilha ilustrada na Figura 7.5. Já a disponibilidade de horas efetivamente alocadas para o trabalho precisa ser calculada. Para isso, partimos do volume de horas total disponível com base na multiplicação da quantidade de profissionais em cada nível de carreira e sua carga horária de trabalho mensal. Sobre essas horas é necessário aplicar alguns redutores como férias (no exemplo, aplicamos 8,33% pressupondo 1/12); dispersores de tempo (café, banheiro, ginástica laboral etc.), sendo que, para o exemplo, aplicamos 10% em linha com o sugerido pela literatura; ausências por licenças médicas, afastamentos, abonos, faltas, saídas para treinamento, entre outras (neste caso, sugerimos utilizar como referência o que efetivamente aconteceu no ano anterior, em % das horas disponíveis, já descontadas as férias); e outros fatores que consumam tempo, como participação em comissões e comitês de governança, CIPA etc.

Ao descontarmos esses redutores das horas disponíveis no mês, chegamos à coluna "Horas por mês líquidas", que, somadas às horas extras, permite chegarmos às horas por mês efetivamente empregadas nas atividades da área. O resultado final do processo nada mais é do que o cálculo da diferença entre as horas sinalizadas pelo gestor e aquelas efetivamente empregadas. Dividindo essas horas pela carga horária disponível "líquida" de cada profissional, é possível identificar se a necessidade é aumentar ou reduzir quadro, em quantos profissionais e para quais níveis de cargo/carreira.

Passo 4: Reunião com gestores e seus coordenadores para alinhamento

De posse dos resultados, nos reunimos com os gestores para "depurar" a análise e coletarmos informações junto ao gestor que fundamentem o quadro proposto. É comum nesta etapa que sejam feitos ajustes nos números a partir do debate e que, ao final, se consolidem os resultados que serão

ÁREA

ANALISTA	DEMANDA		DISPONIBILIDADE						RESULTADO	
	Horas por mês	Horas por mês (brutas)	Férias 8,33%	Dispersor 10%	Ausências (calcular)	Outros (calcular)	Horas por mês líq.	Horas extras	Horas por mês reais	Diferença horas	Diferença pessoas
Analista IV											
Analista III											
Analista II											
Analista I											
Total											

- Informações retiradas da planilha enviada pelo gestor
- Redutores
- Calculado com base na quantidade de profissionais em cada cargo e respectiva carga horária

Fonte: Elaborada pelos autores.

FIGURA 7.7 – Exemplo de planilha de consolidação das informações para dimensionamento.

levados para a análise da diretoria. Antes de levar os dados à diretoria, recomenda-se que os argumentos pontuados pelos gestores sejam classificados de acordo com a fundamentação apresentada – por exemplo, se foram demonstrados dados ou estudos que comprovem a necessidade do quadro; se estão em linha com padrões internos (por exemplo, ao compararmos diversas unidades da mesma empresa) ou externos (*benchmarking*); se estão coerentes com o que vem sendo sinalizado na estratégia da organização; se apresentam coerência com movimentos recentes de revisão de processo ou informatização aos quais a área foi submetida etc. A riqueza da reunião está diretamente relacionada ao nível de preparo que tanto os gestores quanto a área facilitadora do processo apresentarem.

Passo 5: Apresentação dos resultados para a diretoria e endereçamento de ações para ajuste do quadro

Pode ser necessário que, antes da apresentação dos resultados para a diretoria, seja feito um debate com gestores-chave, formadores de opinião e que conheçam a organização e seus desafios. Em nossa experiência, esse momento serve para dar mais fundamentação às análises que serão levadas aos diretores e permite alertar sobre desvios e preocupações. Deve-se, também, levar dados consolidados sobre as alterações propostas no quadro (sejam elas aumento, redução ou reconfiguração do perfil) e sobre os custos envolvidos.

A apresentação para os diretores consiste em espaço para reforçar o compromisso e o papel desse grupo com a gestão do quadro. Trata-se de momento muito rico do processo, pois discutem-se situações críticas na configuração do quadro, possíveis movimentos de mobilidade profissional para ajustar demanda e oferta de trabalho, ações que podem ser realizadas para dar conta dos problemas mapeados, entre outros assuntos. Em uma de nossas experiências, por exemplo, foi diagnosticado claro desalinhamento entre diretor e gestor e um nítido desconhecimento deste da estratégia (quando se confrontou os argumentos utilizados por ele e a estratégia organizacional). Em outra experiência, ficou clara a sobrecarga de trabalho em uma área e, por isso, acordou-se que seria realizada uma "força-tarefa" para reduzir o volume de trabalho represado. A Figura 7.8 exemplifica algumas ações que podem ser feitas para equilibrar o volume de trabalho com a oferta de mão de obra, intervindo seja em uma ou na outra ponta do processo.

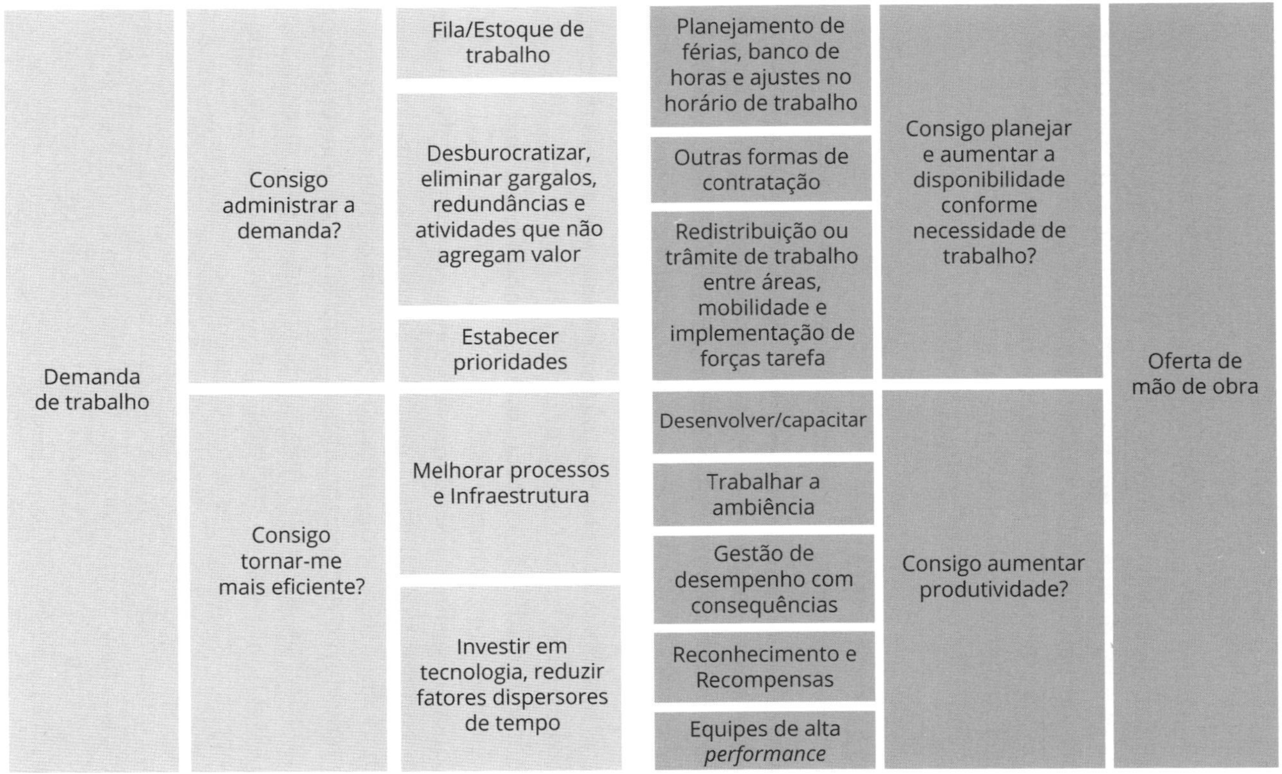

CAPÍTULO 7 • Planejamento da Força de Trabalho | 189

Oferta de mão de obra

- Consigo planejar e aumentar a disponibilidade conforme necessidade de trabalho?
  - Planejamento de férias, banco de horas e ajustes no horário de trabalho
  - Outras formas de contratação
  - Redistribuição ou trâmite de trabalho entre áreas, mobilidade e implementação de forças tarefa

- Consigo aumentar produtividade?
  - Desenvolver/capacitar
  - Trabalhar a ambiência
  - Gestão de desempenho com consequências
  - Reconhecimento e Recompensas
  - Equipes de alta *performance*

- Consigo administrar a demanda?
  - Fila/Estoque de trabalho
  - Desburocratizar, eliminar gargalos, redundâncias e atividades que não agregam valor
  - Estabelecer prioridades

- Consigo tornar-me mais eficiente?
  - Melhorar processos e Infraestrutura
  - Investir em tecnologia, reduzir fatores dispersores de tempo

Demanda de trabalho

Fonte: Elaborada pelos autores.

FIGURA 7.8 – Possíveis ações para equilibrar o volume de trabalho e a disponibilidade de mão de obra.

Este, aliás, deve ser o grande foco do processo: além de gerar entendimento sobre o quadro necessário para atender as necessidades organizacionais atuais e futuras, *deve-se promover um compromisso sobre as ações que devem ser realizadas para que o ajuste do quadro se efetive* e a explicitação de quais serão as medidas para mitigar problemas encontrados (mutirão ou força-tarefa, mobilidade profissional, desenvolvimento da equipe, investimento em tecnologia, necessidade de estudos ou ajustes nos processos, eliminação de atividades que agregam pouco ou nenhum valor, priorização de atividades, introdução de banco de horas, dentre outros). Cada diretor deve sair da reunião com uma visão ampla e clara das necessidades organizacionais, bem como com o dever de alinhar os resultados com seus gestores e equipes.

CONSIDERAÇÕES FINAIS

"Alocar e gerir recursos de maneira eficiente para alcançar determinado propósito pode definir muito bem o papel de uma organização. Para isso é importante, de um lado, ter clareza da missão da instituição, do motivo de sua existência, bem como dos resultados que pretende entregar para seus clientes, acionistas e, no caso de uma organização pública, para a sociedade. Por outro lado, é importante refletir como alocará e organizará seus investimentos e recursos (inclusive humanos) para viabilizar esses resultados" (TRIGUEIRO-FERNANDES; HIPÓLITO; AÑEZ, 2018).

Por isso, inserir o PFT na cultura, transformando-o em mecanismo de gestão e aperfeiçoamento organizacional, tem se mostrado necessário. Vemos com certa frequência gestores e servidores inseridos em rotinas, absortos pela necessidade de entregar suas tarefas, afundando-se em uma espiral que os leva (e, consequentemente, leva a organização) para baixo. Torna-se necessário convidá-los à reflexão, ao distanciamento, ao exercício do espírito crítico para que possam priorizar as atividades que agregam valor e para que pensem e ajam para tornar o processo mais eficiente e produtivo e para que capturem o melhor desempenho de cada profissional e das equipes.

Esta, porém, não consiste em tarefa fácil. Ainda convivemos com a percepção de que a quantidade de subordinados é sinônimo de poder e que quanto mais subordinados, mais serei valorizado (algumas metodologias de avaliação de cargos insistem em manter este como um critério de pesagem). Convivemos, também, com o *espírito de posse* que alguns gestores têm sobre suas equipes. Temos, portanto, a possibilidade de utilizarmos o próprio processo de PFT como espaço de desenvolvimento gerencial, intensificando a interação entre gestores, convidando-os a que pensem juntos soluções para o negócio e solicitando argumentação fundamentada sobre as necessidades de quadro.

O caminho que propusemos (centralidade do gestor) não quer dizer que não sejam importantes estudos de produtividade, ancoragem das discussões em bases objetivas, comparação entre unidades/áreas, utilização de indicadores e *benchmarking* externos que balizem a discussão. Pelo contrário, organizações que avançaram nesse processo foram ao longo do tempo criando uma estrutura robusta de apoio aos gestores para a realização do dimensionamento da força de trabalho e para a reflexão sobre as ações dela decorrentes. No entanto, a mensagem que queremos passar é que, mesmo que ainda não se tenha essa estrutura montada, vale a pena começar. Colocar o assunto na pauta consiste no primeiro passo para criar as bases para a montagem dessa estrutura de apoio, a qual pode e deve amadurecer gradativamente. Deve-se, também, valorizar o conhecimento existente no gestor e na organização.[6] Com o tempo (e isso é o que vimos nas experiências bem-sucedidas), o próprio gestor passará a procurar as áreas de apoio para que o auxiliem a identificar maneiras de obter resultados otimizando a alocação dos recursos.

Para que o aprendizado ocorra, porém, não devem ser aceitas desculpas fáceis. Deve-se cobrar o pleno exercício do papel gerencial, o planejamento do trabalho, a priorização de atividades, o aperfeiçoamento da área, a orientação e cobrança do desempenho da equipe e a realização de ações para aumentar a produtividade[7] e otimizar os resultados obtidos pela mão de obra empregada. Certa vez, ao apontarmos para um gestor que os estudos sinalizavam que a equipe dele estava bem dimensionada, a resposta que obtivemos foi: "Sim, tenho dez pessoas na equipe, mas você tem que considerar que posso contar apenas com cinco, uma vez que os demais não fazem muita coisa." Será mesmo?! Parece razoável aumentarmos o quadro desse gestor porque ele não está conseguindo mobilizar toda a equipe para a obtenção dos resultados? Nesse caso, as soluções podem ser várias, menos aumentar a equipe![8]

---

[6] Trata-se de recomendação presente na literatura pesquisada. Marinho e Vasconcellos (2007, p.74), por exemplo, sugerem que o processo considere tanto aspectos objetivos quanto subjetivos: "os números obtidos foram extraídos de diferentes fontes, depurados, confrontados e analisados, procurando-se guardar sempre a objetividade necessária sem, contudo, desprezar as opiniões daqueles que conhecem o negócio da empresa: seus funcionários em geral e, em especial, seu nível gerencial".

[7] Para interessados em estudar fatores intervenientes na produtividade, recomendamos a leitura de Trigueiro-Fernandes, Hipólito e Añez (2018), que explora pesquisa realizada no âmbito do Tribunal de Justiça do Rio Grande do Norte.

[8] Aqui nos referimos especialmente ao problema de mau desempenho, seja proveniente de falta de empenho por parte dos profissionais, seja por falhas do gestor na condução da equipe ou na distribuição do trabalho. Isso não exclui a necessidade de se tratar exceções como exceções: situações especiais, como no caso de químico-dependentes, pessoas com problemas crônicos de saúde ou pessoas com saúde debilitada que não se aposentam porque podem ter uma redução significativa de sua renda, precisam ser discutidas e tratadas pelas organizações.

Você pode, também, estar pensando: mas se a recomendação é tratar o assunto como um processo contínuo e não como um projeto, por que os exemplos dados foram projetos? Assim como ocorre em Avaliação e Gestão de Desempenho, neste processo também é necessário amadurecimento. Iniciar por um projeto pode ser uma forma de começar. Porém, entendemos que o caminho é que o PFT seja incorporado no pensamento e nas rotinas dos gestores. Para isso, é fundamental que se criem rituais, padrões, momentos que convidem os gestores e a organização a trabalharem o assunto de forma estruturada. Também é fundamental nomear uma área/equipe como responsável pelo processo, pois, se não houver cuidado, facilitação e todo o suporte necessário, o processo morre.

Hoje, atribuir ao gestor o papel central no PFT parece-nos natural e óbvio. No entanto, foi uma solução que levou tempo para percebermos. Resistências e dificuldades certamente virão e fazem parte do processo de aprendizagem. Rocha e Morais (2009, p. 5) já sinalizavam que é esperado encontrá-las, seja devido "à cultura organizacional e às tradicionais práticas de gerenciamento que predominam nas instituições", seja por "barreiras estatutárias, administrativas, estruturais ou culturais" que possam impactar na reestruturação da força de trabalho. É necessário, no entanto, clareza de propósito e determinação para avançarmos. Nas experiências que tivemos, pelo menos, os resultados se mostraram bastante promissores.

BIBLIOGRAFIA DO CAPÍTULO

CARBONE, P. P.; BRANDÃO, H. P.; LEITE, J. B. D.; VILHENA, R. M. P. *Gestão por Competências e gestão do conhecimento*. 2. ed. Rio de Janeiro: Editora FGV, 2006.

ISIDRO-FILHO, A.; SERRANO, A. L. M. Dimensionamento da Força de Trabalho no setor público: Modelo Quali-quantitativo Aplicado. IX Consad Congresso de Gestão Pública, 2016.

KOMATSU, S. *Desenvolvimento de metodologia para planejamento da força de trabalho em entidades e organizações da administração pública federal*. Brasília: Fundação Instituto para o Fortalecimento das Capacidades Institucionais (IFCI); Agência Espanhola de Cooperação Internacional para o Desenvolvimento (AECID); Ministério do Planejamento, Orçamento e Gestão (MPOG); IABS, 2013.

MARINHO, B. L.; VASCONCELLOS, E. P. G. Dimensionamento de recursos humanos: desenvolvimento de um modelo conceitual e sua aplicação. *Revista de Gestão USP*, São Paulo, v. 14, n. 2, p. 61-76, abr./jun. 2007.

MILKOVICH, G. T.; BOUDREAU, J. W. *Administração de recursos humanos*. São Paulo: Atlas, 2000.

ORGANIZAÇÃO PARA COOPERAÇÃO E DESENVOLVIMENTO ECONÔMICO – OCDE. *Avaliação da gestão de recursos humanos no governo – Relatório da OCDE*: Brasil. Paris: OCDE, 2010.

ROCHA, A. M. C.; MORAIS, M. R. A construção de uma metodologia para o planejamento da força de trabalho (PFT) no âmbito da administração pública do Estado de Minas Gerais. In: II CONSAD de Gestão Pública, Brasília, 2009.

RODRIGUES, A. M.; OLIVEIRA C. B. N.; LIMA, H. L. Dimensionamento da força de trabalho baseado no mapeamento de competências: a construção de uma metodologia na administração pública no Estado de Pernambuco. In: VIII CONSAD de Gestão Pública, Brasília, 2015.

TRIGUEIRO-FERNANDES, L.; HIPÓLITO, J. A. M.; AÑEZ, M. E. M. Dimensões intervenientes na produtividade e no planejamento da força de trabalho de um tribunal de justiça estadual brasileiro. *RECAPE – Revista de Carreiras e Pessoas*, v. 8, n. 1, p. 5-18, 2018.

8 Governança em Gestão de Pessoas

Assista ao vídeo *Governança em gestão de pessoas*.

uqr.to/djar

8.1 INTRODUÇÃO

Na última década, tem se intensificado no setor público o uso da Gestão de Pessoas por Competências como mecanismo para orientar o desenvolvimento dos servidores e, com isso, contribuir para os resultados e desenvolvimento institucional dessas organizações. Porém, como explorado ao longo deste livro, para obter sucesso, um Modelo de Gestão de Pessoas precisa responder a alguns requisitos básicos: **alinhamento com a estratégia, ser consistente tecnicamente, financeiramente viável, juridicamente defensável e politicamente legítimo.** Este último requisito, a legitimidade política, deve ser obtido tanto junto aos gestores quanto aos profissionais.

Nota-se que muitas organizações não atentam a esses requisitos e, como consequência, implantam soluções de forma protocolar e burocrática, não utilizando-as de maneira eficaz. Um Modelo de Gestão de Pessoas deve se constituir em uma ferramenta de gestão e, assim como outras ferramentas, detêm potenciais benefícios se adequadamente praticado. A concretização desses benefícios só ocorrerá a partir do instante em que os atores da organização se mobilizarem para bem utilizarem esse ferramental. Assim, atribuímos parte do problema de ineficiência de novos Modelos de Gestão de Pessoas à falta de cuidado em seu processo de construção ou a equívocos ou omissões em sua implantação e manutenção.

Neste capítulo, apresentaremos uma metodologia participativa para a construção do Modelo de Gestão de Pessoas, além de discutir o plano de transição e os aspectos importantes para sua implantação e manutenção.

8.2 METODOLOGIA PARTICIPATIVA PARA CONSTRUÇÃO DOS CRITÉRIOS

O desenvolvimento de um processo participativo amplo para a construção e revisão de um Modelo de Gestão de Pessoas ou de um Plano de Cargos e Salários exige planejamento e organização. É preciso garantir condições reais de participação, ou seja, que as pessoas sejam ouvidas, informadas sobre os processos, eventos e reuniões e que as demandas e propostas possam ser consideradas no Modelo/Plano e/ou em outras ações e medidas da Gestão de Pessoas (AÇÃO EDUCATIVA, 2013). Para Cordioli (2001a; 2001b), participar vai muito além de estar presente, significa envolver-se no processo, dar opiniões, concordar, discordar, analisar, propor, decidir, avaliar, ser um elemento integrante. Para o autor, a participação não é apenas um instrumento para a solução dos problemas, mas também uma necessidade do ser humano de se autoafirmar, de interagir em sociedade, criar, realizar, contribuir, sentir-se útil. É também um instrumento eficaz para aumentar a motivação e o entusiasmo das pessoas, contribuindo para a expressão do pleno potencial de uma organização.

Não há "receitas prontas" para a realização de processos participativos, sendo que o desenho das etapas e a escolha das metodologias utilizadas dependem da cultura organizacional, do clima instalado e dos objetivos que se quer atingir. Assim, um processo participativo tem como objetivo não somente a elaboração de propostas mais ajustadas à realidade, mas, também, pretende mudar comportamentos e atitudes, em que os indivíduos passam a ser sujeitos ativos no processo e não objetos do trabalho dos outros (VIONE, 2002; CORDIOLI, 2001 a; 2001b).

Nossa experiência de mais de 30 anos no apoio consultivo às organizações possibilitou a elaboração de uma metodologia que envolve seus principais atores, em fases e com propósitos definidos. Nessa metodologia, recomendamos o envolvimento de quatro grupos, conforme mostrado na Figura 8.1.

Fonte: Elaborada pelos autores.

FIGURA 8.1 – Composição e papéis dos grupos envolvidos na revisão de um Modelo de Gestão de Pessoas ou PCS.

Os papéis e responsabilidades de cada grupo encontram-se a seguir:

- **Grupo de Coordenação:** composto por profissionais da área de Gestão de Pessoas, com auxílio ou não de consultoria externa. Esse grupo tem como papéis: aportar o referencial conceitual e metodológico que será utilizado no projeto, aplicando-o e repassando-o aos envolvidos; entender com profundidade o momento em que a organização vive e possibilitar a construção de soluções aderentes e customizadas à realidade; facilitar a discussão e o desenvolvimento dos trabalhos dos demais grupos envolvidos; e elaborar conteúdo que possa facilitar a produção dos demais grupos.
- **Grupo Diretivo:** composto pela Alta Administração, tem como papel orientar e definir expectativas de resultados e diretrizes para revisão do Modelo ou Plano e validar os resultados.
- **Grupo de Modelagem:** grupo representativo de gerentes e profissionais-chave da organização. Deve ser constituído por profissionais considerados legítimos por seus pares; formadores de opinião; participantes de forma contributivos e, em seu conjunto, que representem as diversas áreas e processos da organização. Esse grupo tem o papel de conceber os critérios (com base em conteúdos previamente elaborados pelo Grupo de Coordenação) e sugerir estratégias de implantação, do novo Modelo de Gestão de Pessoas/ PCS.

- **Grupo de Consulta:** pode ser constituído por diversos subgrupos. Por exemplo, um deles pode ser composto por representantes do Sindicato e Associação de Funcionários e o outro por gerentes que não participam do Grupo de Modelagem. O grupo tem o papel de compreender referenciais conceituais e expectativas definidas para a revisão do Modelo/Plano e contribuir para o aprimoramento da produção do Grupo de Modelagem, de acordo com suas expectativas e compreensão das necessidades da organização e de seus profissionais.

Como, por uma questão operacional, não é possível mobilizar diretamente todos os profissionais da organização em todas as etapas do processo de revisão dos critérios de Gestão de Pessoas, uma alternativa para ampliar o envolvimento e assegurar que nenhum ponto tenha sido "esquecido" é submeter os resultados do processo de modelagem à apreciação de todos os profissionais, em uma ação de **consulta pública**. O objetivo da consulta pública é justamente ampliar a participação e coletar contribuições, tanto sobre os critérios desenvolvidos quanto em relação às regras de funcionamento.

Deve-se, desde o início, esclarecer que nem todos os critérios do Modelo/Plano precisam ser submetidos à consulta pública. Alguns critérios, como a revisão de uma tabela salarial, por exemplo, são fruto de um trabalho de cunho altamente técnico, orientado por uma estratégia organizacional e, por isso, submetê-la à consulta não agregaria ao processo. Pelo contrário, levar tal discussão a uma consulta pública poderia enviesar e macular o processo de formulação de um novo Modelo/PCS, cujo intuito é prover melhores condições de carreira e desenvolvimento, e não concessão de aumentos salariais imediatos. Levar a discussão da tabela salarial só confundiria o intuito do projeto e incitaria embates remuneratórios, transformando o espaço de participação em arena de negociação. Aliás, é preciso especial atenção à manutenção do real espírito da consulta pública, que deve ser de construção e contribuições, evitando-se a postura de embate.

Em uma organização na qual realizamos a consulta pública, as contribuições poderiam ser encaminhadas via formulário padrão, disponibilizado para todos os profissionais. Nele, constava espaço para nome, contribuição, justificativa e resultados desejados com a contribuição. A identificação do respondente era obrigatória, tendo sido instituída com o objetivo de trazer responsabilidade às manifestações, evitando-se comentários anônimos agressivos e esvaziados de contribuições. Foi benéfica, também, por possibilitar contatos posteriores com o profissional para se tirarem eventuais dúvidas sobre a sugestão e para, eventualmente, dar um retorno particular ao participante, no caso de uma sugestão muito específica. Para essa organização, que já possuía uma cultura de abertura ao diálogo, a necessidade de identificação do respondente não se constituiu em um problema.

Foi pedido também que as manifestações fossem sintéticas e, ao mesmo tempo, precisas e claras. As contribuições foram analisadas pela equipe técnica do projeto, organizadas e submetidas à apreciação do Grupo de Modelagem e instâncias de validação. Todas as contribuições foram lidas, analisadas e respondidas. Além disso, para questões recorrentes, foi disponibilizada na intranet resposta a toda a organização, de modo a assegurarmos uniformidade no entendimento. Contribuições que confrontavam as premissas e os objetivos do projeto, validados no início dos trabalhos, foram respondidas diretamente pela equipe de coordenação, à medida que chegavam.

8.3 REGRAS DE TRANSIÇÃO E MIGRAÇÃO DO MODELO/PLANO

Quando uma organização privada implanta um novo Plano de Carreira ou Modelo de Gestão de Pessoas, a migração para o Novo Plano é compulsória. No setor público, no entanto, seja por entendimento legal, seja por cultura ou preocupação com a ambiência, é, em geral, dada ao profissional a possibilidade de aderir ou não ao novo Plano. No contexto da administração pública, portanto, trata-se de ponto crítico a divulgação das vantagens do novo Plano, reforçando aspectos como crescimento e mobilidade profissional, clareza das regras, preservação de vantagens adquiridas anteriormente, dentre outros pontos. Algumas organizações, inclusive, aplicam incentivos financeiros para estimular a migração e evitar o ônus de ter que administrar pessoas em vários planos, prática que, no entanto, deve ser avaliada com cautela.

Assegurada a migração, surge a questão: como trago as pessoas para o Novo Plano? Em qual cargo/nível? Neste momento, vimos organizações tentando aproveitar o momento para "acertar a casa", "corrigir os erros e distorções do passado" e, ao fazê-lo, cair em uma enorme armadilha:

- Em primeiro lugar, porque os critérios que estão sendo introduzidos são novos e, portanto, há necessidade de aprendizado em sua utilização pela organização. A tentativa de correção de eventuais desvios de imediato pode levar a novos erros e mais injustiças.

- Em segundo lugar porque, mesmo que fosse possível identificar claramente os desvios, deve-se avaliar a capacidade da organização de resolvê-los. Se houver pessoas que hoje ganham menos do que o sinalizado pelo seu nível de contribuição, teremos recursos para ajustá-las salarialmente? E o que faremos com situações na "outra ponta", ou seja, pessoas que ganham mais do que contribuem?

Embora acreditemos (com base na experiência) que a quantidade de desvios é, normalmente, menor do que se imagina, recomendamos que sua **correção seja feita gradualmente no tempo**, de modo a possibilitar segurança na decisão e respeitar as possibilidades financeiras da organização. A percepção clara da existência ou não de desvios só será possível após análise do desempenho dos profissionais por mais de um ciclo (mais de um ano), de modo a verificar a consistência no desempenho e expurgar eventuais desbalanceamentos na aplicação dos critérios (típicos de ciclos iniciais).

Pelos motivos expostos, temos usualmente recomendado que a migração entre Planos se dê considerando exclusivamente o nível de remuneração percebido (e, ocasionalmente, uma combinação de informações que considere salário e ponto na carreira) e que eventuais necessidades de ajuste no posicionamento deverão ser realizadas ao longo do tempo, à medida que sejam diagnosticados desalinhamentos entre a remuneração e o nível de desempenho.

Isso trará mais solidez na análise preservará a estrutura de custos da organização (já que os impactos serão absorvidos gradualmente) e transmitirá maior sentimento de justiça, uma vez que, exceto para situações excepcionais facilmente reconhecidas, os mesmos critérios serão aplicados a todos.

8.4 INSTITUIÇÃO DE MECANISMOS DE GOVERNANÇA E PRESERVAÇÃO DO MODELO/PLANO

Um novo Modelo de Gestão de Pessoas ou Plano de Cargos e Salários não deve ser visto como "pertencente" à área de Gestão de Pessoas ou aos gestores da organização, mas como instrumento de interesse e uso de todos os profissionais. Pelo seu valor, torna-se importante a introdução de mecanismos que estimulem a contínua e adequada utilização dos critérios nele desenvolvidos. A seguir, são sugeridos alguns mecanismos, que podem auxiliar na manutenção e plena utilização dos critérios.

Mecanismos para manutenção e preservação dos critérios
- Que a área de Gestão de Pessoas atue como guardiã do processo, assegurando a aplicação das regras, oferecendo subsídios às decisões, estimulando sua utilização, apontando impactos e potenciais riscos.
- Reforçando o papel da área de Gestão de Pessoas como guardiã, recomenda-se instituir processo no qual qualquer movimentação e mudança nos cargos ou que impacte na valorização, reconhecimento e alocação de pessoas deva ser precedida de análise e de parecer técnico emitido pela área.
- Que seja realizada auditoria periódica sobre a aplicação das regras definidas, de modo a verificar desvios de função e outros eventuais problemas na aplicação dos critérios.
- Que sejam instituídos canais de comunicação para os funcionários sugerirem melhorias na aplicação dos critérios e apontarem situações de desvio em sua aplicação. Afinal, todos deverão, de alguma forma, ser guardiões do processo, zelando pela sua manutenção, evolução e por sua adequada aplicação.
- Que sejam instituídos Comitês de Gestores para discussão de questões de Gestão de Pessoas e corresponsáveis pela plena aplicação dos critérios definidos.

Mecanismos para plena utilização dos critérios

Como mencionado no tópico acima, é recomendada a criação de Comitês de Gestão de Pessoas, de modo a que possam ser utilizados plena e consistentemente todos os instrumentos previstos no novo Modelo. A existência de Comitês possibilita que o tema Gestão de Pessoas seja fortemente introduzido na dinâmica organizacional, de forma planejada e estruturada. Permite, ainda, a troca de experiências entre gestores e a uniformização dos critérios adotados pela organização. A recomendação é que sejam realizados pequenos comitês, constituindo-se em espaços para consolidação/discussão/contribuição entre os membros. É importante que os participantes sejam preparados e estimulados a darem contribuições efetivas nos comitês e que não estejam meramente participando de maneira formal, por questões de posicionamento hierárquico.

Por discutirem oportunidades na organização e a melhor maneira de conciliar essas oportunidades com o perfil, expectativas, potencialidades e disponibilidade dos profissionais, é natural que esses comitês sejam compostos por gestores, mediados por um gestor de nível hierárquico superior com o apoio da área de Gestão de Pessoas. Isso não impede o convite a outros atores, desde que observado o objetivo do Comitê e a cultura da organização. Na Figura 8.2, representamos uma forma possível de composição dos comitês, para uma organização com quatro níveis de gestão: Presidente – Diretores – Gerentes – Coordenadores.

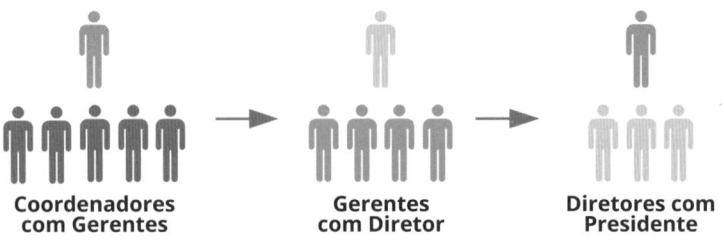

Coordenadores com Gerentes → **Gerentes com Diretor** → **Diretores com Presidente**

Fonte: Elaborada pelos autores.

FIGURA 8.2 – Exemplo de composição de comitês.

- Coordenadores reunidos com gerentes imediatos para discussão dos profissionais em sua estrutura: discutem sobre potenciais sucessores, ações de retenção e reconhecimento, oportunidades de alocação e movimentação, desenvolvimento, progressão/promoção etc.
- Gerentes reunidos com seu diretor para discutir os profissionais em sua estrutura: discussão dos mesmos pontos que o grupo anterior, mas também discutem sobre os coordenadores e apontam recomendações para a diretoria sobre aproveitamento de profissionais.
- Diretores e presidente: discussão sobre as recomendações dos gerentes e da situação deles (progressão/promoção/mobilidade/etc.), bem como desafios e oportunidades em Gestão de Pessoas em uma perspectiva de médio e longo prazos.

Papéis dos Comitês de Gestão de Pessoas

- Identificar potenciais sucessores e funcionários detentores de conhecimento-chave.
- Sugerir ações de retenção e reconhecimento (financeiro ou não).
- Estudar necessidades de dimensionamento de quadro, identificar oportunidades de alocação e movimentação e sinalizar a necessidade de processo seletivo (interno ou provimento via concurso).
- Sugerir à direção prioridades de investimento em desenvolvimento.
- Diagnosticar e endereçar situações-problema (para recuperação de desempenho).

- Subsidiar decisões e recomendações sobre promoção e progressão.
- Documentar as decisões e recomendações.

Uma possibilidade adicional é instituir para alguns assuntos, como mobilidade entre áreas e sucessão, um comitê fixo, que terá como papel a permanente busca de conciliação entre oportunidades e necessidades do trabalho e o perfil, competências e expectativas dos profissionais. Justifica-se a criação desse comitê pela dificuldade com a qual a organização pública normalmente trabalha a questão de mobilidade dos profissionais entre áreas e pela importância que esse processo adquire para o pleno funcionamento da Gestão de Pessoas.

8.5 DIFICULDADES USUAIS NA IMPLANTAÇÃO DO MODELO E COMO SUPERÁ-LAS

O presente item aborda os aspectos críticos que normalmente devem ser observados quando da implantação de um Novo Modelo de Gestão de Pessoas, em especial quando acompanhado da Revisão do Plano de Cargos e Salários. São eles:

1. Aplicação enviesada da avaliação de desempenho.
2. Descompromisso e dificuldades dos gestores, dirigentes e funcionários na aplicação dos critérios.
3. Ausência ou influência de ferramentas informatizadas de suporte à gestão de desempenho.
4. Resistências advindas de funcionários ou grupos de funcionários que não serão atendidos em suas expectativas com o novo Plano/Modelo.

Esses aspectos críticos são abordados de forma detalhada a seguir.

1. Aplicação enviesada da avaliação de desempenho

É preciso cuidado para que a avaliação por competências não seja vista apenas como o processo para movimentação na carreira, afastando, com isso, o uso da gestão de desempenho como mecanismo essencial para o desenvolvimento dos profissionais e da própria organização.

Deve-se considerar que a avaliação é um momento formal para se analisar, com respeito, a produção de cada funcionário frente aos critérios estabelecidos pela organização. Comunicar tais critérios, capacitar os gestores na aplicação dos conceitos e apoiá-los para que exerçam diálogos que permitam ao funcionário conhecer de forma clara e objetiva os critérios definidos pela organização, bem como o seu atual estágio de desenvolvimento, são ações importantes para o fortalecimento desse processo.

Pode-se dizer que o processo de Avaliação e Acompanhamento do Desempenho por Competências é parte fundamental do funcionamento de um novo modelo de GP, constituindo-se em parte de sua "espinha dorsal". Esse caráter essencial se deve à sua possibilidade de:

- disseminar as expectativas da organização quanto à atuação dos profissionais, reforçando comportamentos alinhados às suas necessidades;
- oferecer aos funcionários diretrizes que direcionem sua atuação e desenvolvimento;
- possibilitar a realização estruturada de devolutivas (*feedbacks*) sobre as contribuições individuais, com critérios comuns entre gestores;
- possibilitar a aplicação dos princípios de diferenciação, valorização e reconhecimento dos funcionários;
- orientar a estruturação de ações de desenvolvimento, fortalecendo o vínculo entre o avaliador e o avaliado, observando o foco no futuro;
- oferecer uma visão ampla e apurada do quadro de profissionais, possibilitando seu melhor planejamento;
- documentar a evolução dos profissionais, guardando informações sobre seu histórico de atuação, aspecto útil sobretudo para casos de mudança de área ou de avaliador;
- identificar profissionais com histórico de baixo desempenho para que sejam foco de programas de recuperação de desempenho. Em caso de ausência de melhoria, o histórico das avaliações (juntamente com o registro das ações realizadas) constitui-se em informação-chave para suportar decisões de desligamento (tema que ainda é tabu para inúmeras Organizações Públicas);
- subsidiar decisões corporativas de Gestão de Pessoas;
- vieses na aplicação dos critérios de análise de desempenho podem inviabilizar todos esses resultados.

2. Descompromisso e dificuldades dos gestores, dirigentes e funcionários na aplicação dos critérios

A incorporação e utilização plena da Gestão por Competências pode sofrer resistências devido a aspectos presentes na cultura organizacional. A experiência dos autores aponta alguns obstáculos que frequentemente surgem quando da implantação/renovação desse processo e que, portanto, deverão ser considerados em um Plano de Transição:

- Gestores podem, por motivos diversos, apresentar dificuldades para:
  - compreender e saber aplicar os critérios estabelecidos;
  - transmitir adequadamente aos funcionários os objetivos e a importância da Gestão e Avaliação por Competências;
  - realizar a avaliação propriamente dita, diferenciando desempenhos dos profissionais e destacando pontos fortes e dificuldades;
  - conduzir com sucesso a reunião devolutiva ("*feedback*" sobre as realizações do profissional), discutir oportunidades de aperfeiçoamento e estruturar ações de desenvolvimento.

Além disso, são comuns dificuldades para os gestores assumirem integralmente seu papel na gestão da equipe, dificuldade que é intensificada pelo fato de, na administração pública, haver a transitoriedade na posição do cargo de confiança. Essas dificuldades podem ser trabalhadas com treinamentos específicos para esse público, e com orientações por parte de seus superiores e/ou pares (além, naturalmente, do cuidado na escolha de profissionais para essas posições, os quais devem ter a "vocação" para o desempenho das atribuições de gestor).

- Funcionários podem:
  - evitar o envolvimento com o processo de Gestão e Avaliação por Competências, procurando ignorá-lo ou negar a sua importância;
  - demonstrar resistência quanto aos critérios e sua aplicação;
  - desenvolver uma atitude de descrédito, questionando a legitimidade do instrumento e a capacidade do avaliador;
  - receber negativamente os resultados da reunião devolutiva com seu gestor (*feedback*);
  - não utilizar os resultados para seu autodesenvolvimento, tomá-los como crítica ou como mera opinião pessoal do avaliador.

Para minimizar esses pontos, é fundamental um esforço contínuo de comunicação e orientação sobre o processo e sua finalidade, bem como sobre o papel dos indivíduos na gestão de seu desenvolvimento e crescimento profissional (protagonismo de carreira). A repetição do processo (ciclos subsequentes de avaliação de desempenho e utilização contínua dos critérios, no dia a dia) e a comunicação sobre as consequências de sua utilização ajudam a consolidar o processo e a reduzir o nível de resistência ou incompreensão sobre o assunto.

- Diretores podem:
    - afastar-se dos processos depois de concebidos. Trata-se de aspecto crítico, pois, caso os dirigentes principais não assumam o papel de "*sponsors*" (ou "patrocinadores"), certamente os investimentos da instituição no projeto serão pouco aproveitados;
    - deixar de cumprir os critérios/premissas estabelecidos pelo Plano.

Para trabalhar esse ponto, é necessário esforço contínuo de manter a gestão envolvida com o tema Gestão de Pessoas, o que pode ser feito por meio da aplicação de "rituais" já citados neste capítulo (ritual de avaliação, ritual de *feedback* e do diálogo do desenvolvimento, ritual do acompanhamento da execução dos planos de desenvolvimento, ritual dos Comitês de Gestão de Pessoas, entre outros.)

3. Ausência ou influência de ferramentas informatizadas de suporte à gestão de desempenho

Considerando a dimensão do quadro de profissionais, o conjunto de informações provenientes das avaliações de desempenho e a necessidade de acesso a outras informações sobre o profissional que possam impactar nas decisões, é fortemente recomendado que a organização utilize uma ferramenta informatizada adequada para suportar todo esse processo. Essa ferramenta deve ser capaz de:

- suportar a avaliação dos profissionais nos critérios definidos;
- possibilitar, de forma estruturada, a extração de informações advindas desse processo;
- permitir a utilização dessas informações, de forma continuada, nos diversos processos de Gestão de Pessoas (armazenar histórico, possibilitar comparações etc.);
- facilitar o acompanhamento e a gestão das ações decorrentes da implantação do Plano.

A área de GP, os gestores e os próprios profissionais deverão ter acesso às informações provenientes da análise de desempenho e às ações dela decorrentes, conforme seu papel e alçada. Hoje, pela quantidade de informações sobre as pessoas e sua importância como elemento para a tomada de decisão, é possível identificar no mercado *softwares* muito robustos para suporte à atuação dos gestores e dos RHs.

4. Resistências advindas de funcionários ou grupos de funcionários que não serão atendidos em suas expectativas com o novo Plano/Modelo.

Durante a implantação de um novo modelo/plano, é normal nos depararmos com solicitações que não fazem parte do escopo desse tipo de trabalho, que não são consistentes tecnicamente ou que não são aderentes ao propósito da organização. Expectativas dessa natureza devem ser tratadas pelos gestores com apoio da área de GP, de modo a evitar que essas frustrações prejudiquem a incorporação e a receptividade ao novo modelo.

O mesmo tratamento deve ser dado a demandas específicas advindas de expectativas de pequenos grupos.

Recomendamos um monitoramento contínuo sobre a percepção dos funcionários em relação ao novo modelo/plano, e que sempre que necessário sejam ampliadas as ações de comunicação, de modo a evitar que se propaguem percepções equivocadas quanto ao seu funcionamento e consequências.

Possíveis ações para minimizar incidência de problemas e suas potenciais consequências

É possível observar que, de forma geral, são necessárias as seguintes ações para minimização de problemas:

1. Ações de desenvolvimento para gestores e profissionais nos critérios definidos no novo Modelo de Gestão de Pessoas ou Plano de Cargos e Salários

Para o sucesso da implantação e para que a organização possa colher plenamente seus frutos, é fundamental a capacitação dos gestores, profissionais e equipe da área de GP nos critérios definidos.

São necessários investimentos contínuos por parte da organização para a internalização de forma plena dos critérios e de seu funcionamento. Os investimentos devem ser em ações que:

- facilitem o entendimento quanto às responsabilidades no processo de desenvolvimento dos profissionais: as da área de GP, as do gestor imediato e as do próprio profissional, tanto em termos de execução como em termos de custeio, quando houver;
- estimulem os gestores a planejarem suas equipes e a oferecerem *feedback contínuo*, a conceberem planos individuais de desenvolvimento para os profissionais de suas equipes e a utilizarem os critérios definidos como referência para decisões em cada processo de Gestão de Pessoas;
- disseminem o entendimento das competências, suas evidências no dia a dia e engajem os gestores e os profissionais em seu autodesenvolvimento;
- possibilitem, de forma gradual, o amadurecimento na aplicação dos critérios definidos e seu aperfeiçoamento contínuo.

As recomendações propostas podem ser desmembradas pela organização em ações de curto, médio e longo prazo, que facilitem a internalização dos critérios e deem continuidade ao desenvolvimento de um corpo gerencial e de uma equipe técnica de RH sólidos, minimizando riscos que afetem o alcance dos resultados pretendidos.

2. Equipe profissional na área de GP com competências especializadas em Gestão de Pessoas para administrar e atuar na aplicação dos critérios definidos

Esta recomendação refere-se ao desenvolvimento e manutenção na área de GP de uma equipe profissional com competências especializadas em gestão de Recursos Humanos. Pressupõe, portanto, que os atuais membros da equipe de RH devam se manter atualizados nos conhecimentos relativos aos processos em que atuam, e que novos ingressantes na área sejam submetidos a uma ampla atualização, sobretudo sobre os conceitos, critérios e funcionamento do modelo e dos seus desdobramentos.

Para a sustentação do modelo proposto, é esperado que a equipe de RH, responsável pela transição, oriente corretamente todos os públicos abrangidos. Para isso ela deverá:

- demonstrar familiaridade conceitual e técnica com o modelo;
- seguir o plano de implantação definido;
- gozar de confiança e legitimidade frente aos seus clientes internos; e
- contar com o respaldo da alta direção e com uma forte campanha de endomarketing.

3. Comunicação clara e constante

O primeiro passo, após aprovado o novo modelo, é a divulgação de todas as suas regras e critérios, de modo a assegurar a transparência e o entendimento do processo.

Neste passo, é importante que as informações sejam disponibilizadas para todos os funcionários, não apenas por meio de documentos, mas também em apresentações conduzidas pela equipe da área de GP, área de comunicação e gestores. Também é importante comunicar as regras para o sindicato e a associação dos funcionários.

Alguns canais de comunicação e ações que podem ser utilizadas estão elencados no Quadro 8.1.

QUADRO 8.1 – Exemplos de canais de comunicação

Nº	Canal	Informação
1	Intranet	Notícias: cobertura de eventos, disseminação e atualização de informações. Fotos e vídeos dos eventos participativos. Próximos passos: atividades, eventos etc.
2	Fale conosco	Canal para receber dúvidas e contribuições.
3	Boletins	Notícias sobre a implantação e seus desdobramentos.
4	*Folder*	Explicações sobre os critérios e as regras de funcionamento.
5	TV corporativa	Entrevistas com especialistas e usuários; notícias e comunicados técnicos.
6	Eventos participativos/ reuniões	Eventos presenciais e reuniões para trocar informações e tirar dúvidas de grupos de funcionários.

Fonte: Elaborado pelos autores.

Complementarmente, recomendamos que:

- a área de GP mantenha canais abertos de comunicação com todos os funcionários, inclusive com representantes do sindicato e da associação de funcionários;
- um componente da equipe seja encarregado de manter relação com as entidades representativas e de monitorar suas iniciativas junto aos funcionários e, particularmente, de acompanhar o impacto dessas iniciativas na comunidade da organização;
- todas as informações tratadas nos contatos com os sindicatos sejam previamente acordadas com a alta administração da organização.

Deve-se alertar que a comunicação não deverá se limitar ao momento de divulgação do modelo (aspecto mais fortemente explorado neste tópico), mas deve prosseguir continuamente, inclusive para servir como fonte de informações que subsidiem análises regulares da adequação dos critérios, bem como para a identificação de eventuais necessidades de melhoria.

4. Outros pontos a serem considerados após a implantação

Qualquer processo novo, ao ser implantado, necessita de acompanhamento próximo de modo a ser gradativamente ajustado e internalizado. Não poderia ser diferente com um modelo de GP: é preciso flexibilidade para ajustes e disciplina em sua aplicação para que, no tempo, se consolide como poderosa ferramenta de gestão e como referencial norteador para os funcionários sobre carreira e desenvolvimento. Assim, recomenda-se:

- consciência de que os primeiros ciclos se caracterizam como ciclos de aprendizado (importante clarificar este aspecto para todos os funcionários);
- aprimoramento contínuo do modelo/plano, com base nos resultados observados e nos *feedbacks* dos diversos usuários (possibilidade de ajustes nos critérios, na escala, no sistema de TI, na oferta de ações educacionais etc.);
- complementar, ao longo do tempo, a oferta de ações educacionais com ações no ambiente de trabalho e de autodesenvolvimento, como meio para aumentar a efetividade do desenvolvimento de competências. Com o tempo, é possível identificar aquelas ações mais efetivas para o desenvolvimento de competências e, a partir daí, estimular sua intensa utilização.

8.6 A ESTRUTURA DE GESTÃO PARA A TRANSIÇÃO

A Gestão da Mudança dependerá fortemente de profissionais empenhados na incorporação dos critérios do plano. É evidente que grande parte da responsabilidade de implantação estará a cargo da área de GP (como guardiã do processo). Entretanto ela deverá contar com a parceria da direção e dos gestores das demais áreas, sem os quais dificilmente alcançará os resultados almejados.

Sugere-se, por esses motivos, a manutenção da metodologia participativa utilizada desde o início. Propõe-se, para isso, a criação de uma estrutura de gestão composta por três grupos:

- equipe da Área de GP;
- diretoria;
- gestores das áreas.

A seguir, apresenta-se a estrutura de gestão sugerida para a adequada manutenção e utilização do modelo:

- Equipe de Gestão de Pessoas é responsável por:
    - observar e monitorar a aplicação dos critérios;
    - subsidiar a diretoria e gestores sobre necessidades de decisão ou direcionamento;
    - atuar fortemente na comunicação, com o auxílio de área especializada;
    - trabalhar nas condições necessárias a uma efetiva utilização do referencial construído.

- Diretoria é responsável por:
    - deliberar e aprovar estratégia e ações de Gestão de Mudança;
    - dar suporte ao processo, atuando como "*sponsor*";
    - utilizar-se das informações obtidas pela aplicação do modelo na tomada de decisão;
    - estimular e reconhecer gestores por sua atuação em Gestão de Pessoas.

- Gestores são responsáveis por:
    - realizarem a interlocução com os profissionais e a área de GP, identificando ações de melhoria e indicando a melhor forma de internalização dos critérios;
    - exercerem o papel de facilitador junto a seus pares e equipes;
    - manterem-se atualizados e utilizarem os critérios em sua plenitude.

CONSIDERAÇÕES FINAIS

Todas as vezes que somos chamados para executar um projeto, seja de modelagem de um novo plano de cargos e salários ou para a revisão ou reestruturação de critérios de Gestão de Pessoas, começamos pelo resgate das práticas e experiências já vivenciadas pela organização. Afinal, o conhecimento desse histórico não apenas é importante para a compreensão do contexto, como um passo importante para resgatar e valorizar as boas experiências. Sempre aprendemos muito nessa fase do projeto. Nos trabalhos acadêmicos, também temos no levantamento das práticas e experiências uma das etapas fundamentais.

Não raro, nessas experiências, nos deparamos com modelos, instrumentos e práticas que "não vingaram" mas que, quando analisamos sob o ponto de vista técnico, apresentam-se de forma muito consistente. Daí nos perguntamos: por que não deu certo? O que fez com que a organização não prosseguisse com a utilização desse modelo ou ferramenta? E muitas vezes o problema não foi a qualidade dos critérios, mas a ausência de práticas ou rituais que dessem sustentação à sua utilização e contínua manutenção.

Esse fato nos motivou a escrever este capítulo, cujo objetivo foi apontar aspectos críticos para a legitimação, implantação, utilização e manutenção dos critérios de Gestão de Pessoas. Sabemos que o caminho é longo e que os resultados não vêm fácil. Que é necessário investir tempo e energia e superar obstáculos. Mas acreditamos que esse investimento é fundamental se quisermos consolidar boas práticas em Gestão de Pessoas, que contribuam para o negócio e para o conjunto de seus profissionais.

BIBLIOGRAFIA DO CAPÍTULO

AÇÃO EDUCATIVA. Coleção de Olho nos Planos: A construção e a revisão participativas dos planos de educação. São Paulo: Ação Educativa, 2013. Disponível em: <http://www.deolhonosplanos.org.br/wp-content/uploads/2013/04/Guia_de_Participacao_Planos_Educacao.pdf>.

ARAÚJO, L. M. Participação sociopolítica no planejamento turístico. *Turismo – Visão e Ação*, v. 8, n. 1, p. 153–164, jan./abr. 2006. Disponível em: <http://siaiap32.univali.br/seer/index.php/rtva/article/viewFile/502/434>.

CAPORAL, F. R. Em direção à extensão rural do futuro: caminhos possíveis no Rio Grande do Sul. In: BRACAGIOLI NETO, A. (Org.). *Sustentabilidade e cidadania*: o papel da extensão rural. Porto Alegre: EMATER-RS/ASCAR, 1999. p. 119-165.

CORDIOLI, S. Enfoque participativo do trabalho com grupos. In: BROSE, Markus (Org.). Metodologia participativa: uma Introdução a 29 instrumentos. Porto Alegre: Tomo Editorial, 2001a. p. 25-40.

_____. *Enfoque participativo*: um processo de mudança. Conceitos, instrumentos e aplicação prática. Porto Alegre: Genesis, 2001b.

DUTRA, J. S. *Competências*: conceitos, instrumentos e experiências. São Paulo: Atlas, 2017.

VIONE, G. F. *Metodologias participativas na construção de planos de desenvolvimento local*. 2002. Monografia – Universidade Federal Rural do Rio de Janeiro, Seropédica.

9 Desenvolvimento da Liderança

Assista ao vídeo *Desenvolvimento da liderança*.

uqr.to/djas

9.1 INTRODUÇÃO

A realidade brasileira é muito particular no que se refere ao desenvolvimento de nossas lideranças organizacionais. Desde o início do século XX temos uma participação ativa dessas lideranças na construção de nossa cultura, política e economia (CARONE, 1977; DEAN, 1971), mas, ao mesmo tempo, elas têm como característica um comportamento autoritário e paternalista (DA MATTA, 1978; VELHO, 1981). Nossas características culturais e econômicas foram historicamente voltadas para dentro, de um lado em função do isolamento, oceano a leste e floresta a oeste, e da geografia, hemisfério sul e de outro lado em função da forma de colonização

(FURTADO, 1977). O resultado foi o desenvolvimento industrial suportado por um modelo, adotado na segunda metade do século passado, de substituição de importações (FURTADO, 1977; TAVARES, 1976) e abraçado pelo governo militar como forma de reservar o mercado para as organizações brasileiras nascentes e para atrair capital internacional de investimento. Nesse contexto, de reserva de mercado e baixa competitividade, o perfil da liderança em nossas organizações foi, predominantemente, de conhecimento técnico para assumir posições gerenciais e de direção e empreendedorismo para iniciar e desenvolver negócios.

Em meados da década de 1990, com a abertura econômica e estabilidade da economia e das instituições, as organizações brasileiras passaram a viver um ambiente mais competitivo, comparável a padrões internacionais. A partir desse momento, há necessidade de um perfil de liderança organizacional diferente, o líder deve agregar valor para uma organização mais efetiva e competitiva em padrões globais. Muitas pessoas, atuando em nível gerencial e de direção, foram buscar seu aprimoramento em gestão de negócios dentro e fora do país. Há um crescimento de cursos de pós-graduação e de extensão universitária para dar conta de uma nova demanda.

A liderança na administração pública, além de sofrer as mesmas influências, vive o agravante de ser considerada como uma posição de confiança e, portanto, sujeita a influências políticas. Como já vimos, a liderança na administração pública é, muitas vezes, considerada um estado, ou seja, o líder *está líder*, porque é uma pessoa de confiança e, tão logo deixa de sê-lo, voltará a sua carreira de origem. Logo de partida essa condição se choca com a literatura (DUTRA, 1996; CHARAN; DROTTER; NOEL, 2009), que aborda a carreira de gestão como uma opção que demanda habilidades e capacidades específicas, exigindo desenvolvimento gradual, e uma escolha consciente da mudança de papel. Aspectos da realidade do setor público trazem dificuldade à consolidação dos profissionais na condição de líderes e ao exercício de seu papel, a saber:

- Descontinuidade dos cargos de gestão como decorrência natural das mudanças de governo: mudanças na proposta política podem mudar as prioridades da organização e é natural que quem esteja no comando deseje ter pessoas nas posições de liderança com visão e objetivos alinhados.
- A escolha dos profissionais para as posições de liderança nem sempre é técnica, ou seja, o escolhido não é necessariamente o mais apto para a função. São potenciais efeitos negativos dessas escolhas o despreparo

e a falta de legitimidade para o exercício da função, além de afetar o clima da equipe, sobretudo quando o escolhido não é o profissional considerado mais adequado.
- As nomeações, muitas vezes, não estão sujeitas a aplicação de procedimentos bem definidos e transparentes, o que facilita os questionamentos sobre os critérios de escolha.
- Falta de preparação dos gestores: não há, em muitos casos, desenvolvimento específico para as posições de liderança e são recorrentes situações de "saltos de responsabilidade" – por exemplo, são escolhidos para desempenharem papel de gestão estratégica profissionais que não passaram por posições de gestão de nível tático. A falta de experiência em posições anteriores pode levar a decisões equivocadas e, também, a falta de legitimidade.
- Não há, geralmente, consciência da mudança de papel e de suas responsabilidades. Algumas pessoas assumem a "cadeira de gestão" sem perceberem que seu papel mudou e acabam tendo atitudes não condizentes com seu novo papel. São exemplos comuns de inadequação: criticar a organização para a equipe; não atuar no desenvolvimento da equipe e no planejamento das atividades da área considerando o perfil e potencialidades dos profissionais; não se articular internamente e não dar atenção à questões políticas (continuar a focar apenas nos aspectos técnicos e operacionais da área ao invés de questões organizacionais); e não ter "amplitude no olhar", enxergando apenas os impactos de curto prazo.
- A instabilidade da posição pode levar a menor assertividade nas decisões e ações.

Esses e outros fatores fazem com que gerir pessoas no setor público seja, via de regra, mais complexo do que exercer esse papel em uma organização privada. Então, como lidar com essas questões?

Nomeações inadequadas, por exemplo, podem ser minimizadas se a Organização Pública estabelecer critérios para um servidor assumir a posição gerencial. Temos observado em inúmeras organizações a preocupação em estabelecer critérios para identificar servidores com o perfil para assumir posições de gestão (seja explicitando as responsabilidades da posição, seja definindo requisitos de acesso para a vaga), sendo que muitas delas o fazem em seu Plano de Cargos e Salários ou em seu estatuto. Já para lidar com o preparo das lideranças, tem sido cada vez mais comum observarmos práticas como a formação prévia em cursos de preparação para os gestores, o rodízio dos gestores nas diferentes áreas e alguns exemplos muito bem-sucedidos de criação de processos sucessórios estruturados em Organizações Públicas que inibem a ingerência na indicação para posições gerenciais.

A crença de que o servidor *está gestor* é uma visão equivocada da realidade. Em nossas pesquisas e vivências nas Organizações Públicas, observamos que os servidores que efetuaram uma mudança de identidade para a carreira gerencial *se tornaram gestores* e, mesmo quando perderam a posição, não deixaram a arena política da organização. Observamos que é uma questão de tempo para que voltem a assumir posições gerenciais. Na maioria das empresas que acompanhamos, as posições gerenciais já eram ocupadas por servidores que haviam efetuado sua transição para a carreira gerencial, em média, há mais de 15 anos. Isso indica que, quando um servidor vai para a posição gerencial, ele não "está gerente". Ele "se tornou um gerente", uma vez que efetuou uma transição de carreira.

Fazendo um contraponto, observamos que alguns servidores assumem uma posição gerencial e não fazem a transição, ou seja, têm o título de gerente, mas agem e pensam como técnicos. Quando essas pessoas retornam para a posição técnica, não sofrem nada porque, em seus corações, nunca haviam deixado a carreira técnica.

Com a maior complexidade das organizações e um nível crescente de pressão da sociedade e/ou do Estado para maior efetividade, eficiência com menores custos, a qualidade da gestão ganha importância para a sobrevivência da Organização Pública. Nesse sentido, é necessário identificar servidores com o perfil para assumir responsabilidades de gestão e prepará-los para tal. Diante das pressões impostas às nossas organizações e de um futuro mais exigente, nossas lideranças necessitam ampliar sua capacidade para gerenciar pessoas, criando e sustentando equipes de alta *performance*. Para tanto, essas lideranças têm como principal ponto de desenvolvimento suas habilidades comportamentais.

Neste capítulo, serão discutidos os desafios impostos à liderança em nossas organizações, o impacto sobre seu perfil e ações necessárias ao seu desenvolvimento.

9.2 DIFERENÇA ENTRE LÍDER E GESTOR

Na busca por identificar padrões de carreira das pessoas nas empresas e no mercado de trabalho, foi possível constatar que as pessoas tendem a permanecer em atividades profissionais de mesma natureza. Essas atividades de mesma natureza traduzem o que chamamos de trajetórias de carreira que se caracterizam por atribuições e responsabilidades de mesma natureza.

As pessoas vivem um grande estresse quando mudam suas identidades profissionais. Podem ser identificadas quatro etapas típicas nesse processo:

- A primeira é caracterizada por uma decisão racional de deixar o conforto de uma posição profissional consolidada para se aventurar rumo ao desconhecido buscando melhores condições profissionais futuras.
- A segunda é caracterizada pela consciência da necessidade de renunciar a uma identidade formada durante anos e, ao se efetuar essa renúncia, há um sentimento de perda de algo muito importante gerando grande impacto emocional.
- A terceira é caracterizada pela perda da identidade profissional sem que a pessoa tenha construído uma nova identidade. Nesse momento, a pessoa sente que não tem chão debaixo de seus pés. Está em um momento em que não tem referências. Chamamos essa fase de "limbo".
- A quarta etapa é o início da construção de uma nova identidade profissional. Nessa etapa, tomamos consciência de que tudo aquilo que utilizávamos em nossa carreira anterior não se aplica à nova carreira. Normalmente, nos sentimos incompetentes e inseguros na nova posição.

Quando uma pessoa deixa uma função técnica ou funcional para assumir uma posição de gestão, vive uma transição de identidade profissional. Vive essa transição porque o que caracteriza o trabalho de um gestor não é a liderança, mas sim o fato de ter que gerenciar recursos escassos e, portanto, estar na arena política da organização.

Em nossos estudos e pesquisas sobre liderança, pudemos identificar duas arenas políticas nas organizações. A arena do nível tático e a arena do nível estratégico.

A arena política do nível tático é caracterizada por ser um espaço de disputa de recursos escassos – orçamento, investimentos, massa salarial, espaço físico etc. É nessa arena onde ocorrem:

- formação das regras de convivência e de acesso aos recursos escassos;
- criação de regras de relacionamento entre áreas e com parcerias externas;

A arena política do nível estratégico é caracterizada por ser um espaço de discussões sobre:

- futuro da organização;
- parcerias estratégicas;
- relacionamento com *stakeholders*;
- influência no ambiente/contexto onde a organização se situa.

Uma disputa contínua por espaço político ocorre nas duas arenas – mais poder de influência na relação com pares, superiores, público interno e externo e parceiros.

Nem sempre um bom profissional técnico ou funcional tem o perfil para atuar na arena política, e não por problemas de capacidade, mas, sim, de valores: existem pessoas que não valorizam a atividade gerencial e, portanto, têm dificuldade para se desenvolver nessa atividade. No processo sucessório, é muito difícil identificar essas pessoas. O ideal é criar condições para prepará-las e expô-las a situações que exijam traquejo político, para posteriormente analisar como foi sua atuação, se gostaram da experiência, quais são pontos a serem aprimorados etc. Esse exemplo mostra como o processo de escolha das pessoas para posições gerenciais é complexo e há dificuldades a serem enfrentadas nesse processo. A ausência da estruturação faz com que se coloque em posição gerencial alguém que se destaca na posição técnica ou funcional, gerando o risco de se perder um excelente profissional e de se obter um péssimo gerente. Neste caso, em uma Organização Pública, a solução é, geralmente, tirar-lhe espaço político.

A caracterização de líder e gestor vem se tornando uma discussão relevante nas Organizações Públicas e por essa razão vamos aprofundar um pouco mais essa distinção.

9.2.1 A FORMAÇÃO DO GESTOR A PARTIR DO LÍDER

As diferenças apontadas pela literatura entre líder e gestor vão desde uma visão em que o gestor está atuando em situações mais estáticas e estáveis e o líder em situações mais dinâmicas e movediças, até a visão de que não há distinção entre líder e gestor (BASS; BASS, 2008). Sustentam a posição de que o gestor está ligado ao papel burocrático e o líder está mais voltado a mobilizar as pessoas em torno de propósitos os seguintes autores: Gilmore (1982), Osborn, Hunt e Jauch (1980), Terry (1995) e Bhatia (1995). Parry (1996) afirma que o gestor faz as coisas corretamente (eficiente) e que o líder faz as coisas corretas (eficaz). Gardner (1993) defende que não há uma distinção entre líder e gestor. Esse autor acredita que podemos distinguir entre o líder-gestor (*leader-manager*), que é inovador e atento às oportunidades e ameaças, e o gestor da rotina (*routine-manager*), mais preocupado com o dia a dia e em cumprir suas tarefas. Segundo Gardner (1993), o líder-gestor coloca ênfase na visão, nos valores, na motivação da equipe e na inovação, enquanto o gestor da rotina coloca ênfase no curto prazo, está centrado nas atividades de sua área, muitas vezes desenvolve um comportamento de proteger seu feudo ou de agir em silos e, em consequência, tem dificuldades de desenvolver parcerias internas e externas.

De uma forma geral, a maior parte da literatura atribui ao gestor o papel formal de Gestão de Pessoas, com um peso nos aspectos burocráticos da função. E visualiza o líder como um inspirador, articulador com uma visão de longo prazo e realizador dentro dos valores éticos e dos valores da organização. Ao longo de nossas pesquisas sobre liderança, essas distinções se mostraram pouco instrumentais; essa forma de categorizar visava valorizar os termos "líder" e "liderança". Passamos a questionar esse posicionamento e adotamos outra forma de distinguir líder e gestor.

Verificamos que as lideranças nas organizações têm que lidar com uma realidade muito mais complexa do que muitos autores sinalizam em seus trabalhos (USEEM, 1999). Sua realidade envolve uma discussão contínua de como lidar com recursos cada vez mais escassos, com uma competição cada vez mais acirrada e um ambiente de incertezas e ambiguidades. Verificamos que tínhamos que distinguir o líder que conduz sua equipe em uma realidade muito estruturada e que não está inserido na discussão da distribuição de recursos do líder que lida com incerteza e ambiguidade e está inserido na gestão de recursos escassos.

Para nós, o gestor se distingue do líder por estar na arena política da organização. **O que caracteriza o gestor é o fato de estar na arena política da organização.** Nem todo líder está na arena política e nem todo gestor tem equipes para liderar.

Para muitos profissionais, a arena política é algo sujo e indigno. Essas pessoas terão muitas dificuldades para aprender a transitar nessa arena. É por tal razão que muitos profissionais técnicos de bom nível se tornam péssimos gestores, pois não conseguem desenvolver uma identidade gerencial. Em nossas pesquisas, observamos que isso não é uma questão de capacidade, mas de valor. Caso a pessoa não valorize sua atuação na arena política, terá dificuldades de se consolidar como gestor. Observamos que em muitas organizações temos gestores que ostentam o título, mas agem e pensam como técnicos.

Observamos também muitas organizações que admitem ter bons gestores que são péssimos líderes, ou seja, são pessoas que se articulam bem na arena política, viabilizando projetos e obtendo o respeito de pares e chefes, mas que tratam de forma inadequada a sua equipe, agindo como carrascos, desrespeitando as pessoas, tratando-as de forma humilhante e iníqua. Essa postura da organização cria um clima de trabalho inadequado e afeta a sua produtividade e rentabilidade.

Useem (1999) afirma que um bom líder para sua equipe que está desgraçado politicamente transfere essa desgraça para sua equipe, enquanto o líder que é prestigiado politicamente transfere prestígio para sua equipe. A liderança não deve ser exercida unicamente em direção à equipe; é fundamental construir alianças que irão nos apoiar em uma crise. Essas alianças são construídas dentro da arena política da organização.

Por essa razão, é um desafio cada vez mais presente a escolha de futuros gestores. Estes devem ser vocacionados para atuar na arena política da organização e ao mesmo tempo devem ser bons líderes. A escolha de futuros gestores define o amanhã da organização – serão os gestores escolhidos hoje que responderão pelos caminhos da organização. Um bom líder hoje pode ser um bom futuro gestor.

9.2.2 EXIGÊNCIAS SOBRE O LÍDER E SOBRE O GESTOR

Vamos nos aprofundar um pouco mais nas diferenças entre as exigências sobre o líder e sobre o gestor, pois, desse modo, fica mais clara a construção de critérios para identificarmos bons líderes e bons gestores.

A liderança exercida por uma pessoa na organização pode ser uma atribuição formal, definida pela organização ao oferecer a uma pessoa uma posição de comando, ou informal, quando por conveniência das chefias ou dos colegas a pessoa assume uma posição de ascendência sobre os demais. No caso da situação informal, a liderança pode ser conquistada pelos conhecimentos técnicos, pela senioridade na posição, pelo comportamento no relacionamento com colegas e superiores etc. Para Bales e Slater (1955), a legitimidade do líder informal pode ter duas origens: sua contribuição para a produtividade do grupo ou seu suporte socioemocional para os membros do grupo.

A pessoa que tem uma liderança formal e não é gestor, porque não está na arena política, normalmente atua em duas situações:

- Liderança operacional, supervisionando e orientando pessoas que estão realizando uma operação, como, por exemplo: atendentes em um

call center, operários em uma indústria, coletores de material em um laboratório de análises clínicas etc.
- Liderança técnica, supervisionando e orientando pessoas que estão desenvolvendo atividades técnicas e/ou funcionais, como, por exemplo: engenheiros em um laboratório de desenvolvimento de produtos eletrônicos, analistas de tecnologia de informação, analistas de remuneração etc.

O trabalho do líder formal está, portanto, ligado a atividades operacionais e/ou técnicas/funcionais. Nesse caso, tem responsabilidades pelo uso ótimo dos recursos colocados à sua disposição e pela obtenção dos resultados das atividades e/ou área sob sua responsabilidade. Quando necessita de recursos adicionais ou resposta a problemas que implicam o compartilhamento de recursos escassos, se dirige ao seu gestor. Será o gestor que irá discutir com seus pares ou com a administração superior para a obtenção dos recursos necessários.

Já o gestor tem como principal atribuição a gestão de recursos escassos, tais como: orçamento, equipamentos, investimentos, massa salarial, espaço etc. Cabe ao gestor, em conjunto com seus pares, definir regras de convivência, estabelecendo em consenso critérios sobre prioridade no uso dos recursos escassos. Para gerir recursos escassos, o gestor necessita desenvolver uma visão sistêmica que possibilite compreensão das necessidades de sua área de atuação em relação ao conjunto da organização e/ou negócio, além de argumentação e legitimação com os pares.

9.2.3 DESAFIOS PARA QUE A MESMA PESSOA ASSUMA OS PAPÉIS DE LÍDER E GESTOR

Com base nessas definições, podemos afirmar que **o gestor sempre será um líder, quer tenha uma equipe subordinada ou não**. O gestor estará sempre exercendo a liderança na relação com seus pares e chefes e na relação com pessoas que necessita influenciar para realizar trabalhos. Essas pessoas podem estar ligadas ao gestor em uma relação hierárquica ou não. Caso haja uma relação hierárquica, o gestor é responsável por representar os interesses e necessidades de sua equipe na arena política. Caso não haja uma relação hierárquica, o gestor deverá liderar por influência, estimulando as pessoas a realizarem seus trabalhos.

De uma forma natural, as lideranças acabam estabelecendo com suas equipes, quer em uma relação hierárquica quer em uma relação por influência, uma liderança transacional, em que a liderança é negociada frente aos interesses dos liderados (BURNS, 1978). Burns (1978) estabelece uma categorização interessante entre o líder transacional e o líder transformacional. Essa caracterização efetuada por Burns é expandida por Bass (1985) e por Bass e Bass (2008).

O líder transacional constrói com sua equipe um processo de barganha, onde representa os interesses de sua equipe em troca da lealdade e do atendimento das necessidades da organização. Normalmente, esse líder atua na negociação de recompensas para os membros da equipe ou para toda a equipe e atua em situações de exceção, ou seja, atua de forma reativa sobre os problemas de relacionamento com a equipe.

O líder transformacional, segundo Burns (1978):

- motiva sua equipe através da consciência de sua contribuição para os resultados da organização e sua condição para enriquecê-los;
- estimula os membros de sua equipe a perceberem seu crescimento através do crescimento do time como um todo;
- cria condições objetivas para que os membros de sua equipe aumentem sua autoestima e senso de realização.

Segundo Bass (1985), o líder transformacional tem como características:

- inspirar os membros de sua equipe na realização de seus trabalhos;
- criar estímulos intelectuais para todos os membros de sua equipe;
- considerar cada membro de sua equipe de forma individual;
- atuar de forma proativa para estimular sua equipe.

Bass (1985) e Bass e Bass (2008), em suas pesquisas realizadas entre 1980 e 1985, confirmam a visão de Burns (1978) de que a liderança transacional e a transformacional não são opostas, mas parte de uma visão multidimensional, ou seja, as lideranças podem atuar de forma combinada, porém, na medida em que se sobressai a liderança transformacional, a satisfação da equipe e os resultados são mais efetivos.

9.3 BASES DA LEGITIMIDADE DA LIDERANÇA

O foco da maior parte da literatura é sobre o perfil e características do líder. O foco de pesquisa realizada pelo nosso grupo foi sobre o processo de liderança, para a compreensão do papel do líder e do liderado em um contexto mais exigente. A base para a pesquisa foi o trabalho iniciado por Michael

Useem (1999), que ao focar no processo de liderança percebe que os líderes que fizeram a diferença em diferentes situações não foram "superpessoas", mas pessoas comuns que fizeram um conjunto de pequenas coisas que criaram resultados importantes para suas organizações e para as pessoas.

Um olhar desavisado sobre as pressões sobre o líder nos faz crer que somente uma "superpessoa" seria capaz de fazer frente a essas pressões, isso porque:

- as organizações têm se tornado mais complexas, não só em termos tecnológicos, mas também em termos das relações organizacionais e de suas relações com o ambiente onde se situam. Essa complexidade exige da liderança organizacional uma compreensão mais ampla do contexto de modo a perceber os vários desdobramentos possíveis de suas decisões. Ao mesmo tempo, essa complexidade exige um profundo conhecimento do negócio ou da área de atuação para garantir a qualidade técnica das decisões e a viabilidade delas;
- o ambiente mais exigente se materializa em liderados cada vez mais bem preparados em termos de formação e informação, em pressões advindas da necessidade de continuamente ter que conciliar interesses conflitantes, em assumir cada vez mais riscos profissionais e pessoais e maior desgaste emocional na orientação de pessoas e na delegação de decisões em situações de incerteza e ambiguidade.

Entretanto, em nossas pesquisas encontramos pessoas comuns que estão fazendo frente a esses desafios usando sua sensibilidade e mobilizando suas equipes em torno de um projeto comum. Observamos que, na realidade de nossas organizações, cabe cada vez menos a ideia de que a legitimidade do poder do líder é oriunda do poder burocrático (WEBER, 1987; MAXIMIANO, 2000). Cada vez mais, a liderança informal e a formal misturam-se na pessoa do líder. Na administração pública isso é posto em prova o tempo todo, pois há a necessidade de gerir por influência a equipe, ou seja, a autoridade e a legitimidade não ocorrem apenas pelo cargo (seu subordinado pode ter tido seu cargo no passado) e nem pelo poder (trata-se de um contexto no qual é mais difícil aplicar recompensas e punições). Assim, a liderança formal assentada no poder político e econômico não é suficiente para obter o comprometimento das pessoas que compõem a equipe de trabalho. É neste tipo de contexto que vem surgindo gradativamente uma nova base de sustentação do poder do líder organizacional: a agregação de valor para a equipe e para a organização. Observamos que essa é a forma utilizada por líderes de sucesso que têm conseguido mobilizar sua equipe em um ambiente de incerteza e ambiguidade e de grande pressão.

Pudemos verificar, portanto, que a legitimidade se dá quando o líder consegue, de forma contínua e simultânea, agregar valor para os membros de seu time e para a organização ou negócio. Constatamos que a fonte de poder do líder é cada vez mais a sua contribuição para seus pares, subordinados e parceiros e cada vez menos o título do cargo ou posição na hierarquia. Com o fortalecimento das estruturas organizacionais ou decisórias matriciais, construção de parcerias com fornecedores e clientes cada vez mais densas e maior exigência sobre as pessoas, a liderança se assenta, cada vez mais, na capacidade do líder de conciliar expectativas divergentes.

Para a realização da pesquisa, desenvolvemos alguns padrões do que poderíamos chamar de sucesso no trabalho realizado em organizações brasileiras. O sucesso foi demarcado por bons resultados para a organização e para as pessoas frente a desafios de transformação da cultura organizacional ou de reverter um quadro de ameaças à sobrevivência da organização. Ao mesmo tempo em que procuramos pessoas que enfrentaram desafios com sucesso, procuramos entrevistar líderes que participaram de nossos cursos de formação executiva. Pudemos comprovar que os parâmetros encontrados por Useem (1999) foram observados em nossa realidade, tais como:

- Construção de um projeto comum entre seus liderados e, na maior parte dos casos, mobilização em torno de um propósito comum de toda a organização. Nesse caso, havia compreensão dos objetivos a serem alcançados e dos valores que norteavam as ações a serem empreendidas.
- Em momentos de ambiguidade, esses líderes pautaram-se pelos valores da organização e, na ausência de tais momentos, por seus valores. Esse aspecto é muito valorizado pela literatura (CASHMAN, 2011; COVEY, 2002) e muito importante em um ambiente de insegurança e ambiguidade. Coerência e consistência do líder proporcionam segurança para a equipe e, ao fazê-lo, a tornam mais disposta a assumir riscos e inovar.
- Estimular e criar condições para que todos os membros da equipe troquem entre si o aprendizado obtido no alcance de objetivos. Esse é outro ponto enaltecido pela literatura sobre liderança e gestão (CHARAN; BOSSIDY, 2004). Desse modo, o líder consegue multiplicar o processo de desenvolvimento dos membros da equipe.
- Preparar a equipe para momentos de grande pressão. Esse foi um aspecto que nos surpreendeu na pesquisa. São raros os líderes que preparam a sua equipe para momentos de adversidade. A maior parte assume que o voo será em céu de brigadeiro, sem turbulências; quando

a turbulência ocorre, a equipe pode perder seu equilíbrio emocional e deixa de fazer coisas que teria condições de fazer. Os líderes de sucesso sempre trabalharam suas equipes exigindo o máximo empenho, mantendo-as continuamente desafiadas e respeitando a individualidade de cada membro.
- Construir alianças entre pares e superiores para obter suporte político em momentos de crise. Esse é um aspecto trabalhado por poucos autores, a maior parte da literatura privilegia a relação do líder com sua equipe. A liderança junto aos pares e aos superiores (USEEM, 2002) é um aspecto que observamos entre os líderes com sucesso, mesmo porque, nesses casos, viviam situações muito delicadas para sustentar sua legitimidade.

Uma marca comum entre as lideranças de sucesso foi o fato de manterem todos os membros da equipe desafiados o tempo todo. Infelizmente, observamos que, em função da pressão por resultados que recebe, a maior parte da liderança no Brasil apoia-se em uma ou duas pessoas de sua equipe, marginalizando as demais dos desafios e do desenvolvimento. Normalmente, as lideranças escolhem pessoas com as quais se identificam ou aquelas que respondem melhor aos seus estímulos e excluem as demais.

9.3.1 MANTER O FOCO NO QUE É ESSENCIAL

Um aspecto que tem norteado o estudo do processo de liderança é a forma como o líder mantém a coesão do time. Verificamos que a forma mais comum é manter o grupo focado no que lhe é essencial. Na medida em que o líder procura manter o foco em objetivos organizacionais, fixa-se em uma base movediça e isso pode comprometer sua credibilidade com relação à sua equipe. Porém, na medida em que se foca no que é essencial para o time, constrói-se uma base sólida para cimentar a relação com o grupo.

As lideranças bem-sucedidas têm construído o foco em cima do desenvolvimento do grupo, ou seja, o compromisso estabelecido é que não importa o desafio ou o objetivo a ser perseguido, o importante é tirar proveito para o desenvolvimento do grupo como um todo e para cada membro em particular. Na medida em que esse pacto é construído pelo grupo, seus membros se ajudam mutuamente, criando um efeito sinérgico no desenvolvimento. Esse é um dos aspectos fundamentais para a criação de um grupo de alta *performance* e em constante crescimento.

A realidade organizacional, em geral, não estimula a criação de um pacto construído no desenvolvimento do grupo, uma vez que não valoriza o crescimento do grupo e sim dos seus membros individualmente e nem oferece ao gestor autonomia para ajustes salariais, promoções e outras formas de reconhecimento mais substantivas. Cabe ao gestor e líder estabelecer as contrapartidas do desenvolvimento da equipe e de seus membros como parte do pacto firmado.

Uma minoria dos líderes pesquisados conseguiu estabelecer um projeto comum duradouro com sua equipe. Os que conseguiram tinham uma história de sucesso em várias organizações e com diferentes equipes. Muitos dos líderes pesquisados desenvolveram essa capacidade de forma natural, a partir da sua sensibilidade em relação à realidade em que viviam. A questão estabelecida é se essa capacidade pode ou não ser desenvolvida nas pessoas. A resposta a essa questão é afirmativa, como veremos a seguir.

9.3.2 O LÍDER COM MAIORES CHANCES DE SUCESSO

Verificamos que não há um perfil único que garanta o sucesso do líder, mas pudemos detectar que aspectos comportamentais permitiram aos líderes pesquisados duas conquistas consideradas por eles como críticas: construir um projeto comum com sua equipe e efetuar parcerias estratégicas, dentro e fora da organização.

A construção de um projeto comum está assentada na mobilização de toda equipe, sem exclusões, e na construção de um pacto em torno de algo caro para todos os integrantes da equipe. Na maioria das situações pesquisadas, o cimento usado para agregar a equipe foi o desenvolvimento das pessoas e da equipe como um todo.

A efetivação de parcerias é o resultado de um comportamento ético e alinhado com os contratos firmados com os parceiros. A sustentação das parcerias, na maior parte das vezes, não depende de maneira exclusiva do líder individualmente, mas do líder e de seus liderados, por isso os bons resultados da parceria dependem da construção pelo líder de compromissos com sua equipe.

Segundo nossos entrevistados, os comportamentos mais importantes a serem desenvolvidos pelo líder para um diferencial em sua atuação são os seguintes:

- **Comunicação:** a base da comunicação é saber ouvir e compreender as demandas e expectativas das pessoas, além, naturalmente, de ser claro ao se expressar.
- **Delegação:** essa é uma das grandes limitações de nossas lideranças; a delegação é um exercício contínuo e necessita ser desenvolvida com cada integrante da equipe de forma individualizada, sendo que o desafio oferecido é dosado com o ritmo de desenvolvimento da pessoa.

- **Sustentação de relacionamentos:** a troca contínua e a mútua agregação de valor são as bases para sustentar relacionamentos e parcerias; para tanto, o líder necessita disponibilizar sistematicamente tempo e energia própria e de sua equipe.

Nossa pesquisa utilizou os referenciais da liderança transformacional (NORTHOUSE, 2004; BERGAMINI, 2002; KUHNERT, 1994; BASS; AVOLIO, 1993) para suportar as discussões sobre os aspectos comportamentais. Ao entrevistarmos lideranças, observamos que as principais deficiências para assumir uma postura mais alinhada com os referenciais da liderança transformacional são os seguintes:

- **Diversidade:** nossos líderes tendem a escolher pessoas para suas equipes com as mesmas características de personalidade e tendem a ter dificuldades para lidar com pessoas diferentes. Esse fato limita as possibilidades de composição da equipe, além de criar um grupo que pensa igual diante das adversidades impostas pelo dia a dia.
- **Delegação:** há dificuldade de o líder confiar nos profissionais ao correr risco. Sempre que há risco envolvido, ele tende a trazer para si a decisão ou a ação em processos mais críticos. Essa postura dificulta para o líder desenvolver os membros de sua equipe.
- **Respeitar iniciativas da equipe:** há uma tendência de os líderes direcionarem os membros de sua equipe em relação ao que e como fazer o trabalho. Temos visto na literatura, cada vez mais, a apologia do compartilhar com a equipe *o que* e o *como fazer* (CHARAN; BOSSIDY, 2004).

9.4 DESENVOLVIMENTO DE LIDERANÇAS

No desenvolvimento de aspectos comportamentais, observamos bons resultados com o que chamamos de criação de "rituais". Um dos casos mais interessantes foi o fato de os nossos pesquisados apontarem como uma grande dificuldade oferecer *feedback* positivo para seus subordinados. Verificamos que a dificuldade não era dar o *feedback*, mas enxergar o positivo nas realizações de seus subordinados. Contratamos com nossos pesquisados a oferta, em suas reuniões semanais com a equipe, de quinze minutos de *feedback* positivo. Ao longo de seis semanas em média, todos estavam dando *feedback* positivo. Ao terem que oferecer quinze minutos semanais de *feedback* positivo para suas equipes, aprenderam a observar aspectos positivos.

Assim como no exemplo citado, obtivemos resultados positivos com a criação de rituais para desenvolver outras habilidades comportamentais, tais como: disposição de ouvir, comunicação, administração do tempo etc. Os nossos pesquisados eram líderes de líderes que, ao aprenderem a desenvolver habilidades comportamentais, conseguiram transmitir e ensinar seus subordinados a fazerem o mesmo.

O desenvolvimento de habilidades comportamentais requer uma estratégia didática mais cuidadosa do que o desenvolvimento de habilidades técnicas ou de gestão. O cuidado com a estratégia didática se deve ao fato de estarmos trabalhando, de um lado, com pessoas acostumadas a lidar com situações que exigem pragmatismo e objetividade e, de outro lado, com aspectos abstratos e subjetivos. Temos obtido bons resultados com uma combinação de diferentes abordagens que pode ser sintetizada pela Figura 9.1.

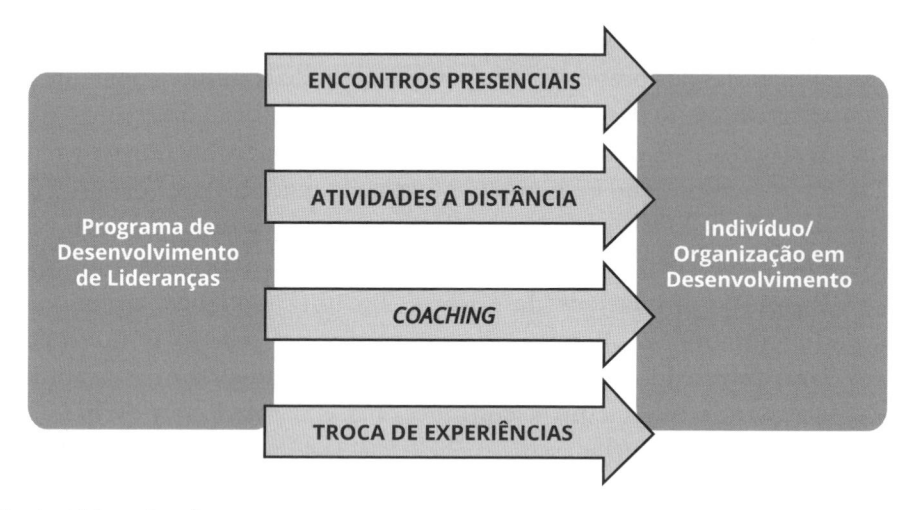

Fonte: Elaborada pelos autores.

FIGURA 9.1 – Abordagens didáticas para desenvolvimento de lideranças.

A ideia é combinar diferentes abordagens didáticas para que criem um efeito sinérgico de modo a estimular e suportar a mudança de comportamento do líder na relação com seu trabalho, com sua equipe, com seus pares, com parceiros internos e externos e com suas chefias imediatas e mediatas. As diferentes abordagens são:

- **O trabalho presencial:** deve ser muito cuidadoso para estimular a reflexão sobre comportamentos individuais sem expor ninguém. Necessita, também, trazer um assunto abstrato para a dimensão do concreto vivido pelos participantes e, principalmente, oferecer instrumentos

para que o participante desenvolva o comportamento tratado na aula. É fundamental que as pessoas saiam dos encontros em condições de exercitarem o que vivenciaram.
- **O trabalho a distância:** deve privilegiar o estímulo a que as pessoas coloquem em prática o que aprenderam nos encontros presenciais. Temos utilizado, para tanto, "diários de bordo". O grande diferencial aqui é tanto a formulação de questões que orientem o exercício quanto o estímulo contínuo, efetuado a distância, para que o participante realize o exercício e reflita sobre o mesmo.
- **Uso de técnicas de *coaching*:** são utilizadas de forma adaptada para pôr foco no desenvolvimento das habilidades comportamentais a serem desenvolvidas. O *coach* tem acesso aos diários de bordo de seu orientado e procura desenvolver um trabalho sobre as dificuldades encontradas por este na aplicação prática dos conceitos, instrumentos e exercícios.
- **A troca de experiências:** é estimulada nas aulas presenciais, como parte da didática. São estimuladas, também, atividades específicas antes das aulas presenciais onde os participantes discutem dificuldades e descobertas vividas nos exercícios propostos nos diários de bordo.

Esse *mix* didático proporciona maior segurança no desenvolvimento comportamental. Os resultados puderam ser comprovados a partir de levantamentos junto aos participantes e suas chefias, do acompanhamento através dos diários de bordo e reuniões com os *coaches*. Além disso, foram realizadas entrevistas, três meses após o término do programa, com os participantes, chefias, subordinados e pessoas-chave no relacionamento com o participante.

Um dado interessante é sobre o tempo após o término do programa para avaliação. A literatura oscila entre um mês a seis meses como prazo ideal para efetuar a avaliação em aspectos comportamentais e nossas experiências apontam para três meses como período ideal. Verificamos que em período superior a três meses as pessoas têm mais dificuldade de relacionar objetivamente mudanças comportamentais com o programa. Quando trabalhamos as pessoas seis meses após o programa, elas demonstravam estar ainda muito gratificadas com o programa e com as contribuições do programa em suas vidas, mas com dificuldades para detalhar ou argumentar em termos mais objetivos seus ganhos. O mesmo ocorreu com as chefias: seis meses depois tinham dificuldades para responder questões mais específicas sobre alterações comportamentais relacionadas ao programa.

9.4.1 ETAPAS DE DESENVOLVIMENTO DO LÍDER

Tivemos a oportunidade de analisar algumas biografias de gestores que saíram da condição de gerentes operacionais e ascenderam para níveis estratégicos em Organizações Públicas e privadas. Curioso notar que, apesar das diferenças entre as organizações, não identificamos diferenças significativas no processo de desenvolvimento dos líderes ao compararmos Organizações Públicas e privadas. Ficamos surpresos ao constatarmos que havia um fio condutor comum nas biografias; embora os nossos entrevistados não tivessem consciência disso, acabaram desenvolvendo estratégias muito parecidas. Esse fato nos proporcionou a estruturação dessas fases e a percepção de que, em cada uma delas, são necessárias competências diferentes. Observamos que os entrevistados passam por três etapas típicas:

- A primeira é a etapa de consolidação na nova posição. O gestor tem muita dificuldade de se desvincular das atribuições e responsabilidades do nível de sua posição anterior. Naturalmente, sente-se melhor lidando com a complexidade de trabalhos que já domina, entretanto isso dificulta a delegação e o desenvolvimento da equipe. Observamos que muitas vezes esse comportamento é reforçado pela chefia, que cobra de seu subordinado uma postura mais técnica do que de gestão. Esta etapa é ilustrada pela Figura 9.2. A grande dificuldade apontada pelos nossos entrevistados para consolidar sua posição é conseguir delegar. Para tanto, têm que desenvolver a equipe ao mesmo tempo em que têm de gerar os resultados demandados por sua nova posição. Nesta etapa, as competências críticas são foco no resultado, desenvolvimento da equipe e delegação.

Etapa 1 – Consolidação na Posição

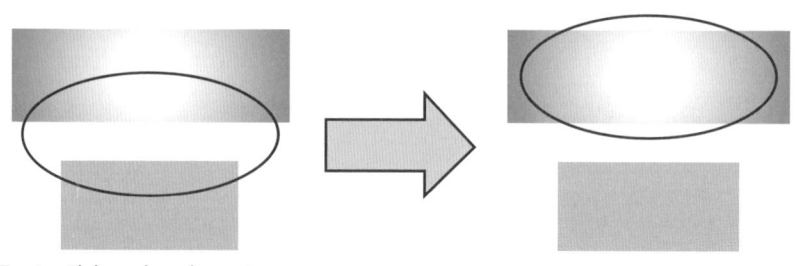

Fonte: Elaborada pelos autores.

FIGURA 9.2 – Etapas típicas do desenvolvimento de um gestor.

- A segunda etapa é caracterizada pela ampliação do espaço político do gestor entre seus pares e superiores. Esta etapa implica desenvolver e/ou aprimorar as interfaces entre áreas complementares. A dificuldade desse tipo de ação implica mais trabalho no curto prazo para o gestor e sua equipe, por isso essa etapa só é iniciada após a consolidação da posição do gestor. Muitas pessoas, quando apresentamos os primeiros resultados da pesquisa, questionaram o ganho de espaço político, dizendo que o espaço é delimitado e se alguém está ganhando alguém está perdendo. Entretanto, o que pudemos constatar nas entrevistas é que os gestores construíram novos espaços políticos, principalmente através da construção de interfaces onde não existiam e, com isso, aprimoraram processos, tornaram as relações entre as equipes mais eficientes e introduziram novos conceitos de gestão. As competências importantes nessa etapa são a ampliação da visão sistêmica e a abertura e sustentação de parcerias, como ilustra a Figura 9.3.

Etapa 2 – Ampliação do Espaço Político

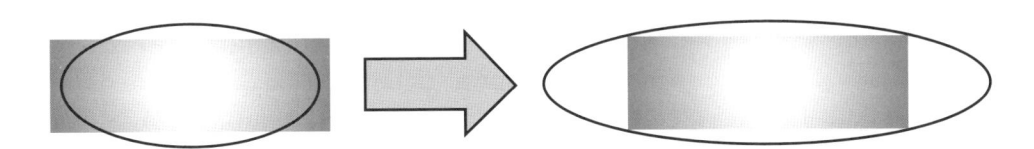

Fonte: Elaborada pelos autores.

FIGURA 9.3 – Etapas típicas do desenvolvimento de um gestor.

- A terceira etapa é o crescimento vertical, ou seja, é quando o gestor recebe delegação de seus superiores. Nessa fase, o gestor assume projetos ou processos que exigem o trânsito em arenas políticas mais exigentes. Dificilmente o gestor receberá delegação se não tiver conseguido construir legitimidade, reconhecimento e trânsito entre seus pares, por isso, dificilmente a terceira fase ocorrerá sem que o gestor tenha conseguido ampliar seu espaço político. Percebemos que, naturalmente, alguém que está no nível estratégico elege gestores no nível tático para atribuir maiores responsabilidades entre seus pares e com algum trânsito no nível estratégico. Nessa etapa, as competências mais importantes são a ampliação da visão estratégica e o desenvolvimento de sucessores para ocupar os espaços que deixará ao assumir atribuições e responsabilidades de maior complexidade, como ilustra a Figura 9.4.

Etapa 3 - Ampliação da Complexidade

Fonte: Elaborada pelos autores.

FIGURA 9.4 – Etapas típicas do desenvolvimento de um gestor.

9.4.1.1 Competências exigidas em cada etapa de desenvolvimento

Essas diferentes etapas e as competências necessárias podem ser resumidas na Figura 9.5. É interessante notar que um gerente tático pode estar em quatro situações diferentes em relação à ocupação de seu espaço e as competências que necessita desenvolver são diferentes. Compreender em que momento se encontra o gestor é importante para auxiliá-lo em seu desenvolvimento.

O reconhecimento dessas etapas ajuda na preparação do gestor para assumir gradativamente maior complexidade em sua posição. Observamos em nossa pesquisa que muitos gestores têm dificuldade de sair da primeira fase. Essa constatação está alinhada com o trabalho desenvolvido por Charan, Drotter e Noel (2009). Muitos líderes têm dificuldades para abandonar suas atribuições no nível anterior quando são promovidos. Foi possível constatar que a maior parte de nossas organizações utiliza de forma inadequada suas lideranças e têm problemas para desenvolvê-las. É por essa razão que vemos boa parte da liderança com dificuldades para sair da primeira fase de desenvolvimento, ou seja, têm dificuldade para consolidar sua posição por acumularem muitas atribuições e responsabilidades do seu nível anterior.

No desenvolvimento da liderança em termos comportamentais, é importante perceber em que estágio está em relação à posição que ocupa na organização.

Verificamos nos trabalhos com as lideranças que há, nas organizações brasileiras públicas e privadas, uma tendência de os gestores levarem para suas novas posições as responsabilidades que tinham no nível anterior (CHARAN; DROTTER; NOEL, 2009). Isso acontece como resultado de dois aspectos: os gestores têm dificuldade de delegar suas responsabilidades anteriores para sua equipe e sentem-se mais confortáveis acumulando as novas e velhas responsabilidades. Esse fenômeno faz com que os gestores tenham dificuldade

CAPÍTULO 9 • Desenvolvimento da Liderança | **233**

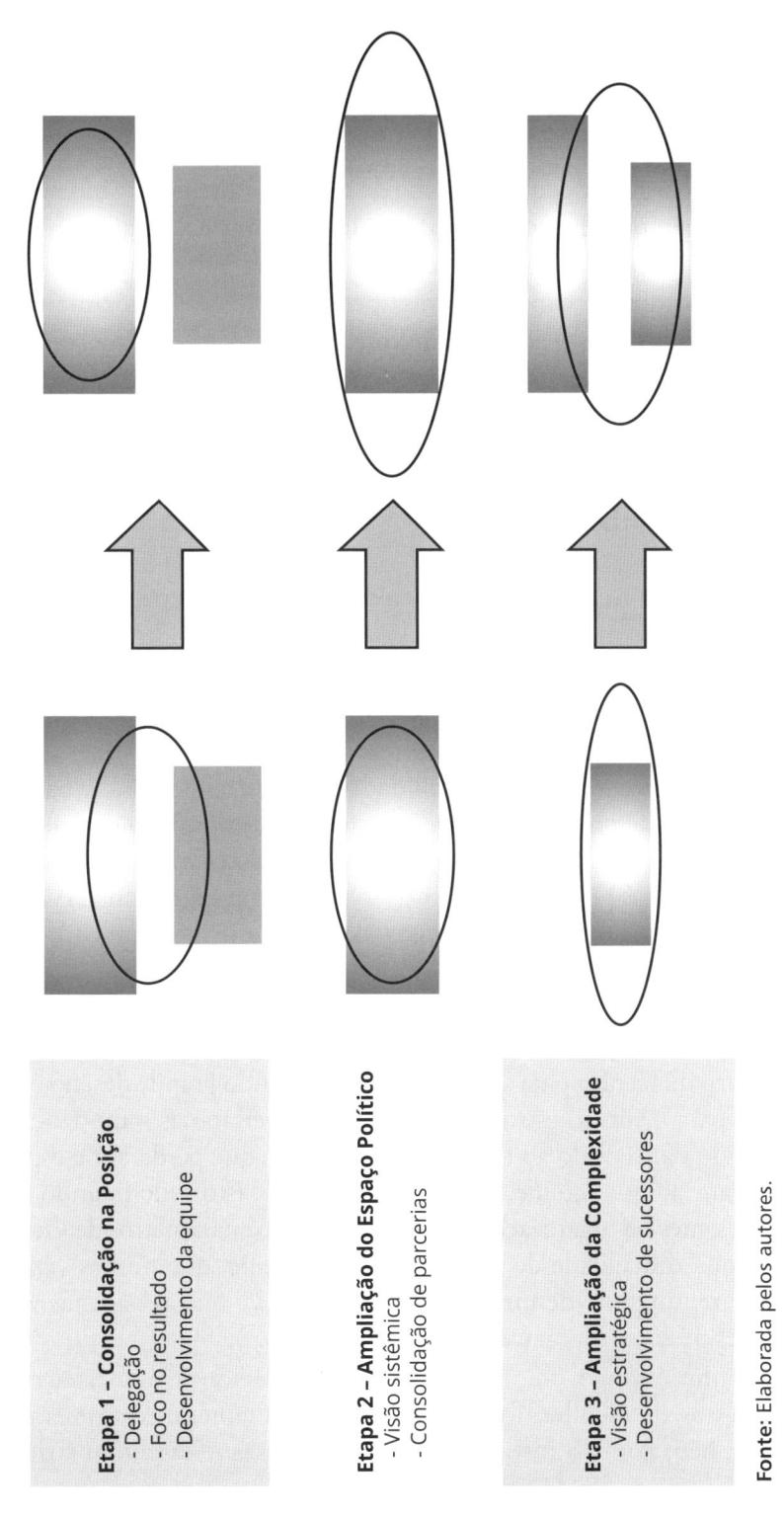

Etapa 1 – Consolidação na Posição
- Delegação
- Foco no resultado
- Desenvolvimento da equipe

Etapa 2 – Ampliação do Espaço Político
- Visão sistêmica
- Consolidação de parcerias

Etapa 3 – Ampliação da Complexidade
- Visão estratégica
- Desenvolvimento de sucessores

Fonte: Elaborada pelos autores.

FIGURA 9.5 – Competências necessárias para cada etapa típica do desenvolvimento de um gerente.

de atuar plenamente em seus níveis de complexidade, acumulando muitas das responsabilidades que deveriam ser exercidas por seus subordinados. Nas empresas, utiliza-se o termo "nivelar por baixo" para expressar esse fenômeno.

O nivelamento por baixo dificulta a preparação de pessoas para o processo sucessório, já que o gestor ocupa o espaço de seu subordinado. Como resultado, o subordinado não percebe com clareza qual é a distância a ser percorrida para ocupar a posição superior. Como o gestor nivela para baixo sua atuação, é comum que o subordinado construa a falsa percepção de estar próximo do nível de responsabilidade de seu gestor. Quando surge uma oportunidade, essa pessoa não consegue compreender por que não foi pensada para ocupar a posição, uma vez que, em sua percepção, já fazia algo muito próximo do exigido.

CONSIDERAÇÕES FINAIS

Como foi enfatizado ao longo deste capítulo, o líder tem um papel fundamental na Gestão de Pessoas nas organizações contemporâneas. Entretanto, face aos aspectos culturais e históricos da realidade brasileira, somente nos últimos anos nossas lideranças foram colocadas frente a frente com a Gestão de Pessoas.

O desenvolvimento de um líder, na atualidade, requer que ele tenha consciência de suas carências em habilidades comportamentais. A habilidade comportamental é desenvolvida através da prática, como qualquer habilidade, entretanto, esse tipo de habilidade exige, para o seu desenvolvimento, o exercício envolvendo outras pessoas. Esse processo não tem uma fórmula. As pessoas têm que achar o seu jeito de fazer as coisas, de modo a se sentirem confortáveis.

Nas Organizações Públicas, os desafios do líderes e gestores são ainda maiores. Em primeiro lugar, como discutimos, pela natureza temporária da posição de gestão, o que traz insegurança na tomada de decisão e dificulta sua migração integral da carreira técnica para a de gestão. Um segundo grande desafio consiste em preparar para o futuro estruturas muitas vezes refratárias a mudanças e ao risco, incluindo dar sentido ao trabalho para pessoas que perderam a esperança e se esqueceram do que significa ser servidor público. Isto tudo lidando com as restrições presentes na organização dos processos e nos parâmetros de Gestão de Pessoas e com a dificuldade de obter adesão da equipe, que muitas vezes vê o líder como fazendo parte de uma *casta de privilegiados* que age apenas visando seus interesses pessoais e a manutenção do *status quo*.

O caminho é longo, mas, certamente, deve envolver o aperfeiçoamento dos processos de escolha, formação e acompanhamento do desempenho da liderança, bem como a instituição de colegiados que discutam e decidam sobre questões organizacionais relevantes. Além de dar segurança às decisões, os colegiados têm-se provado efetivos enquanto ritual para fortalecimento e desenvolvimento do grupo e de seus participantes. Outra ação para minimizar problemas é trabalhar na concepção de estrutura remuneratória e de recompensas (inclusive simbólicas, não financeiras) que valorize tanto o profissional com perfil gerencial quanto aquele com perfil técnico. Dessa forma, evita-se uma excessiva atratividade das posições de gestão e a consequente atração de pessoas sem perfil adequado para seu exercício.

Procuramos, através de nossas experiências, oferecer algumas contribuições para preparar nossa liderança para a Gestão de Pessoas. Essa é uma discussão que deve crescer em nosso país.

BIBLIOGRAFIA DO CAPÍTULO

BALES, R. F. & SLATEr, P. E. Role Differentiation in Small Decision-Making Groups. In PARSONS, T. & BALES, R. F. (Ed.). *Family, Socialisation, and Interaction Processes*. New York: Free Press, p. 259-306, 1955.

BASS, B. M.; BASS, R. *The Bass handbook of leadership*: theory, research & managerial applications. New York: Free Press, 2008.

_____; AVOLIO, B. J. Transformational leadership: a response to critiques. In: CHEMERS M. M.; AYMAN, R. *Leadership theory and research*: perspectives and directions. San Diego: Academic Press, 1993 p. 49-80.

_____. *Leadership and performance beyond expectations*. New York: Free Press, 1985.

BERGAMINI, C. W. *O líder eficaz*. São Paulo: Atlas, 2002.

BHATIA, K. Leadership & leaders are on their way. What do we need to appreciate? *Journal of Leadership Studies*, 2 (2), 66-72, 1995.

BURNS, J. M. *Leadership*. New York: Harper & Row, 1978.

CARONE, E. B. *O pensamento industrial no Brasil (1880-1945)*. Rio de Janeiro: Difel, 1977.

_____. *Evolução industrial em São Paulo*. São Paulo: Senac, 2001.

CASHMAN, K. *Liderança autêntica*: de dentro de si para fora. São Paulo: M. Books, 2011.

CHARAN, R.; DROTTER, S.; NOEL, J. *Pipeline de liderança*: o desenvolvimento de líderes como diferencial competitivo. Rio de Janeiro: Elsevier, 2009.

_____; BOSSIDY, L. *Execução*: a disciplina para atingir resultados. Rio de Janeiro: Campus, 2004.

COVEY, S. R. *Liderança baseada em princípios*. Rio de Janeiro: Campus, 2002.

DA MATTA, R. *Carnavais, malandros e heróis*. Rio de Janeiro: Zahar, 1978.

DEAN, W. *A industrialização de São Paulo*. Rio de Janeiro: Difel, 1971.

DUTRA, J. S. *Administração de carreiras*. São Paulo: Atlas, 1996.

FURTADO, C. *Formação econômica do Brasil*. São Paulo: Nacional, 1977.

GARDNER, J. W. *On leadership*. New York: Free Press, 1993.

GILMORE, T. N. Leadership and boundary management. *Journal of Applied Behavioral Science*, 18, 343-356, 1982.

IBARRA, Hermínia. *Working identity*: unconventional strategies for reinventing your career. Boston: Harvard Business School Press, 2003.

KUHNERT, K. W. Transforming leadership: Developing people through delegation. In BASS, B. M. & AVOLIO, B. J. (Eds.). Improving organizational effectiveness through transformational leadership. Thousand Oaks, CA: Sage, p. 10-25, 1994.

MAXIMIANO, A. C. A. *Teoria geral da administração*: da escola científica à competitividade em uma economia globalizada. São Paulo: Atlas, 2000.

NORTHOUSE, P.G. (Ed.). *Leadership Theory and Practice*. London: Sage, 2004.

OSBORN, R. N.; HUNT, J.G.; JAUCH, L.R. *Organization theory*: an integrated approach. New York: Wiley, 1980.

PARRY, K. W. *Transformational leadership*: developing an enterprising management culture. South Melbourne: Pitman, 1996.

TAVARES, M. C. *Da substituição de importações ao capitalismo financeiro*. Rio de Janeiro: Zahar, 1976.

TERRY, L. D. The leadership management distinction: the domination and displacement of mechanical and organismic theories. *Leadership Quaterly*, 6, 515-527, 1995.

USEEM, M. *O momento de liderar*. São Paulo: Negócio, 1999.

_____. *Liderando para o alto*. São Paulo: Negócio, 2002.

VELHO, G. *Individualismo e cultura*. Rio de Janeiro: Zahar, 1981.

WEBER, M. *A ética protestante e o espírito do capitalismo*. São Paulo: Pioneira, 1987.

10 Processo Sucessório Estruturado

Assista ao vídeo *Processo sucessório estruturado.*

uqr.to/djat

usracavus | iStockphoto

10.1 INTRODUÇÃO

No final dos anos 1990, a discussão do processo sucessório estruturado e do desenvolvimento da liderança era classificada por estudiosos em Gestão de Pessoas como estudos avançados de Gestão de Pessoas. Falávamos de preocupações e práticas raramente encontradas entre nossas organizações. Essas questões ganharam, entretanto, uma grande impulsão ao longo da primeira década dos anos 2000. Em 2010, quando realizamos a primeira pesquisa sobre processo sucessório nas principais organizações brasileiras, ficamos surpresos: 115 empresas entre as 150 melhores para se trabalhar tinham processos sucessórios estruturados e 82% desses processos em um nível avançado de maturidade (OHTSUKI, 2013).

No setor público, o processo sucessório é discutido desde os anos 1990, quando pudemos acompanhar experiências ricas, como, por exemplo, na Caixa Econômica Federal, no início dos anos 1990. Essa experiência foi realizada de forma piloto no Estado de Minas Gerais e depois levada para todo o Brasil. Essa discussão ganha corpo. Outras experiências ocorreram em duas organizações estaduais do setor elétrico nos anos 1990. Mas é somente nos anos 2000 que essa temática toma conta da agenda das Organizações Públicas. Ao analisarmos algumas dessas experiências, observamos uma prática bem diferente da adotada pelo setor privado. Entretanto, tanto Organizações Públicas quanto privadas têm os mesmos objetivos com a estruturação de processos sucessórios: assegurar a qualidade dos seus líderes e gestores.

Ao analisarmos as experiências sobre as bases em que foram assentados os processos sucessórios e os programas de desenvolvimento de lideranças, vemos a importância do conceito de competência como o alicerce que sustenta esses programas. Quando discutimos a contribuição da competência para a reflexão sobre como pensar uma Gestão de Pessoas voltada para o futuro da organização, um ponto de observação privilegiado é analisarmos como as organizações estão escolhendo e preparando suas futuras lideranças, que critérios são utilizados para escolher e preparar as pessoas que irão construir a empresa do amanhã, conforme discutimos no Capítulo 9.

Desde o final da primeira década dos anos 2000 temos acompanhado, também, processos sucessórios em carreiras técnicas e funcionais. A lógica do processo de identificação e preparação de sucessores nessas trajetórias é muito diversa da lógica em trajetórias gerenciais. Essas questões estão muito presentes nas Organizações Públicas que atuam nos setores de energia elétrica, saneamento, petróleo, finanças e tecnologia de informação.

Este capítulo é dedicado à apresentação das práticas na estruturação dos processos sucessórios para a gestão, bem como à discussão do processo sucessório nas trajetórias técnicas e funcionais, algo ainda incipiente em nossas organizações, mas que tem possibilitado grande aprendizado sobre o desenvolvimento desses profissionais em suas trajetórias.

10.2 EVOLUÇÃO DO PROCESSO SUCESSÓRIO ESTRUTURADO

A sucessão é um processo que está sempre presente nas organizações, mas somente nos últimos anos vem sendo trabalhado de forma mais estruturada. No trabalho desenvolvido por Ohtsuki (2013) são apontadas três abordagens para compreender como se deu a evolução da reflexão sobre a sucessão:

- **Planejamento de reposição**: um dos primeiros estágios da estruturação do processo sucessório nas organizações é o planejamento de reposição, pelo qual os executivos seniores identificam, dentre seus reportes diretos e indiretos, seus sucessores. A abordagem centrada na reposição tem como premissas a baixa competitividade do ambiente das organizações; a estabilidade da estrutura organizacional e dos processos internos; a estabilidade no trabalho; e resignação por parte dos servidores com as determinações de carreira estabelecidas pela organização (LEIBMAN; BRUER; MAKI, 1996; WALKER, 1998).
- **Planejamento sucessório com ênfase no desenvolvimento**: considera a avaliação de pessoas como a espinha dorsal dessa abordagem, porque, além de tornar a escolha dos candidatos mais objetiva e transparente, permite conhecer as necessidades de desenvolvimento dos indivíduos, propor ações que possam atender essas necessidades e integrar os processos de planejamento sucessório e de desenvolvimento. As necessidades de desenvolvimento e as ações para atender essas necessidades são igualmente orientadas pelo mesmo conceito. As pessoas são desenvolvidas para atuar em uma posição específica, com ênfase nos aspectos técnicos do trabalho (METZ, 1998).
- **Planejamento sucessório com ênfase nas necessidades estratégicas da organização:** para a maioria dos autores estudados, o planejamento sucessório deve ser abordado como um conjunto de normas e procedimentos claros e objetivos, que leve em conta as necessidades estratégicas da organização e, ao mesmo tempo, integre práticas de Gestão de Pessoas, formando um *sistema de gestão sucessória* ao invés de apenas gerar um plano sucessório como é o caso das abordagens anteriores (DUTRA, 2010; LEIBMAN; BRUER; MAKI, 1996; MABEY; ILES, 1992; METZ, 1998; RHODES; WALKER, 1987; ROTHWELL, 2010; TAYLOR; MCGRAW, 2004; WALKER, 1998). Nesse enfoque, a abrangência do processo sucessório é determinada pelo nível de importância crítica das posições. São consideradas posições críticas todas as posições de gestão ou técnicas que, se mantidas vagas, poderiam inviabilizar a realização da estratégia da organização (ROTHWELL, 2010).

Ohtsuki (2013) construiu uma comparação entre essas três abordagens, apresentada no Quadro 10.1.

QUADRO 10.1 – Comparativo das abordagens sobre sucessão

Estruturação do Processo Sucessório	Abordagem		
	Reposição	Desenvolvimento	Alinhamento com a Organização
Premissa	Estabilidade	Estabilidade	Mudança
Objetivo	Identificar *backups*	Desenvolver indivíduos para posições específicas	Desenvolver *pool* de talentos
Posições consideradas	Posições executivas seniores	Todas as posições de liderança	Posições críticas
Critérios de escolha dos candidatos	Informais e subjetivos	Descrição do cargo	Competências estratégicas
Desenvolvimento	Não há preocupação	Para o cargo	Para agregar valor para a organização
Processo	Rígido e pontual	Rígido e pontual	Flexível e dinâmico
Comunicação	Confidencial	Controlada	Ampla

Fonte: Ohtsuki (2013), com base em Dutra (2010), Friedman (1986), Groves (2007), Hall (1986), Leibman, Bruer e Maki (1996), Metz (1998) e Rothwell (2010).

Observamos que as Organizações Públicas de segmentos que exigem um conhecimento técnico para a sua gestão têm maior preocupação com a sucessão em posições gerenciais. Nesse caso, para evitar a ingerência de políticos na indicação de posições de comando, algumas organizações criaram proteção através de seus estatutos ou dos Planos de Cargos, em que a indicação para posições gerenciais (ou, pelo menos, para parte delas) pode contemplar apenas profissionais de carreira, ou seja, profissionais admitidos a partir de concursos públicos e que atendam requisitos de formação e experiência na organização. Observamos, também, a preocupação de algumas Organizações Públicas em estabelecer critérios de acesso a posições gerenciais. Com a maior complexidade das organizações e um nível crescente de pressão da sociedade e/ou do Estado para maior efetividade, eficiência com menores custos, a qualidade da gestão ganha importância para a sobrevivência da Organização Pública. Nesse sentido, identificar servidores com o perfil para assumir responsabilidades de gestão e prepará-los para tal vem trazendo para a agenda a estruturação do processo sucessório. Entendemos que as Organizações Públicas caminham para um processo sucessório mais alinhado com a terceira abordagem, ou seja, com ênfase nas estratégias da organização.

10.3 IMPACTO DO PROCESSO SUCESSÓRIO ESTRUTURADO NA PERENIDADE DA ORGANIZAÇÃO

Rothwell (2005) e Rothwell et al. (2005) desenvolveram pesquisas em 1993, 1999 e 2004 sobre a importância da estruturação de processos sucessórios. Nelas, foram apontadas as 13 principais razões para se realizar essa estruturação, as quais o autor sintetiza em seis benefícios:

- Criação de critérios que permitem identificar e trabalhar pessoas que possam oferecer para a organização uma contribuição diferenciada para o desenvolvimento e/ou sustentação de vantagens competitivas. O uso contínuo desses critérios permite seu aperfeiçoamento, constituindo-se em filtros importantes para captação, desenvolvimento e valorização de pessoas que possam fazer diferença. Esses critérios, de outro lado, contribuem para atrair e reter pessoas que se sintam valorizadas e percebam um horizonte de desenvolvimento profissional.
- O processo estruturado permite uma ação contínua na identificação e no preparo das futuras lideranças. Essa ação educacional continuada permite o aprimoramento das lideranças para a organização, assegurando, ao longo do tempo, lideranças cada vez mais bem preparadas para os desafios a serem enfrentados pela empresa ou negócio.
- Estabelecimento de uma ligação segura entre o presente e o futuro da organização, ou seja, através de um processo estruturado, as transições de liderança são efetuadas sem haver interrupção do projeto de desenvolvimento organizacional, oferecendo segurança para empregados, acionistas, clientes e formadores de opinião no mercado onde a empresa atua.
- Definição de trajetórias de carreira para as lideranças atuais e futuras, sinalizando o que a organização espera em termos de contribuições e entregas, bem como quais são os critérios para ascensão na carreira. Dessa forma, as pessoas sabem o que podem esperar da organização em termos de horizonte para o seu desenvolvimento e como se preparar.
- Alinhamento entre o desenvolvimento das pessoas e as necessidades da organização por meio de um processo estruturado de sucessão, de modo a atender as necessidades futuras da organização.
- A preparação das futuras lideranças permite uma oxigenação contínua, oferecendo diferentes percepções sobre os espaços ocupados e novos espaços para a organização.

Em nossas experiências com as organizações brasileiras, verificamos que esses benefícios são também percebidos por aqui. Observamos que a caracterização das competências e critérios de valorização das lideranças tiveram um grande amadurecimento a partir da implantação de processos sucessórios estruturados. O mesmo ocorreu com o processo de avaliação de pessoas. A avaliação é importante para a indicação de sucessores e há um efeito sinérgico entre a avaliação e o processo sucessório, sendo que ambos se influenciam mutuamente criando um círculo virtuoso.

Para a estruturação do processo e sua consolidação, Rothwell (2005) aponta dez passos fundamentais:

- **Passo 1** – Posicionamento do núcleo de poder da organização. O passo inicial é o suporte político das pessoas que comandam a organização, materializado no apoio explícito do Conselho e/ou presidente. Esse suporte político ocorrerá se o processo sucessório conseguir traduzir as prioridades e principais expectativas dos principais dirigentes da organização.
- **Passo 2** – Estabelecimento das competências exigidas e critérios de valorização das lideranças. A partir desses critérios, é possível identificar pessoas que possam ocupar a posição de gestão para a organização e contribuir de forma efetiva para o desenvolvimento dela;
- **Passo 3** – Criação de processos de avaliação do desenvolvimento que possibilite a orientação do desenvolvimento das lideranças e a formação de consenso em relação às pessoas que podem ser indicadas e preparadas para assumir no futuro posições de liderança.
- **Passo 4** – Implantação de um sistema de avaliação de *performance* no qual as lideranças possam ser estimuladas a aprimorar de forma contínua a sua contribuição para os objetivos e estratégias organizacionais.
- **Passo 5** – Identificação de pessoas com potencial de desenvolvimento e que possam assumir com facilidade responsabilidades e atribuições de maior complexidade.
- **Passo 6** – Estabelecimento de planos individuais de desenvolvimento, construídos com o objetivo de trabalhar tanto lacunas existentes entre a *performance* atual e a esperada quanto lacunas para assumir responsabilidades e atribuições de maior complexidade.
- **Passo 7** – Implantação e acompanhamento do plano individual de desenvolvimento, lembrando que 70% desse processo ocorre no dia a dia do trabalho executado pela pessoa.
- **Passo 8** – Mapeamento preliminar dos sucessores a partir dos processos de avaliação e da resposta das pessoas ao plano individual de desenvolvimento.

- **Passo 9** – Construção do mapa sucessório entre os gestores e dirigentes da organização e de compromissos com a preparação das pessoas indicadas para a sucessão. Rothweell (2005) assinala que aqui está o *calcanhar de aquiles* do processo sucessório, porque essa atividade é relegada para um segundo plano. Cabe assinalar aqui a importância da criação de um ritual para a construção do mapa sucessório e para elaboração das ações de desenvolvimento dele decorrentes.
- **Passo 10** – Avaliação contínua dos resultados obtidos com a preparação dos sucessores, análise dos processos de sucessão ocorridos na organização, avaliação do nível de aproveitamento dos talentos indicados e preparados para as posições que se abrem na organização e ganhos de efetividade por parte da organização a partir do processo sucessório implantado.

O trabalho de Rothwell é importante por se basear em pesquisas e em sua vivência, e os passos descritos alertam para a necessidade de processos estruturados de sucessão.

10.4 ESTRUTURAÇÃO TÍPICA DO PROCESSO SUCESSÓRIO EM ORGANIZAÇÕES BRASILEIRAS

A preocupação com a sucessão para posições críticas sempre esteve presente nas organizações, mas na maior parte delas é administrada de forma intuitiva e a portas fechadas. A estruturação do processo sucessório ganha importância em um ambiente mais competitivo. As organizações tomam consciência de que não podem colocar a organização ou a sua estratégia em risco por falta de pessoas preparadas para assumir posições de liderança ou técnicas.

No acompanhamento de vários processos ocorridos no Brasil, tanto em organizações privadas de capital nacional ou internacional quanto em Organizações Públicas, verificamos que caminharam para a divisão da sucessão em duas partes, como se fossem dois processos dialogando continuamente. Um deles trata do mapa sucessório e o outro trata do desenvolvimento das pessoas capazes de assumir posições de maior nível de complexidade. O mapa sucessório é um exercício estratégico e visa avaliar qual a capacidade da organização de repor pessoas em posições críticas. Esse processo é confidencial por gerar um conjunto de informações e posicionamentos voláteis, como, por exemplo: verifico que tenho três pessoas prontas para uma determinada posição e consigo estabelecer uma ordenação dessas pessoas em função de seu nível de adequação, mas no momento de efetivar a sucessão percebo que, por causa de mudanças no contexto, os critérios que foram utilizados no mapa sucessório devem ser alterados. Por isso, as informações do mapa sucessório não devem ser divulgadas, pois podem gerar expectativas irreais.

Ao lado do mapa sucessório, é fundamental o contínuo estímulo, suporte e monitoramento do desenvolvimento das pessoas. O foco do desenvolvimento não é o aumento da eficiência das pessoas em suas posições, mas a preparação delas para posições de maior complexidade. Esse processo deve ser claro e transparente; é muito importante construir uma cumplicidade entre a pessoa e a organização no processo de desenvolvimento. Para isso, a pessoa deve saber para o que está sendo preparada. Nesse caso, a informação a ser transmitida para a pessoa não é a de que ela está sendo preparada para a posição X ou Y, mas de que está sendo preparada para uma posição de maior nível de complexidade, a qual será definida em função das necessidades da organização que o futuro irá determinar.

10.4.1 CARACTERIZAÇÃO E USO DO MAPA SUCESSÓRIO

O mapa sucessório é um exercício estratégico para verificar:

- quais são as pessoas em condições para assumir atribuições e responsabilidades em níveis de maior complexidade;
- a capacidade da organização de desenvolver pessoas para assumir posições mais exigentes;
- as principais fragilidades na sucessão para posições críticas, ou seja, para aquelas posições que possam afetar a sobrevivência ou desenvolvimento da organização.

A base para a construção do mapa sucessório é a clareza por parte da organização sobre quais são as competências exigidas e os critérios de valorização das futuras lideranças (ROTHWELL, 2005), caso contrário o processo pode conduzir à reprodução do *status quo*, como, por exemplo: se a organização valoriza lideranças que alcancem resultados desprezando os meios utilizados por elas para sua obtenção, pode continuar a privilegiar a escolha de futuras lideranças com o mesmo perfil, estando desse modo sempre voltada para o aqui e agora e sacrificando seu amanhã.

Para ilustrar a composição do comitê de sucessão, é apresentado o exemplo de uma das organizações pesquisadas na Figura 10.1.

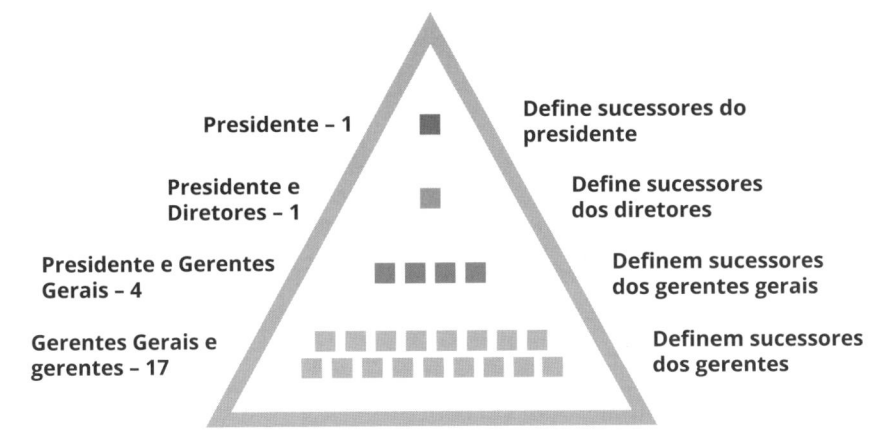

```
                    Presidente – 1              ■     Define sucessores do
                                                      presidente

                 Presidente e                   ■     Define sucessores
                 Diretores – 1                        dos diretores

           Presidente e Gerentes          ■ ■ ■ ■     Definem sucessores
           Gerais – 4                                 dos gerentes gerais

           Gerentes Gerais e         ■ ■ ■ ■ ■ ■ ■    Definem sucessores
           gerentes – 17             ■ ■ ■ ■ ■ ■ ■    dos gerentes
```

Fonte: Desenvolvida pelos autores com base em experiência prática.

FIGURA 10.1 – Exemplo de formação de comitês de sucessão.

Para a reunião, devem ser levadas informações detalhadas sobre todas as pessoas cogitadas como eventuais sucessores. Durante a discussão, emergem informações fundamentais para orientar o desenvolvimento das pessoas que estão sendo cogitadas como sucessores.

10.4.2 PROCESSO DE CONSTRUÇÃO DO MAPA SUCESSÓRIO

A discussão sobre o mapa sucessório deve ser, idealmente, um processo colegiado. Esse colegiado é normalmente chamado de comitê de sucessão e constituído pelos níveis responsáveis pelas posições sobre as quais se irá discutir, como, por exemplo: a indicação de sucessores para diretores da organização deve ser realizada entre o presidente e os diretores, a sucessão do presidente deve ser feita entre o conselho de administração e o presidente.

A construção do mapa sucessório deve ser um ritual exercitado periodicamente. Recomenda-se que sejam estabelecidos intervalos nunca superiores a um ano, onde são repassadas as pessoas capazes e em condições de serem preparadas para as posições críticas da organização ou negócio. Esse ritual é composto de várias etapas que podem variar em função da cultura e do desenho organizacional. A seguir, descrevemos as etapas típicas dos processos pesquisados no Brasil:

- **Etapa 1** – Processo de identificação de todas as pessoas consideradas aptas ou em condições de serem preparadas para ocupar posições críticas dentro da organização. A identificação dessas pessoas pode ser efetuada em reuniões gerenciais, pelos gestores individualmente, ou ser proveniente dos resultados de sistemas institucionalizados de avaliação, os quais, geralmente, abrangem todas as pessoas da organização.

- **Etapa 2** – Filtro inicial de pessoas cogitadas para o processo sucessório. Este filtro pode ocorrer a partir da análise de consistência dos resultados dos processos de avaliação ou das indicações, observando, por exemplo, se os indicados apresentam a experiência ou os requisitos mínimos estabelecidos.
- **Etapa 3** – Reunião dos comitês de sucessão. A constituição dos comitês normalmente é definida por áreas de afinidade, envolvendo um número de sete a nove pessoas. Como mencionado, participam os gestores que irão avaliar pessoas capazes de assumir posições equivalentes às suas na organização e os superiores hierárquicos desses gestores. Inicia-se com uma discussão sobre os critérios a serem utilizados para avaliar as pessoas indicadas para sucessão. Esses critérios consideram, normalmente, os seguintes aspectos:
    - nível de desenvolvimento da pessoa, ou seja, o quanto está pronta para assumir responsabilidades e atribuições de maior complexidade;
    - consistência da *performance* ao longo do tempo, ou seja, se a pessoa atingiu de forma consistente os objetivos negociados com a organização;
    - comportamento adequado, ou seja, se a pessoa apresentou um relacionamento interpessoal, uma atitude diante do trabalho e um nível de adesão aos valores da organização dentro de padrões adequados na opinião dos avaliadores;
    - potencial para assumir novos desafios, geralmente analisado a partir de velocidade de aprendizado, comportamento diante de desafios, inovações apresentadas em seu trabalho;
    - aspectos pessoais, tais como: idade, disponibilidade para mobilidade geográfica, conhecimentos específicos etc.;
    - nível de prontidão, ou seja, avalia se a pessoa está pronta para assumir imediatamente a posição para a qual está sendo analisada ou se ela deve ser preparada para poder assumir futuramente essa posição. Neste caso, procura-se avaliar em quanto tempo ela estará pronta.

Nessa etapa, os avaliadores podem discutir a inclusão de pessoas que não haviam sido pensadas previamente e, se for o caso, retirar do processo pessoas que foram indicadas e que não apresentem as características desejadas ou por estarem vivendo situações que a impediriam de serem cogitadas ou preparadas. Após essas ações preliminares, as pessoas são avaliadas uma a uma e o resultado final dos trabalhos do comitê deve ser:

- indicação de pessoas para o processo sucessório;
- avaliação de cada possível sucessor quanto ao seu nível de preparo para assumir responsabilidades e atribuições de maior complexidade;
- indicação de uma ordem de prioridade das posições a serem ocupadas pelos sucessores escolhidos;
- recomendação de ações de desenvolvimento e acompanhamento para cada um dos sucessores escolhidos;
- estabelecimento de indicadores de sucesso no desenvolvimento de cada um dos sucessores escolhidos;
- avaliação de aspectos que possam vir a restringir o desenvolvimento dos sucessores escolhidos e as ações para minimizar ou eliminar esses aspectos.

A Figura 10.2 ilustra o desenho de um possível mapa sucessório. Nele, podemos identificar os potenciais sucessores para cada posição analisada e seu nível de prontidão. Um mesmo profissional pode ser considerado para mais de uma posição, como é o caso da profissional Maria José na ilustração abaixo, que está sendo cogitada tanto para a gerência administrativa quanto para a gerência financeira. Além disso, o mapa evidencia as posições para as quais não há previsão de sucessores prontos no curto prazo, como a gerência jurídica, demandando ação.

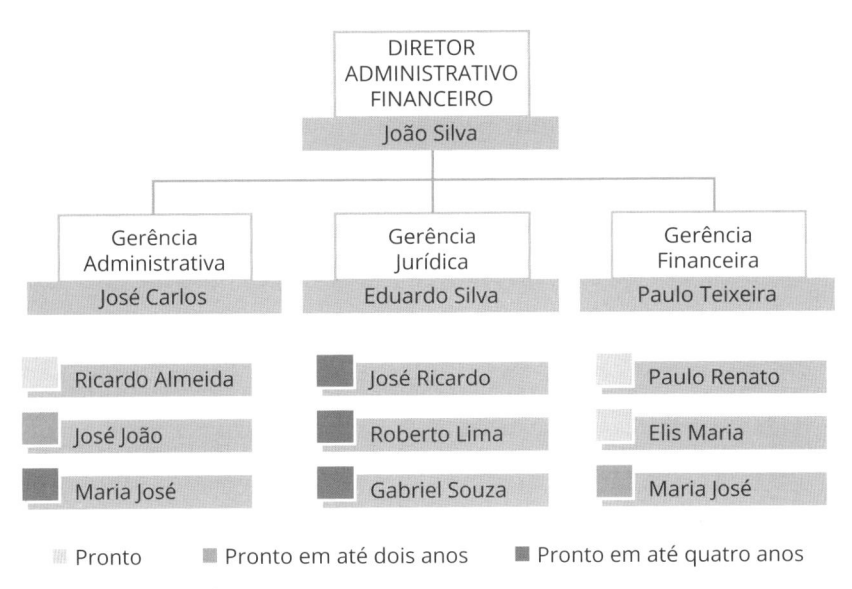

```
                    DIRETOR
                ADMINISTRATIVO
                  FINANCEIRO
                   João Silva
        ┌──────────────┼──────────────┐
     Gerência        Gerência       Gerência
  Administrativa     Jurídica      Financeira
    José Carlos    Eduardo Silva  Paulo Teixeira

  Ricardo Almeida   José Ricardo   Paulo Renato
    José João      Roberto Lima     Elis Maria
    Maria José    Gabriel Souza    Maria José
```

■ Pronto   ■ Pronto em até dois anos   ■ Pronto em até quatro anos

Fonte: Elaborada pelos autores.

FIGURA 10.2 – Exemplo de mapa sucessório.

- **Etapa 4** – A validação do mapa sucessório será sempre efetuada em, pelo menos, um nível acima dos gestores que participaram do comitê de sucessão. Isso é importante para que seja construído o suporte político para o processo de escolha dos sucessores. A consolidação do mapa deve abranger a organização como um todo e possibilitar que a alta direção visualize as situações críticas, tais como: posições onde não há sucessores internos, níveis de comando onde não há sucessores ou, ainda, uma quantidade muito reduzida de sucessores frente às necessidades da organização ou negócio. Essas informações permitirão uma reflexão estratégica sobre a Gestão de Pessoas, tais como: aceleração do desenvolvimento, alternativas de preenchimento das posições com comissionados vindos de fora da organização e/ou a preparação das lideranças para desenvolvimento de sucessores.
- **Etapa 5** – Um dos principais resultados do exercício dos comitês de sucessão é a indicação de ações de desenvolvimento para cada um dos sucessores escolhidos. Durante o processo, surgem considerações e informações importantes para orientar a construção de um programa de desenvolvimento individual para os sucessores. É importante que haja sistematização dessas informações e sejam estabelecidos compromissos em torno do desenvolvimento dos sucessores, incluindo a especificação do(s) responsável(is) pelo suporte para a realização dessas ações.
- **Etapa 6** – O mapa sucessório deve ser um instrumento indicativo para a efetivação da sucessão. No momento em que um processo de sucessão for iniciado, deve ser ponderada a especificidade da situação e a indicação da melhor pessoa para aquela posição que, nem sempre, é a pessoa que está em primeiro lugar na ordem de prioridade no mapa sucessório. Deve-se ter clareza que o propósito de construção do mapa sucessório é servir como exercício para estabelecer a ação sobre as pessoas, prepará-las para a sucessão e construir uma visão das fragilidades da organização em relação a pessoas internas capazes de dar continuidade a programas e estratégias. Não é propósito do mapa "carimbar" quem será ou não escolhido para a posição, afinal, a realidade é dinâmica e deve-se dar autonomia para que a escolha considere as necessidades e prioridades do momento.

A seguir apresentamos a Figura 10.3, mostrando as etapas típicas de um processo sucessório. Recomenda-se que seja um processo contínuo e que essas etapas estejam amarradas a uma agenda anual. Dessa forma, o ritual proposto para a construção do mapa sucessório é absorvido pela organização com naturalidade.

Ciclo do Programa de Sucessão

Fase I:
- Definição de filtros e instrumentos adicionais
- Guia de funcionamento do Programa
- Preparação individual (gestor)

Fase II:
- Validação dos potenciais candidatos com os gestores
- Realização dos Comitês
- Sistematização dos resultados das discussões em Comitês

Fase III:
- Planejamento e execução das ações decorrestes dos Comitês
- Acompanhamento e análise
- Definição das posições abrangidas
- Composição dos Comitês

Fonte: Elaborada pelos autores.

FIGURA 10.3 – Etapas para a construção do mapa sucessório.

10.4.3 DESDOBRAMENTOS DO MAPA SUCESSÓRIO

No mapa sucessório, para cada posição-chave da organização, podem ser indicadas as seguintes informações:

- **Pessoas consideradas aptas ou em condições de serem preparadas:** organizadas em prioridade pelo nível de preparo ou pelo perfil para a posição. Normalmente são associadas, para cada pessoa indicada, as seguintes informações: idade, tempo na posição atual, formação, domínio de idiomas, disponibilidade para movimentação geográfica, nível de desenvolvimento, *performance*, adequação comportamental, avaliação do comitê quanto a potencial e nível de prontidão, recomendações advindas de avaliação externa quando existentes (por exemplo, resultados de mapeamento de perfil ou análise de potencial), histórico na organização, aspirações profissionais e pessoais, programa de desenvolvimento individual contratado entre a pessoa e a organização.
- **Situação da posição:** normalmente são associadas a cada posição-chave as seguintes informações: nível de importância estratégica da posição para o momento da organização, quantidade e qualidade das

pessoas indicadas para a posição, disponibilidade de pessoas externas para ocupar a posição (neste caso, pode haver um mapeamento em outras Organizações Públicas das pessoas interessantes que possam ser cedidas ou contratadas como comissionados), possibilidade de desdobramento da posição em duas ou mais posições e, nesse caso, possíveis ocupantes para as posições desdobradas.

- **Projeção da demanda:** por posições em casos de expansão da organização. Nesse caso, são considerados normalmente os seguintes aspectos: quadro projetado por função e local; análise das principais lacunas e ações preventivas; avaliação dos riscos e impactos da falta de pessoas para suportar a expansão; avaliação de fontes de suprimento alternativas.

Se além do mapa sucessório tivermos essas informações estruturadas, elas servirão de guia para a tomada de decisões e, no caso de situações inesperadas, permitirão maior velocidade na formação de consenso e posicionamento.

10.5 CONSTRUÇÃO DE AÇÕES DE DESENVOLVIMENTO DIRIGIDAS À FORMAÇÃO DE SUCESSORES

Enquanto o mapa sucessório é algo confidencial e deve ser tratado com grande reserva, os programas de desenvolvimento devem ser negociados e bem transparentes. É fundamental construir com as pessoas uma cumplicidade em relação ao seu desenvolvimento, pois somente dessa forma haverá comprometimento delas em relação ao processo. O que temos visto nas organizações é a proposta de desenvolver todas as pessoas que se mostrarem em condições e dispostas a fazê-lo, independentemente de estarem ou não no mapa sucessório. No entanto, observamos que as organizações que estruturaram processos sucessórios passaram a assumir um posicionamento mais proativo no preparo das pessoas, estimulando-as a assumirem atribuições e responsabilidades de complexidade crescente e, ao mesmo tempo, trabalhando as lideranças para oferecerem as condições concretas para que isso ocorra.

Na lógica de pensarmos a preparação das pessoas para o amanhã, é interessante observarmos como desafiar cada integrante da equipe dentro de sua capacidade. Em nossas pesquisas sobre a liderança no Brasil (DUTRA, 2010), observamos que as lideranças bem-sucedidas tinham como característica o fato de manterem toda a sua equipe desafiada; mas, infelizmente, constatamos que a maior parte das lideranças pesquisadas se apoiava em uma ou duas pessoas de sua equipe, estimulando o desenvolvimento somente dessas pessoas e marginalizando as demais do processo de desenvolvimento. Constatamos que há uma grande quantidade de pessoas subutilizadas nas organizações: uma capacidade instalada que está sendo colocada à margem das ações de desenvolvimento.

Notamos, ainda, que o processo sucessório pode ser fonte importante de informação para complementar os planos de desenvolvimento dos profissionais, desta vez tendo em vista não apenas a adequação para a posição em que se encontram, mas também a preparação para novos desafios. Tendo em vista que o preparo das pessoas para posições de gestão depende de muita exposição prática, o processo sucessório constitui em fórum no qual se cria um compromisso com o desenvolvimento e, portanto, as condições e o suporte necessários para que ele de fato ocorra. Caso contrário, a exposição a situações mais exigentes sem suporte pode gerar frustração e uma sensação de incapacidade, fazendo com que a pessoa se retraia para novas experiências. Ao prepararmos as pessoas para uma situação gerencial, devemos oferecer para essas pessoas projetos ou atividades que tenham tanto demandas técnicas ou funcionais quanto demandas políticas.

As demandas políticas colocarão as pessoas em contato com a arena política da organização; nesse caso, é fundamental que a pessoa receba orientação para conseguir ler o contexto onde estará situada e encontrar uma forma de se relacionar com ele, preservando o seu jeito de ser, a sua individualidade. Embora essa constatação pareça óbvia, é algo normalmente esquecido pelos gestores, particularmente quando se está preparando alguém para o processo sucessório.

Por essas razões, a definição de competências e as entregas exigidas nos diferentes níveis de complexidade auxiliam os gestores e as pessoas na estruturação e acompanhamento do desenvolvimento, sendo possível mensurar o quanto a pessoa está assumindo de forma efetiva atribuições e responsabilidades de maior complexidade, com que nível de dificuldade, com que velocidade e quais são as ações para reorientar ou reforçar seu desenvolvimento.

A construção e o acompanhamento dos planos de desenvolvimento são de responsabilidade da chefia imediata, que poderá ou não contar com apoio de áreas internas ou especialistas externos. Não é algo simples de se fazer e, muitas vezes, é relegado a um segundo plano. Uma prática interessante que observamos em algumas organizações foi colocar na agenda das reuniões ordinárias das diretorias e gerências a cobrança das ações de desenvolvimento e os seus resultados. Por isso é interessante, no mapa sucessório, criar indicadores de sucesso para os planos individuais de desenvolvimento para permitir seu monitoramento de forma coletiva. Essa prática faz com que os gestores coloquem em suas agendas, por consequência, o acompanhamento do plano individual de desenvolvimento de seus subordinados.

Outra prática que vale a pena destacar é a análise do cumprimento do plano de desenvolvimento, da qualidade das ações e dos resultados obtidos, pois são insumos importantes para avaliar o nível de comprometimento da pessoa com o seu desenvolvimento. Outra análise interessante é verificar se essa qualidade é transportada para os planos de desenvolvimento de sua equipe de trabalho. Essas práticas colocam os planos de desenvolvimento individual em um patamar elevado de importância para todos os gestores da organização.

10.5.1 PAPÉIS NO DESENVOLVIMENTO DE SUCESSORES

Embora a construção de um plano individual de desenvolvimento seja conjunta, envolvendo a pessoa e seu gestor, cabe à pessoa a responsabilidade por sua realização e ao gestor auxiliá-la nesse processo, conciliando os interesses da pessoa com os interesses da organização e criando as condições objetivas para a concretização do plano.

O foco do plano individual de desenvolvimento é permitir à pessoa condições de assumir atribuições e responsabilidades de maior complexidade. Esse foco justifica-se porque, na perspectiva da pessoa, ao lidar com níveis de complexidade crescente, estará aumentando seu nível de compreensão das demandas do contexto sobre si em um círculo virtuoso, pois com isso estará mais habilitada a lidar com maior complexidade (DUTRA; DUTRA, 2016; STAMP; STAMP, 1989). Na medida em que a pessoa passa a incorporar atribuições e responsabilidades de maior complexidade, está em um processo de desenvolvimento profissional e pessoal.

Na perspectiva da organização, ao lidarem com situações mais complexas as pessoas ampliam sua contribuição para a organização. Assumindo que uma das poucas coisas que podemos afirmar em relação ao futuro é que as organizações serão cada vez mais complexas em termos tecnológicos, das relações organizacionais e das relações com o contexto, podemos assumir que necessitarão de pessoas capazes de lidar com níveis crescentes de complexidade.

Observamos, nos anos 1990 e em algumas experiências nos anos 2000, Organizações Públicas que criaram um *pool* de sucessores que tinham acompanhamento diferenciado. O objetivo desse *pool* era garantir o desenvolvimento de seus integrantes e uma avaliação mais frequente. Nessas organizações, o pacto entre os dirigentes e gestores era que as pessoas escolhidas para posições gerenciais necessitavam vir desse *pool*. Essa prática foi sendo muito criticada pelos próprios servidores como um processo de discriminação e sobre os critérios de escolha para fazer parte do *pool*. Atualmente, essa prática é menos utilizada. É mais comum observar nas Organizações Públicas práticas individualizadas, ou seja, ações de desenvolvimento adequadas às características de cada servidor.

Para mais informações sobre as ações de desenvolvimento, ver Capítulo 5 – Desenvolvimento Profissional e Pessoal.

10.5.2 ASPECTOS COMPORTAMENTAIS DO PROCESSO SUCESSÓRIO

A literatura sobre processo sucessório pouco explora um aspecto fundamental: as emoções e aspectos comportamentais associados. A literatura e o relato de casos privilegiam a identificação e preparação de sucessores e praticamente não tratam da pessoa a ser sucedida. Verificamos que a preparação de pessoas para assumir posições de maior complexidade é muito exigente em relação ao gestor dessas pessoas. Essa exigência se deve ao fato de que a maior parte das ações de desenvolvimento envolve uma ação conjunta da pessoa e de seu gestor.

O aspecto mais importante do preparo de uma pessoa para lidar com situações mais complexas é colocá-la frente a frente com a situação; isso significa que, quando se está preparando um gerente tático para assumir uma gerência estratégica, é necessário colocá-lo em atividades que impliquem o seu trânsito na arena estratégica, quer seja pela coordenação de projetos estratégicos para a organização, quer seja assumindo responsabilidades de um gestor estratégico. De qualquer modo, o gestor dessa pessoa tem que, de um lado, orientá-la a ler o contexto estratégico da organização e dar respostas para as demandas desse contexto e, de outro lado, preparar seus pares e sua chefia para receber seu subordinado e avaliá-lo em sua capacidade de transitar pelo nível estratégico. Essas duas atividades são consumidoras de tempo e exigem uma grande generosidade do gestor na transferência de sua experiência e sabedoria para o subordinado.

Essa ação de preparação de pessoas para posições de maior complexidade faz com que o gestor se sinta, em muitos momentos, ameaçado, sem o amparo de seus pares e de seu superior e, também, não reconhecido pelo próprio subordinado que está preparando. Lidar com essas sensações, que nem sempre refletem a realidade dos fatos, é muito difícil, particularmente quando o gestor não tem interlocutores para discutir essas sensações. Recomenda-se que, no processo sucessório, haja um trabalho especializado, realizado por pessoal interno ou externo, de suporte aos gestores na preparação de seus subordinados para o processo sucessório. Recomenda-se, ainda, que um gestor não trabalhe ao mesmo tempo mais do que duas pessoas para o processo sucessório, em função do desgaste emocional e do tempo a ser despendido.

Algumas organizações têm discutido como incluir, no processo de valorização dos gestores, o seu sucesso em processos de preparação de seus subordinados para sucessão. A valorização desses gestores é fundamental, mesmo porque nem todos apresentam facilidade para a preparação de futuras lideranças. Os gestores que têm a capacidade de preparar futuras lideranças devem ser diferenciados pela organização e valorizados.

Acompanhamos o relato de casos de organizações australianas e neozelandesas que instituíram grupos de discussão e acompanhamento para os gestores que estavam desenvolvendo futuras lideranças, onde eram discutidas e trabalhadas as dificuldades individuais e onde se analisava a estrutura oferecida pela organização para facilitar o trabalho desses gestores. Os resultados são muito interessantes no aperfeiçoamento dos processos sucessórios e na preparação das futuras lideranças.

10.6 PROCESSO DE SUCESSÃO EM TRAJETÓRIAS TÉCNICAS E FUNCIONAIS

Quando nos referimos à sucessão em trajetórias de carreira técnicas ou funcionais, estamos falando de identificar e preparar sucessores capazes de absorver o conhecimento técnico ou funcional e dar continuidade aos projetos estratégicos da organização. Pensamos, portanto, em pessoas capazes de crescer técnica ou funcionalmente em áreas críticas de conhecimento para as estratégias da organização. O mapa sucessório pode ser organizado por tecnologias críticas, áreas de conhecimento, por projetos de desenvolvimento ou outros critérios críticos.

A identificação de pessoas para o processo sucessório se dará em função do ritmo de desenvolvimento e dedicação das pessoas e de sua disposição para investir na carreira técnica ou funcional. Essas pessoas necessitarão de orientação para aperfeiçoamento em seu conhecimento técnico ou funcional e uma estrutura de reconhecimento e valorização desse conhecimento. Uma prática que cresce nesse contexto são os trabalhos de tutoria (algumas organizações chamam de mentoria técnica) que podem, inclusive, ter como um de seus objetivos ajudar as pessoas envolvidas e a organização a formarem a convicção de que a trajetória técnica é a melhor alternativa para o profissional.

Nos casos em que há uma carreira técnica de alta complexidade, com posições que se equivalem em *status* e remuneração a posições de gestão, é importante o rigor no acesso às posições mais elevadas. Caso contrário, se essas posições forem ocupadas por servidores em função de seu tempo na organização, a posição será desvalorizada. A falta de exigências para acesso a posições técnicas de alto nível pode levar, também, a um uso político dessas posições de forma a favorecer determinados servidores, destruindo sua utilidade.

O processo de preparação de especialistas técnicos pode envolver uma parte da capacitação da pessoa fora da organização, através de estímulos e suporte a cursos técnicos ou a programas de pós-graduação *stricto sensu* (mestrado e/ou doutorado acadêmicos). Há outra parte da preparação que é composta pela transmissão de conhecimentos de pessoas mais seniores para as pessoas indicadas para sucessão. A parte interna de preparação irá exigir tempo das pessoas transmissoras do conhecimento e das pessoas receptoras do conhecimento. Esse tempo é significativo e pode ter influência nas operações da organização. Por essa razão, são poucas as organizações que conseguem estruturar esse processo de forma adequada.

Por ser um processo custoso, é muito importante que a organização tenha claro quais áreas do conhecimento são cruciais e para as quais vale a pena conduzir processos estruturados de sucessão para posições técnicas.

10.6.1 APRENDIZADOS COM OS PROCESSOS SUCESSÓRIOS EM TRAJETÓRIAS TÉCNICAS E FUNCIONAIS

Ao acompanharmos processos sucessórios nessas trajetórias de carreira, obtivemos muitos aprendizados, mas gostaríamos de destacar dois deles, para nós os mais significativos.

O primeiro foi em uma empresa de tecnologia brasileira com operações internacionais e durante três anos tentamos viabilizar um programa de tutoria para transmitir conhecimentos críticos. Elegemos como público-alvo as pessoas mais próximas da decisão entre as trajetórias gerencial e técnica, pessoas que estavam na forquilha do "Y"; todas as pessoas eleitas já possuíam nível de mestrado e 40% de doutorado. Seus tutores eram pessoas nos níveis mais elevados da carreira técnica e com previsão de aposentadoria nos cinco anos seguintes. Tinham como missão fazer a transferência de conhecimentos críticos para a organização.

Se perguntássemos aos tutorados se possuíam uma visão sistêmica da tecnologia envolvida nos produtos da organização, todos diriam que sim, mas, ao longo do processo de orientação e transmissão de conhecimentos, perceberam que não tinham essa visão. Esse fato surpreendeu a todos os envolvidos, tanto os membros de nossa equipe quanto as pessoas da organização que estavam coordenando o processo.

Analisando o que havia ocorrido, levantamos algumas possibilidades e a mais provável é que as pessoas tiveram uma formação ampla em seu curso de graduação. Ao entrarem na organização, foram se especializando em algumas áreas e atividades tecnológicas e quando foram realizar o mestrado e doutorado continuaram focados em suas especialidades. Sem perceberem, foram perdendo a visão sistêmica e não se deram conta porque estavam atendendo as demandas da organização, que exigia foco na especialidade, e porque formaram uma rede de relacionamentos dentro da especialidade onde atuavam.

Essa constatação nos levou a algumas reflexões sobre a mobilidade das pessoas em trajetórias técnicas e funcionais, as quais compartilhamos a seguir:

- Os profissionais nessas trajetórias são levados a buscar um nicho de trabalho e de especialização. Isso é importante para criar identidade profissional, segurança e referências para o desenvolvimento. Ao fazê-lo, obtêm um crescimento mais rápido em suas carreiras porque conseguem mobilizar seus conhecimentos e habilidades de forma cada vez mais complexa. Em que momento devem voltar-se novamente para incrementar uma visão sistêmica sobre sua atividade? Essa é uma questão importante, porque se não fizerem esse movimento correm o risco de limitar seu desenvolvimento.
- Para organizações de base tecnológica, essa visão sistêmica é crucial. Quando a organização está nascendo, é natural que as pessoas desenvolvam essa visão, porque estão trabalhando ou interagindo com o processo como um todo, mas quando passa a assumir uma dimensão muito grande o conhecimento técnico ou funcional torna-se mais denso e há maior exigência de especialização.
- Os participantes do processo de preparação tinham em mente a trajetória gerencial. Em nossa consulta inicial, 72% tinham preferência pela trajetória gerencial. Isso se devia ao fato de esses profissionais terem os seus gerentes como modelos, pois não tinham um contato regular com profissionais técnicos em níveis mais avançados na trajetória. Após os trabalhos de tutoria, apenas 15% continuava com a preferência pela trajetória gerencial. O contato com profissionais mais experientes criou outro modelo de referência. Embora a trajetória técnica da organização tivesse forma bem especificada, seus níveis e padrões salariais, os profissionais técnicos não tinham ideia sobre o que era ser um profissional mais graduado nessas trajetórias.

Por meio dessa experiência procuramos verificar se o mesmo ocorria em outros tipos de organizações e constatamos fenômenos semelhantes. Essa constatação reforçou a ideia de que há necessidade de oferecer maior espaço político para os profissionais que estão nos braços técnicos ou funcionais do "Y". Na experiência analisada, se os profissionais mais experientes fossem os responsáveis pelo desenvolvimento dos profissionais técnicos ou funcionais, haveria melhor dosagem entre o conhecimento altamente especializado e a visão sistêmica. Ao subordinar inteiramente os profissionais técnicos aos gerentes, estes direcionam os esforços da equipe em função dos resultados que necessitam apresentar. Desse modo, o foco vai privilegiando o curto prazo em sacrifício do longo prazo. Em uma empresa que vive da inovação tecnológica, isso pode resultar em um gradativo enfraquecimento, sem que a empresa se dê conta.

O segundo aprendizado foi a resistência cultural da organização ao processo de escolha e preparação dos sucessores técnicos e funcionais. A escolha foi feita inicialmente através da indicação dos gestores e posteriormente referendada pelos tutores. A primeira constatação é que se conhecia pouco das pessoas que atuavam nas trajetórias técnicas e funcionais. Muitas das pessoas pensadas pelos gestores para sucessão técnica e funcional eram as que eles também indicavam para serem seus sucessores.

Quando se iniciou o processo de tutoria, os gestores ficaram surpresos com o tempo a ser despendido no processo. Na organização onde realizamos os trabalhos, os conhecimentos a serem transmitidos eram de grande complexidade, por essa razão foram eleitas pessoas com uma boa e sólida formação técnica e teórica. Para transmitir esse conhecimento, eram necessárias reuniões semanais de duas a quatro horas de duração por um período de dois anos. Isso implicava que tutor e orientado se ausentassem de suas posições de trabalho e os gestores não estavam preparados para tanto.

Nessa experiência, o grande problema para viabilizar o processo foi a resistência dos gestores que, naquele momento, estavam muito pressionados por resultados. A viabilização do processo demorou um longo tempo e se deu a partir do momento em que se obteve uma negociação com os gestores em relação à forma e ao conteúdo do processo de preparação das pessoas.

10.7 ALGUNS DESAFIOS ADICIONAIS PARA A GESTÃO DO PROCESSO SUCESSÓRIO NAS ORGANIZAÇÕES PÚBLICAS

Rothwell (2005), ao analisar a realidade americana, desenha um quadro preocupante com o processo sucessório, no qual um quinto dos executivos das maiores empresas estará em condições de aposentadoria nos próximos anos, assim como 80% dos executivos seniores e 70% da média gerência no serviço público e 50% de toda força de trabalho do governo federal. No caso da realidade americana, esse cenário preocupa porque não há pessoas preparadas para assumir essa lacuna. No caso brasileiro, embora nossa realidade seja diferente por causa de nossa demografia, temos muitos motivos para nos preocuparmos com o processo sucessório.

Aqui, somos impulsionados a trabalhar o processo sucessório na medida em há pressão da população mais jovem para a aposentadoria precoce de executivos na faixa dos 50 aos 65 anos, tanto na iniciativa privada quanto no setor público. Entra na pauta o desafio de trabalhar a preparação para a saída desses profissionais, de modo a que seja planejada, e como criar o processo de transferência de conhecimentos e sabedoria para a população mais jovem. No setor público, temos visto programas de incentivo ao desligamento voluntário, mas raramente programas estruturados de preparação para aposentadoria e que envolvam o planejamento pessoal e familiar prévios.

Outro desafio típico do setor público consiste em, no momento da nomeação a cargos em comissão, respeitar os critérios definidos. Isso não significa não considerar a natureza política das escolhas, afinal, trata-se de cargos de confiança, mas de assegurar que a escolha seja realizada entre profissionais que estejam preparados para os desafios da nova posição. Para isso, a clareza dos critérios é fundamental. Dessa forma, escolhas que não respeitem os critérios estabelecidos tendem a gerar uma exposição extremamente negativa do tomador de decisão.

Cabe, no entanto, o cuidado para não engessar demais os critérios de escolha, pois, nesses casos, podemos estar impedindo a organização de realizar escolhas condizentes com as suas necessidades. Recentemente, para uma organização pública federal, definimos um determinado percentual de vagas para os cargos de gestão que deveriam ser preenchidos obrigatoriamente por profissionais de carreira. No entanto, previu-se um percentual que poderia ser preenchido por profissionais internos ou externos, dando flexibilidade para o caso de os desafios dessa organização demandarem o convite a profissionais externos que possam trazer uma experiência singular, não existente na empresa. A flexibilidade para trazer novas experiências do mercado, seja vinda de profissionais oriundos ou não do setor público, pode ser fundamental, sobretudo para aquelas Organizações Públicas que se encontram em ambientes exigentes e dinâmicos.

CONSIDERAÇÕES FINAIS

A estruturação do processo sucessório e a preocupação sistemática com o desenvolvimento de lideranças, sejam gerenciais ou técnicas, aprimora os critérios de avaliação, decisões sobre pessoas e ações de gestão dessas pessoas. Os filtros pelos quais essas pessoas são selecionadas são continuamente aprimorados, porque as decisões são sistematicamente realizadas de forma estruturada e colegiada, gerando um aprendizado coletivo e progressivo, sendo internalizado na cultura organizacional.

BIBLIOGRAFIA DO CAPÍTULO

ANTONELLO, C. S. *Alternativa de articulação entre programas de formação gerencial e as práticas de trabalho*: uma contribuição no desenvolvimento de competências. 2004. Tese (Doutorado) – Universidade Federal do Rio Grande do Sul, Porto Alegre.

_____. A metamorfose da aprendizagem organizacional: uma revisão crítica. In: RUAS, R.; ANTONELLO, C. S.; BOFF, L. H. *Aprendizagem organizacional e competências*. Porto Alegre: Bookman, 2005.

_____. Desenvolvimento de projetos e aprendizagem nas organizações. In: ANTONELLO, C. S.; GODOY, A. S. *Aprendizagem organizacional no Brasil*. Porto Alegre: Bookman, 2011.

DUTRA, J. S. Processo sucessório. In: DUTRA, J. S. (Org.). *Gestão de carreira na empresa contemporânea*. São Paulo: Atlas, 2010. p. 1-19.

_____. *Competências:* conceitos, instrumentos e experiências. São Paulo: Gen/Atlas, 2016.

_____; DUTRA, T. A. *Gestão do processo sucessório*. São Paulo: Atlas, 2016.

_____; FLEURY, M. T. L.; RUAS, R. *Competências*: conceitos, métodos e experiências. São Paulo: Atlas, 2008.

EBOLI, M. Educação e modernidade nas organizações: desafio de implantar sistemas educacionais competitivos. In: EBOLI, M. *Universidades corporativas*. São Paulo: Schmukler, 1999.

_____. *Educação corporativa no Brasil*: mitos e verdades. São Paulo: Gente, 2004.

_____; FISCHER, A. L.; MORAES, F. C. C.; AMORIM, W. A. C. *Educação corporativa*: fundamentos, evolução e implantação de projetos. São Paulo: Atlas, 2010.

FRIEDMAN, S. D. Succession systems in large corporations. *Human Resource Management*, v. 25, n. 2, p. 191-213, jan. 1986.

GROVES, K. S. Integrating leadership development and succession planning best practices. *Journal of Management Development*, v. 26, n. 3, p. 239-260, 2007.

HALL, D. T. Dilemmas in linking succession planning to individual executive learning. *Human Resource Management*, v. 25, n. 2, p. 235-265, 1986.

KOLB, D.; RUBIN, I.; MCINTYRE, J. *Psicologia organizacional*. São Paulo: Atlas, 1990.

LEIBMAN, M.; BRUER, R. A.; MAKI, B. R. Succession management : the next generation of succession planning. *People and Strategy*, v. 19, n. 3, p. 16-30, 1996.

MABEY, C.; ILES, P. The strategic integration of assessment and development practices: succession planning and new manager development. *Human Resource Management Journal*, v. 3, n. 4, p. 16-34, 1992.

METZ, E. J. Designing succession systems for new competitive realities. *People and Strategy*, v. 21, n. 3, p. 31-38, 1998.

NONAKA, I.; TAKEUCHI, H. *Criação de conhecimento na empresa*. Rio de Janeiro: Campus, 1997.

OHTSUKI, C.H. *A gestão sucessória em empresas não familiares no Brasil*: um estudo de caso. 2013. Dissertação (Mestrado) – Faculdade de Economia, Administração e Ciências Contábeis, USP, São Paulo.

RHODES, D. W.; WALKER, J. W. Management succession and development planning. *Human Resource Planning*, v. 7, n. 4, p. 157-175, 1987.

ROTHWELL, W. J. *Effective succession planning*. New York: Amacom, 2005.

_____; JACKSON, R. D.; KNIGHT, S. C.; LINDHOLM, J. E.; WANG, W. A.; PAYNE, T. D. *Career planning and succession management*. Westport: Praeger, 2005.

RUAS, R. Desenvolvimento de competências gerenciais e a contribuição da aprendizagem organizacional. In: FLEURY, M. T.; OLIVEIRA JR., M. (Org.). *Gestão estratégica do conhecimento*. São Paulo: Atlas, 2001.

_____. *Gestão das competências gerenciais e a aprendizagem nas organizações*. Documento preliminar preparado como material de apoio aos Cursos de Extensão do Programa de Pós-Graduação e Pesquisas em Administração da UFRGS, Porto Alegre, 2002.

_____. Gestão por competências: uma contribuição à estratégia das organizações. In: RUAS, R.; ANTONELLO, C. S.; BOFF, L. H. *Aprendizagem organizacional e competências*. Porto Alegre: Bookman, 2005.

_____; ANTONELLO, C. S. Repensando os referenciais analíticos em aprendizagem organizacional: uma alternativa para análise multidimensional. *Revista de Administração Contemporânea*, Curitiba: Anpad, v. 7, n. 3, 2003.

STAMP, G.; STAMP, C. The individual, the organizational and the path to mutual appreciation. *Personnel Management*, p. 1-7, July 1989.

TAYLOR, T.; MCGRAW, P. Succession management practices in Australian organizations. *International Journal of Manpower*, v. 25, n. 8, p. 741-758, 2004.

WALKER, J. W. Perspectives: do we need successon planning anymore ? *People and Strategy*, v. 21, n. 3, p. 9-12, 1998.

11 Balanço do Estado da Arte e Prática em Gestão de Pessoas na Administração Pública

Assista ao vídeo *Balanço do estado da arte e prática em gestão de pessoas na administração pública.*

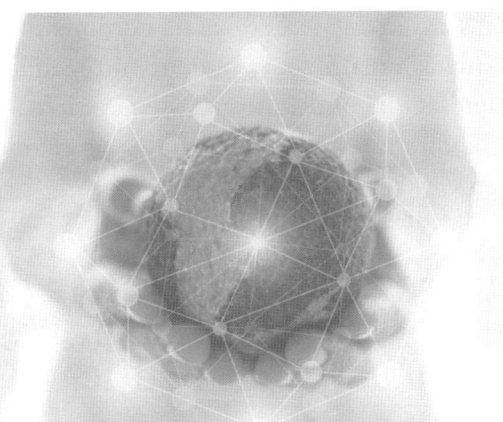

uqr.to/djau

utah778 | iStockphoto

11.1 INTRODUÇÃO

Neste capítulo serão trabalhadas as tendências e desafios para a Gestão de Pessoas na administração pública. Uma parte dessa reflexão é oriunda de eventos reunindo professores e profissionais da área de Gestão de Pessoas e de pesquisas realizadas nos últimos anos, a outra parte advém da literatura recente sobre o posicionamento da Gestão de Pessoas frente às transformações no contexto e ambiente onde as organizações se situam.

O objetivo deste capítulo não é simplesmente especular em relação ao futuro da Gestão de Pessoas, mas lançar questões para reflexão. Essas questões devem servir de guias para futuros trabalhos sobre o assunto e para que tanto as organizações quanto as pessoas preparem-se para aproveitar as oportunidades propiciadas pelo amanhã e para evitar ou minimizar as possíveis ameaças escondidas ou camufladas nas tendências.

As questões ligadas à Gestão de Pessoas têm como característica fundamental a subjetividade, sendo sujeitas a diversas interpretações e diferentes formas de tratamento pelas organizações. Por essa razão, faz-se necessária uma discussão sobre suas tendências e desafios de forma estruturada e incansável. Somente desse modo desenvolveremos uma visão mais arguta e crítica sobre a realidade.

Acreditamos que o futuro nos reserva, de um lado, a satisfação de construir novos rumos e caminhos para a Gestão de Pessoas e, de outro, um enorme trabalho na revisão de premissas, conceitos, práticas e ferramentas. Para auxiliar tal trabalho, este capítulo analisará as tendências do contexto e seus impactos sobre a Gestão de Pessoas na administração pública, discutirá possíveis ações que as organizações podem empreender para fazer frente a esses impactos e apresentará os desafios na preparação das pessoas e da organização. Finalmente, apontará estudos e trabalhos acadêmicos que tratam de temas avançados em Gestão de Pessoas.

11.2 TRANSFORMAÇÕES NO AMBIENTE E SEU IMPACTO NA GESTÃO DE PESSOAS NA ADMINISTRAÇÃO PÚBLICA

As organizações, de forma natural e espontânea, estão alterando sua forma de gerir pessoas para atender as demandas e pressões provenientes do ambiente externo e interno. Essa reação natural e espontânea tem padrões comuns que caracterizam um novo modelo de Gestão de Pessoas, os quais foram apresentados ao longo do livro.

Podemos prever algumas transformações no contexto que impactarão a Gestão de Pessoas na administração pública, dentre as quais destacamos:

- transformações demográficas;
- transformações tecnológicas;
- ciclos de carreira mais curtos;
- valorização crescente do equilíbrio entre vida e trabalho.

11.2.1 DEMOGRAFIA BRASILEIRA E SEUS IMPACTOS NA GESTÃO DE PESSOAS

O Brasil apresenta uma demografia muito particular, semelhante somente à de alguns países latino-americanos. Temos uma explosão de nascimentos no período de 1970 a 1985. Posteriormente, temos muitos nascimentos, mas em intensidade relativamente menor e, após os anos 2000, um decréscimo mais acentuado nos nascimentos.

Através das informações prestadas pelo IBGE – Instituto Brasileiro de Geografia e Estatística (BRASIL, 2010), com base no censo realizado em 2010, verificamos que aproximadamente 33% da população tinha mais de 40 anos, ou seja, a maior parte de nossa população era formada por jovens no ano da realização do censo. As projeções do IBGE para os próximos anos são de decréscimo da população jovem e um crescimento da população com mais de 40 anos. Se ao longo das duas primeiras décadas dos anos 2000 valorizamos o jovem, como uma força renovadora em nossas organizações, esse quadro passa a se transformar ao longo da década de 2020 e, possivelmente, na década de 2030 passemos a valorizar a maturidade.

A principal questão é que, na década de 2030, a "cabeça da onda" de nascimentos no Brasil estará com mais de 60 anos e iniciaremos um período onde não haverá reposição de mão de obra, já que desde o começo deste século temos um decréscimo acentuado nos nascimentos.

11.2.2 TRANSFORMAÇÕES TECNOLÓGICAS E SEU IMPACTO NA ORGANIZAÇÃO DO TRABALHO

A tecnologia tem criado impactos na organização do trabalho, sendo dois deles dignos de registro. O primeiro é o crescimento do trabalho a distância. Na pesquisa de 2009 das Melhores Empresas para se Trabalhar[1], observamos que 69% das organizações relatavam oferecer trabalho a distância. Algumas Organizações Públicas de administração indireta já reportam o crescimento do trabalho a distância e desde o início dos anos 2000 temos vários exemplos em secretarias da fazenda estaduais e no judiciário.

O outro impacto tecnológico é o crescimento dos serviços compartilhados. Tais serviços se caracterizam pela concentração de atividades de mesma natureza, gerando economia de escala. Inicialmente observamos a concentração

---

[1] Guia VOCÊ S/A – As 150 Melhores Empresas para Trabalhar, pesquisa realizada pela equipe da revista em parceria com a Fundação Instituto de Administração (FIA). Mais informações: <https://exame.abril.com.br/carreira/conheca-as-150-melhores-empresas-para-trabalhar-de-2018>. Acesso em: 2018.

Fonte: Brasil, IBGE (2010).

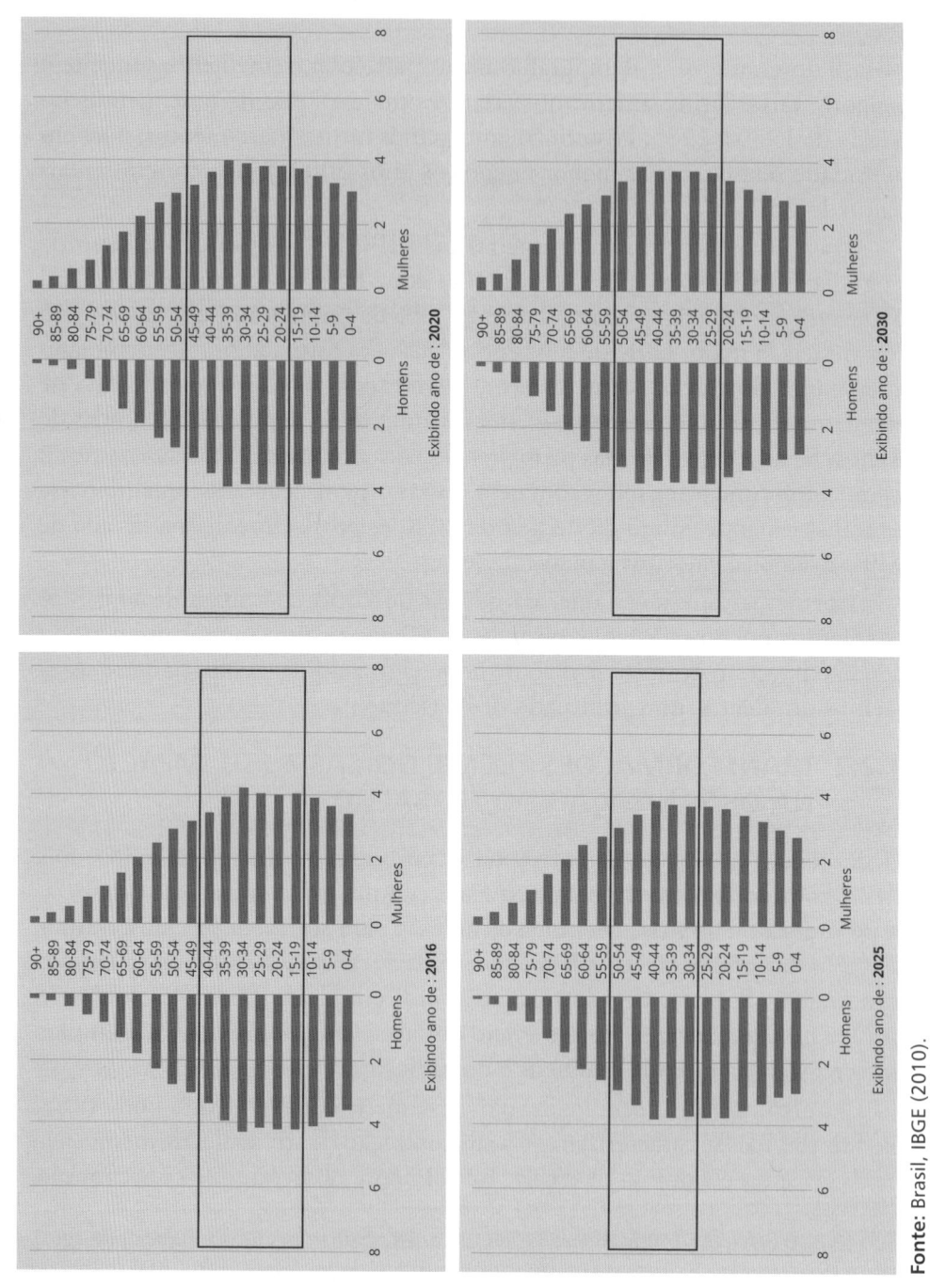

FIGURA 11.1 – Distribuição Demográfica no Brasil.

de trabalhos repetitivos na empresa, tais como folha de pagamentos, contabilidade e contas a pagar e a receber, para, posteriormente envolverem também atividades ligadas a questões fiscais e tributárias, caixa único, serviços de contratação e treinamento e a cadeia de suprimentos. Os serviços compartilhados podem gerar uma economia de 20% a 30% das despesas operacionais. Por essa razão, têm grande disseminação no setor privado e, neste momento, verificamos sua extensão para o setor público. Nos países europeus e nos EUA, observamos a busca de ganhos de escala do setor público e a disseminação dos centros compartilhados de prestação de serviços. No Brasil, observamos movimentos dessa natureza no judiciário e na estruturação das secretarias de alguns Estados.

O trabalho a distância e os serviços compartilhados têm o potencial para gerar grandes transformações na forma de organização do trabalho e para ampliar a complexidade na Gestão de Pessoas. Entretanto, outro aspecto vem se mostrando relevante: o questionamento da organização funcional do trabalho. As estruturas matriciais, por processo e por projetos mostram-se muito mais efetivas do que as funcionais na busca de economia de escala em nível global e uso mais racional da capacidade humana instalada. Na administração pública brasileira temos muitas resistências ao abandono das estruturas funcionais, mas observamos propostas mais modernas nos setores de petróleo, energia elétrica e saneamento. A eficiência demonstrada por essas estruturas no setor privado deve pressionar sua adoção no setor público. Os novos tipos de estrutura organizacional gerarão necessidade de maior mobilidade dos servidores, reforçando a ideia de cargos amplos para evitar o desvio de função. A maior mobilidade é gerada porque nas estruturas matriciais os servidores passam a pertencer a diversas estruturas de trabalho e de comando ao mesmo tempo. Com isso, desenvolvem diversos papéis e ocupam diversos espaços políticos. Nas estruturas por processo, todos os servidores estão focados nos resultados e intentos do processo, tendo que assumir trabalhos diversos, transitando entre atividades-fim e atividades-meio. Nas estruturas por projeto, os servidores são organizados em torno de projetos, e a expectativa é, também, que eles estejam focados no projeto, podendo assumir diferentes papéis.

Essas mudanças implicam uma nova forma de se olhar as pessoas na organização. As pessoas, atualmente, são referenciadas por meio de seus cargos/funções ou de sua posição no organograma. Porém, fica a questão: na medida em que cargos/funções e organogramas perdem seu valor como referência, o que será utilizado para ajudar as pessoas na estruturação da relação com seu trabalho, com sua carreira e com a organização? Os conceitos de competência e complexidade serão os pontos de apoio para essa nova realidade.

Assistimos desde o início da segunda década do século ao crescimento da inteligência artificial e ao uso dos computadores cognitivos. Desde 2015 observamos o uso desses computadores em nossas organizações ingressando por duas portas de entrada: o setor judiciário e o setor da saúde. No primeiro, os computadores estão sendo utilizados para emitir pareceres jurídicos dentro de matrizes de análise previamente estabelecidas, acelerando o trabalho dos tribunais e potencializando o trabalho de advogados. No segundo, os computadores estão sendo utilizados para a realização de diagnósticos médicos, acelerando o serviço e oferecendo um recurso que possibilita maior precisão.

Podemos antever que o computador cognitivo gerará grandes transformações na forma como o trabalho é organizado. Um efeito mais imediato será o trabalho especializado com um grande apoio dessa tecnologia e a criação de novos papéis para os profissionais. Em Gestão de Pessoas a utilização de *people analytics*[2] possibilitará a oferta de soluções mais direcionadas às características e necessidades de cada profissional, contribuindo para a conciliação de expectativas entre organização e pessoas.

11.2.3 CICLOS DE CARREIRA MAIS CURTOS E MAIOR VELOCIDADE NO DESENVOLVIMENTO DAS PESSOAS

Nos anos 1990, iniciamos uma pesquisa sobre a velocidade das pessoas em suas trajetórias de carreira, acompanhando uma tendência de estudos nos países desenvolvidos. Naturalmente, constatamos que a velocidade de ascensão era maior nos anos 1990 em relação aos anos 1980. Esses resultados, entretanto, apresentavam viés, pois havíamos experimentado grandes transformações em nossa realidade ao longo dos anos 1990, principalmente com a abertura de nosso mercado. Apesar da frustração na discussão sobre aceleração de carreira, descobrimos algo muito interessante: os ciclos de carreira.

O ciclo de carreira significa o crescimento da pessoa em atribuições e responsabilidades de mesma natureza até um momento em que ela não vê mais perspectivas. Usando uma metáfora, a pessoa "bate com a cabeça no teto". O ciclo é medido pelo crescimento do nível de complexidade das atribuições e responsabilidades até um momento em que não há mais perspectiva de crescimento, quer na organização, quer no mercado de trabalho. Essa situação causa na pessoa uma natural angústia. A pessoa fica dividida: de um lado, gosta e se realiza com o que faz e, do outro, não tem mais futuro naquele tipo de trabalho.

---

[2] *People analytics*: processo revolucionário de coleta, organização e análise de dados sobre o comportamento e o desenvolvimento interno de funcionários, visando contribuir para a tomada de decisão da organização, antecipando tendências e aprimorando a estratégia (WABER, 2013).

Observamos, ao longo dos anos 1990, que o ciclo de carreira era de 20 a 25 anos em pessoas da geração dos *baby boomers* (pessoas nascidas do final da década de 1940 ao final da década de 1960). Essas pessoas, ao fecharem o ciclo, estavam próximas da aposentadoria e sentiam o fechamento do ciclo como algo natural. Na primeira década dos anos 2000, observamos que a geração X (pessoas nascidas do final da década de 1960 ao início da década de 1980), que entra no mercado de trabalho nos anos 1990, tem seu ciclo entre 15 e 18 anos. Essa redução do tempo de ciclo de carreira repercutiu em fechamentos de ciclo, no final da primeira década de 2000, por volta dos 40 anos de idade.

Esse fato trouxe para as organizações um novo desafio: pessoas jovens para a aposentadoria e já no final de suas carreiras. A alternativa de criar na organização mais espaço para essas pessoas é muito limitada. A saída tem sido ajudar as pessoas a transitarem para outras trajetórias de carreira. Temos observado que as organizações fazem esse movimento de forma reativa, mas o número de situações deve crescer. Acreditamos que a geração que entrou no mercado a partir do final da primeira década dos anos 2000 terá um ciclo ainda menor, de 12 a 15 anos, agravando ainda mais esse quadro.

O Brasil tem uma situação crônica de escassez de mão de obra especializada, fato amenizado com a crise de meados da segunda década do presente século. Essa situação impõe maior preocupação com atração e retenção e com o desenvolvimento das pessoas para assumirem posições de maior complexidade. Ao mesmo tempo, as pessoas estarão ascendendo mais rapidamente em suas carreiras e fechando seus ciclos mais rapidamente. O desafio é criar possibilidades para que as pessoas possam ter bom ritmo de desenvolvimento e uma política de aproveitamento interno.

Para as Organizações Públicas, esse fenômeno traz duas preocupações mais imediatas:

- Os servidores fecharão ciclos mais rapidamente e as organizações devem oferecer oportunidades em outras carreiras. Esse fenômeno é mais uma pressão para o cargo amplo, de modo que o servidor possa ter mais liberdade e mobilidade.
- As pessoas estão fechando seu ciclo de carreira no setor privado ao redor dos 40 anos e o setor público é uma das alternativas para abrir um novo ciclo de carreira. Desde o início do século, temos acompanhado os concursos públicos do Estado de São Paulo e há um crescimento sistemático de pessoas com mais de 40 anos aprovadas. A administração pública necessita se preparar para o ingresso de pessoas maduras profissionalmente e que possam aportar desde o início uma contribuição substancial às suas atribuições e responsabilidades.

11.2.4 VALORIZAÇÃO CRESCENTE DO EQUILÍBRIO ENTRE VIDA E TRABALHO

Nos próximos anos, teremos um crescimento gradativo da carreira subjetiva em detrimento da carreira objetiva (HALL, 2002). Ou seja, cada vez mais as pessoas tomarão decisões sobre suas vidas profissionais a partir de valores, família e compromissos sociais, e cada vez menos a partir de salários e *status* profissional. Temos duas evidências importantes. A primeira vem da experiência vivida por jovens nos Estados Unidos na primeira década dos anos 2000, em que casais decidem buscar empregos menos glamourosos e com menores salários para poder cuidar dos filhos. Nos anos 1990, a mulher tinha sua carreira truncada por conta dos filhos, e os homens, uma carreira linear; agora, cada vez mais, casais buscam se organizar para cuidar dos filhos de forma a preservar a carreira de ambos. Esse movimento, que foi chamado de *"opt out"* (MAINIERO; SULLIVAN, 2006), adquiriu grande proporção na sociedade norte-americana, a ponto de estimular as organizações a apresentarem formas mais flexíveis de organização do trabalho.

O movimento *opt out* ainda não está completamente instalado no Brasil, mas temos evidências de que a geração com terceiro grau, que vem entrando no mercado de trabalho desde 2009, tem esses valores na sua relação com o cônjuge e com os filhos. Essa é a segunda evidência: é provável que essa geração, associada aos movimentos sociais cristalizados nos Estados Unidos e Europa, influencie uma grande transformação cultural em que, cada vez mais, as pessoas subordinem seu projeto profissional ao projeto pessoal e familiar.

Outro aspecto das transformações culturais vem com o surgimento da carreira da família. Para exemplificar, há um grande escritório de advocacia, onde trabalham em conjunto o fundador, o seu filho e o seu neto. Os pais do fundador estão vivos e o neto do fundador tem filhos; temos, portanto, cinco gerações vivendo em conjunto e três trabalhando juntas. O que parece algo pitoresco tende a se tornar cada vez mais comum em nossa sociedade, pois os pais e os avós estarão cada vez mais envolvidos na carreira de seus filhos e netos.

Em nossas pesquisas sobre *As Melhores Empresas para se Trabalhar na Administração Pública*[3], perguntamos aos respondentes o motivo da escolha e permanência na organização. Esperávamos a questão da estabilidade como principal resposta e foi o que aconteceu, porém fomos surpreendidos ao notarmos que a qualidade de vida e a possibilidade de desenvolvimento profissional estavam muito próximas da estabilidade.

---

[3] Guia VOCÊ S/A – As Melhores Empresas para Trabalhar na Administração Pública, pesquisa realizada pela equipe da revista em parceria com a Fundação Instituto de Administração (FIA).

Um ponto forte da administração pública é a possibilidade de criar melhores condições para que os servidores consigam conciliar de forma mais adequada seu trabalho com seus projetos pessoais e familiares. Esse pode ser um grande apelo para atração e retenção de pessoas talentosas para as Organizações Públicas.

11.3 AS NOVAS DEMANDAS: DAS PESSOAS SOBRE O TRABALHO E DO CONTEXTO SOBRE AS ORGANIZAÇÕES

As transformações no ambiente propiciam alterações políticas, culturais, econômicas e sociais, repercutindo em (re)configurações dos fatores institucionais que norteiam e delimitam políticas e práticas de Gestão de Pessoas. Tais transformações geram como consequência dois pacotes de demandas: das pessoas quanto a suas relações com seu trabalho e do próprio contexto sobre as organizações. São os tópicos apresentados a seguir.

11.3.1 DEMANDA DAS PESSOAS NA RELAÇÃO COM SEU TRABALHO

As pressões geradas pelas mudanças tecnológicas, valorização da qualidade de vida e ciclos mais curtos de carreira demandam uma relação com as pessoas em bases mais claras, com coerência e consistência que ofereçam às pessoas maior segurança sobre sua carreira e valorização pela organização. Desse modo, as pessoas poderão refletir sobre o seu futuro dentro e/ou fora da organização apoiadas em aspectos mais concretos dessa relação. As tendências apontam para a necessidade de maior transparência na relação entre organização e pessoas. Essa demanda por transparência fica ainda mais intensa no setor público, quando as relações são mais perenes, devido à baixa rotatividade.

Vale ressaltar que o esforço por transparência não significa oferecer às pessoas informações positivas de sua relação com a organização, isto é, "vender" uma proposta de valor maquiada, enviesada, apenas para aparentar uma boa relação organização-empregado. A transparência consiste em trabalhar o posicionamento da organização frente às situações enfrentadas, comunicando de forma assertiva, ágil e eficaz, seja o mote da informação positivo ou negativo. É preciso também atentar para a manutenção de um processo contínuo de informações, evitando espasmos de comunicação e a brecha para que outras partes interessadas assumam o papel estratégico de interação com os trabalhadores (sindicatos, por exemplo). Somente em uma estratégia contínua de comunicação é que se conseguem trabalhar aspectos positivos e negativos da relação laboral e enfatizar que, a despeito do aspecto, haverá sempre a benesse da transparência.

Em um ambiente mais competitivo, as pessoas terão diferentes ofertas de trabalho com diferentes formas de organização e relações de trabalho. O que fará uma pessoa decidir trabalhar para a organização A ao invés de trabalhar para a organização B? Essas decisões estarão menos atreladas às questões salariais e mais às questões de reconhecimento, oportunidades de desenvolvimento e condições para conciliar diferentes dimensões da vida da pessoa.

Acreditamos que, com os avanços da tecnologia, a atuação das pessoas será medida por seus resultados e não por sua presença física no local de trabalho. Com o crescimento do trabalho a distância, isso ficará mais evidente. As pessoas terão mais mobilidade no mercado de trabalho, podendo, inclusive, desenvolver novas formas de vínculos, como, por exemplo: prestar serviços para diferentes organizações como especialista autônomo ou por meio de uma microempresa, atuar em diversos projetos da organização com dedicações de tempo variadas, representar a organização frente a diferentes clientes ou *stakeholders* etc.

O desafio não é simplesmente comprometer a pessoa com seu trabalho, porque provavelmente ela estará comprometida, mas sim de fidelizar essa pessoa à organização. Ou seja, a pessoa deve preferir trabalhar para a organização A e essa fidelização estará ligada a uma série de pequenas ações que, em seu conjunto, farão a diferença. A construção de uma relação mais efetiva das pessoas com a organização estará nos detalhes. As pessoas estarão mais atentas a aspectos subjetivos da carreira e da proposta de valor que a organização ofertar seus empregados.

11.3.2 DEMANDAS DO CONTEXTO SOBRE AS ORGANIZAÇÕES

Conforme discutimos no Capítulo 1, no momento em que passamos a ter um ambiente mais competitivo em termos globais, as organizações se deram conta que sua sobrevivência se encontra atrelada ao seu contínuo desenvolvimento.

Esse desenvolvimento passa por pressões de um ambiente em contínua transformação. Apesar dos esforços dos profissionais especializados na construção de cenários para o futuro, usando várias técnicas de predição, as organizações se deparam com o inesperado. A velocidade de leitura do ambiente e de resposta da organização são elementos importantes para a sua sobrevivência ou para tirar vantagens das oportunidades.

A preparação das pessoas para fazer frente a essas adversidades se torna um diferencial competitivo fundamental. Nesta parte deste capítulo, vamos discutir algumas tendências que podem impactar na organização do trabalho e no perfil exigido das pessoas.

- **Impactos da globalização**

A partir do começo deste século, com a consolidação da internet, passamos a viver em um mundo com maior velocidade da informação e dados. Esse fenômeno ocorre em função de uma tecnologia que cria facilidade de comunicação a um custo menor. Assistimos a um estreitamento do diálogo entre diferentes culturas a partir da segunda década e a uma tendência de a tecnologia permitir, por meio da tradução simultânea, um diálogo mais fluido entre pessoas com diferentes idiomas.

Assim, a administração pública estará cada vez mais conectada com as experiências em outras localidades e com as demandas da sociedade, e a sociedade terá condições de se articular com maior velocidade em torno de reivindicações comuns.

- **Maior pressão da sociedade a partir dos avanços das tecnologias de informação e de comunicação**

No setor privado se consolidou a percepção da necessidade de criar sistemas para que as decisões em relação a produtos e serviços fossem realizadas o mais próximo possível do consumidor. As experiências das pessoas com produtos e serviços do setor privado devem gerar expectativas em relação a produtos e serviços do setor público. Como consequência, gerarão mais agilidade no atendimento das demandas dos cidadãos.

Ao mesmo tempo em que observamos esse movimento, verificamos a necessidade das informações obtidas na ponta operacional da organização convergirem para um centro de reflexão de modo a se verificarem tendências das demandas da sociedade e tipos de respostas possíveis. Essa velocidade de resposta, sem perder a sensibilidade para o que está acontecendo na relação com a sociedade, tem demandado pessoas com maior visão sistêmica e uma percepção dos resultados de suas ações e decisões.

Os avanços na tecnologia de comunicação e informação permitirão avanços nesse campo, pressionando as organizações na preparação de pessoas capazes de lidar com tecnologia e formas de relacionamento mais sofisticadas. No setor público, vêm-se percebendo de forma cada vez mais intensa canais que dão "voz" aos cidadãos, possibilitando avaliações dos serviços prestados e pleitos por maiores eficiência e eficácia.

- **Organização do trabalho que obtenha o melhor das pessoas e, ao mesmo tempo, ofereça satisfação e bem-estar a elas**

Em um ambiente mais exigente, o nível de preparo das pessoas será um diferencial. Desse modo, questões ligadas a atração e retenção de pessoas em condições de agregar valor para a organização ganham espaço na agenda das organizações.

Um desafio para as organizações é como criar satisfação para as pessoas e, ao mesmo tempo, obter o seu melhor no trabalho que realizam. Observamos que o desafio é uma forma de obter as duas coisas ao mesmo tempo: quando a pessoa se sente desafiada busca o seu melhor para dar respostas e, ao fazê-lo, cresce profissionalmente e como pessoa.

11.4 RESPOSTAS ESPERADAS DA GESTÃO DE PESSOAS

Em nossas pesquisas, percebemos que as organizações valorizadas pelas pessoas como bons lugares para se trabalhar apresentam algumas características que, inclusive, ajudam a organização em um posicionamento futuro mais competitivo na atração e retenção de pessoas. São elas:

Simplicidade dos sistemas de Gestão de Pessoas

Atualmente, a tecnologia e as práticas organizacionais já permitem uma individualização da relação entre a organização e as pessoas. Algumas organizações nos setores de tecnologia de informação, aeronáutico e química fina já trabalham dessa forma desde o início dos anos 2000. O desafio é desenhar um sistema de Gestão de Pessoas que crie uma identidade, ou seja, não importa em que lugar a pessoa esteja, existirá uma abordagem comum e, ao mesmo tempo, flexível para se adaptar às necessidades e expectativas de cada pessoa, considerando sua individualidade.

Esse desafio estará mais presente na agenda das organizações para aprimorar a Gestão de Pessoas. Para ir ao encontro do coração das pessoas, os sistemas de Gestão de Pessoas devem ser simples e intuitivos, ou seja, as pessoas interagem com o sistema de forma natural e encontram respostas para suas expectativas e necessidades.

Responsabilidade ampliada para as questões sociais e ambientais

Observamos através de pesquisas realizadas pelo CEATS (Centro de Empreendedorismo Social e Administração em Terceiro Setor) uma relação entre a identidade das pessoas e suas organizações, quando tais organizações se encontram genuinamente preocupadas com as questões sociais e ambientais. Rosa Maria Fischer (2002) alerta para a necessidade de coerência da organização em ter uma preocupação social, tanto em relação à sociedade na qual se encontra quanto em relação aos seus empregados que fazem parte dessa sociedade. Pudemos constatar que de 2010 a 2015, entre as 150 melhores empresas para se trabalhar, a questão da responsabilidade sócioambiental foi o tópico que recebeu maior investimento.

Ainda que tal responsabilidade seja da natureza das Organizações Públicas, observamos que poucas exploram essa característica para criar maior identidade com os servidores e um propósito para suas atividades. Novamente, há campo para a administração pública melhorar sua proposta de valor.

Atualização tecnológica para interação com as pessoas
Acompanhamos o trabalho em uma grande Organização Pública que atua no setor financeiro e que, ao longo da segunda década dos anos 2000, desenvolveu um sofisticado sistema de informações sobre a Gestão de Pessoas associado a indicadores de resultados e de adequação às leis e normas do setor (*compliance*). Através desse sistema, foi possível estabelecer uma relação direta entre bons indicadores de Gestão de Pessoas com resultados e o *compliance* das agências. A base de dados permitia analisar a efetividade da Gestão de Pessoas, oferecer suporte ao processo sucessório e orientar o desenvolvimento e a gestão de carreira dos servidores.

Observamos que a tecnologia de informação será um grande aliado da maior efetividade da Gestão de Pessoas para a organização e para os servidores, criando condições concretas para melhor conciliação de expectativas.

Construir referenciais para as pessoas em um ambiente volátil e ambíguo
As pessoas se sentem inseguras em um ambiente em constante mudança. Muitas não conseguem acompanhar a dinâmica dos acontecimentos que impactam seu cotidiano. Uma liderança consistente e coerente é fundamental para construir um lastro mínimo de segurança. Soma-se a tal recomendação uma comunicação clara e objetiva entre organização e servidores, contribuindo para maior sensação de segurança. No setor público, essa sensação de volatilidade vem não apenas das constantes mudanças que o mundo enfrenta, mas também da própria dinâmica do modelo democrático, que propicia a troca da alta gestão de quatro em quatro anos e, com ela, a consequente *dança das cadeiras* das funções e cargos comissionados.

Como todas as pesquisas de tendências e todos os nossos trabalhos com cenaristas apontam para um ambiente mais volátil e ambíguo, trabalhar a segurança das pessoas é um desafio importante para a Gestão de Pessoas. Em nossas pesquisas e nas aulas de nossos cursos, conversando com profissionais da área, verificamos que eles se sentem, também, inseguros por lidar com questões abstratas e não tangíveis em suas organizações. Seu desafio pessoal é ampliar seu repertório e base conceitual para orientar os gestores de suas organizações em como gerir pessoas.

Por essa razão, o fio condutor deste livro foi trabalhar parâmetros estáveis de Gestão de Pessoas, ou seja, independentemente do que ocorra, as pessoas serão valorizadas por sua entrega para o contexto e o seu desenvolvimento será mensurado pelo nível da complexidade de suas atribuições e responsabilidades.

Quando o líder ou gestor tem clareza das entregas requeridas das pessoas, passa a ter melhores condições de orientar o trabalho delas. Assim, ao ter a clareza que a pessoa se desenvolve ao lidar com maior complexidade, poderá construir desafios para os membros de sua equipe e consequentemente ajudar as pessoas a perceberem sua evolução.

Construir novos modelos mentais para viabilizar desenvolvimento, valorização e movimentação das pessoas em um contexto com novas referências

Deixamos para o final o desafio mais exigente para o futuro da Gestão de Pessoas: como criar distância crítica sobre sua realidade. Antropólogos sociais como Velho (1981) e Da Matta (1978), influenciados pelas ideias de Lévi-Strauss (1957), afirmavam que para compreender outra cultura necessitamos "estranhar" a nossa. Em outras palavras, ao estranharmos a nossa cultura ou o nosso contexto/trabalho, desenvolvemos um olhar crítico sobre a/o mesma/o, um olhar de estrangeiro. Isso não quer dizer que é preciso haver o esquecimento ou a alienação de nossa cultura ou contexto, e sim a conscientização de que é apenas um dos contextos possíveis. É preciso que estejamos dispostos a enxergar novas realidades e possibilidades de forma humilde e sem limitações, evitando que nossa própria realidade nos deixe míopes para os contextos divergentes.

Em Gestão de Pessoas ocorre o mesmo: caso os profissionais que atuem na área não consigam desenvolver o olhar de estrangeiros, terão dificuldades para uma visão crítica sobre suas práticas. Algumas organizações designaram para a posição de gestor da área de Gestão de Pessoas profissionais de atividades-fim, com o objetivo de criar uma visão crítica.

Como vivemos em um ambiente onde surgem novas referências para o relacionamento entre pessoas e das pessoas com as organizações, as formas tradicionais para pensar desenvolvimento, valorização e movimentação das pessoas não conseguem dar respostas. Os profissionais da área podem assumir duas posturas: remendar o tradicional adaptando-o as novas exigências ou rever as bases conceituais das práticas de Gestão de Pessoas.

Acreditamos que haverá uma pressão crescente para revisão das bases conceituais e os profissionais que tiverem coragem de fazê-lo oferecerão para suas organizações condições objetivas para um diferencial competitivo. O setor público tem a possibilidade de se valer da dinâmica da transitoriedade dos gestores. Ainda que isso traga diversas repercussões negativas, pode-se usar tal condicionante como maneira de estimular um estranhamento cíclico e uma revisão crítica dos modelos e ferramentas utilizados, sem que ocorra a descontinuidade plena, apenas por egos políticos, que infelizmente é o que costumamos observar.

11.5 ESTUDOS EMERGENTES SOBRE A GESTÃO DE PESSOAS

No final da primeira década deste século, houve esforço de um grupo de pesquisadores em enxergar os temas emergentes em Gestão de Pessoas no Brasil e estabelecer um comparativo com pesquisas internacionais. Foram realizadas duas pesquisas (ALBUQUERQUE; FISCHER, 2011): uma consultando os participantes sobre o que havia sido previsto para 2010 e o que de fato havia ocorrido e a segunda, sobre a previsão para 2020. As questões levantadas como grandes desafios para 2020 foram:

- alinhar o desempenho e as competências das pessoas com as estratégias e objetivos organizacionais;
- desenvolvimento das lideranças;
- alinhar as políticas e práticas de Gestão de Pessoas às estratégias e objetivos organizacionais.

Nesse período, foram realizadas pesquisas específicas utilizando a base das Melhores Empresas para Trabalhar e também *workshops* com profissionais de Gestão de Pessoas para discussão de tendências.

Em todos esses trabalhos foram destacadas as seguintes questões:

- Em relação aos desafios, houve grande ênfase no alinhamento da Gestão de Pessoas com os intentos estratégicos da organização.

- Com relação à estrutura da área de Gestão de Pessoas, houve duas ênfases: transformar o gerente em gestor de pessoas e o estímulo à criação de consultores internos para ajudar as lideranças na Gestão de Pessoas.

Barreto, Silva, Fischer, Albuquerque e Amorim (2011) desenvolveram uma pesquisa em artigos sobre tendências na Gestão de Pessoas publicados nas principais revistas sobre o assunto no mundo e no Encontro Nacional de Pós-Graduação e Pesquisa em Administração, principal evento acadêmico brasileiro sobre o tema. Os resultados recaíram em oito temas, conforme mostra o Quadro 11.1.

QUADRO 11.1 – Temas sobre tendências na Gestão de Pessoas

TEMAS	ARTIGOS	%
GESTÃO INTERNACIONAL DE PESSOAS	39	32%
GESTÃO ESTRATÉGICA DE PESSOAS	26	21%
APRENDIZAGEM ORGANIZACIONAL	18	15%
GESTÃO DA DIVERSIDADE	15	12%
MODALIDADES DE TRABALHO FLEXÍVEL	9	7%
RESPONSABILIDADE CORPORATIVA	7	6%
GESTÃO DE TALENTOS	4	3%
GESTÃO DE GERAÇÕES	3	2%
TOTAL	121	100%

Fonte: Barreto et al. (2011).

Podemos perceber que a maior parte dos artigos estão voltados para a gestão internacional de pessoas, seguida da gestão estratégica de pessoas. Mesmo no setor público, são cada vez mais comuns encontros entre gestores públicos não apenas intra (*benchmarking* entre organizações brasileiras), mas também interpaíses, de modo a realizar a troca de experiências e aprendizados compartilhados.

Nos diálogos desenvolvidos com profissionais de Gestão de Pessoas verificamos uma preocupação crescente com o preparo das lideranças para um ambiente de maior pressão e com o processo sucessório estruturado em uma realidade onde o desenho organizacional (organograma) se torna cada vez mais fluido.

Em nossas pesquisas com as lideranças, as preocupações estão centradas na questão da diversidade e nas relações de poder em organizações nas quais as estruturas organizacionais já são matriciais.

A seguir, agrupamos os resultados das pesquisas em função dos temas abordados.

Escolha e desenvolvimento de lideranças para um ambiente volátil e ambíguo

Em nossos levantamentos, encontramos poucas organizações genuinamente preocupadas com a escolha e o desenvolvimento de lideranças para enfrentar os desafios do futuro. Nas organizações com processos sucessórios estruturados, existe uma discussão sobre a estratégia e o futuro da organização quando são indicados os possíveis sucessores; entretanto, mesmo nessas organizações os gestores caem na tentação de indicar pessoas a sua imagem e semelhança. O setor público reforça essa tendência, na figura dos cargos ou funções de confiança.

Determinar o perfil ideal para enfrentar os desafios do futuro; é um exercício difícil de realizar, sendo necessário que a organização ganhe maturidade para não reforçar o *status quo*. Uma recomendação é realizar pesquisa contínua de práticas das organizações que possam ser utilizadas como referência (*benchmarking*).

Observar o que está sendo realizado em outros países pode ser um indício de possíveis cuidados e ações no desenvolvimento de lideranças. Em 2014 e 2015, o PROGEP (Programa de Estudos em Gestão de Pessoas da Fundação Instituto de Administração) realizou programas de estudo em educação corporativa na França e nos Estados Unidos para que os participantes, através de visitas, pudessem perceber tendências e preocupações das organizações nesses países. Esses levantamentos podem ser consultados através da internet ou publicações especializadas.

Processo sucessório sem utilizar como referência o desenho organizacional

Estamos acompanhando algumas experiências em empresas americanas nas quais a base para a construção do processo sucessório não é mais o desenho organizacional, mas um perfil desenhado para os gestores e líderes em posições de maior complexidade. Desse modo, essas organizações definem o perfil da pessoa para ocupar uma posição em nível estratégico na organização e esse perfil é utilizado como base para analisar possíveis sucessores.

O relato das organizações que têm praticado essa abordagem é positivo. Entretanto, tivemos dificuldades de operacionalizar um processo sucessório que não tenha como base o organograma. Essa forma de pensar a sucessão está muito enraizada entre nós, mas é uma questão de tempo, porque, à medida que as organizações se tornarem mais fluidas, não será mais possível o uso do organograma para pensar a sucessão.

Por essa razão, estarmos atentos a novas abordagens para pensar o processo sucessório é fundamental.

Aprimoramento das relações organizacionais em ambientes com uma estrutura de poder mais diluída

As organizações que implantaram estruturas matriciais ou que recebem essa incumbência de suas sedes enfrentam grandes dificuldades de adaptação de seus gestores. Estes têm que se relacionar com mais de um chefe e seus subordinados não são só seus.

Essa realidade exige do gestor uma liderança por influência e não hierárquica. Preparar a liderança para atuar de forma diferente na relação com sua equipe tem sido uma prioridade de nossos estudos. Acompanhamos os trabalhos desenvolvidos pelo CCL (*Center for Creative Leadership*) através dos trabalhos de Velsor, McCauley e Ruderman (2010), nos quais é priorizado o desenvolvimento dos aspectos comportamentais da liderança para desenvolvimento e sustentação de equipes de alta *performance*.

Preparação da cultura organizacional para trabalhar a diversidade e pessoas mais exigentes

Na década de 1980, a academia se voltou para um estudo mais estruturado dos processos de transformação da cultura organizacional e como esse processo poderia ser gerenciado. Transformações culturais que eram eventos raros nas organizações se tornaram comuns e não é raro a organização viver ao mesmo tempo vários processos de transformação.

Apesar de as organizações conviverem com contínuas transformações culturais, elas atuam de forma reativa em relação a tais transformções. As transformações são provocadas por alterações no contexto interno ou externo (PETTIGREW, 2007) e, a partir delas, as organizações encaram as transformações necessárias para dar respostas a essas alterações.

Desde 2010 observamos as pessoas mais exigentes em sua relação com a organização e menos dispostas a tolerar um tratamento desrespeitoso. Lidar com maior exigência e diversidade de pessoas tem sido uma preocupação crescente de nossos estudos sobre cultura, relações de poder e preparação de lideranças.

Distribuição do trabalho entre pessoas e computadores

A chegada dos computadores cognitivos e da inteligência artificial já é uma realidade no Brasil. Acreditamos que nessa fase inicial da absorção da tecnologia não será possível prescindir de profissionais especializados que farão uma simbiose com os equipamentos, chamados por alguns estudiosos de centauros, referência à figura mitológica de um ser metade homem e metade cavalo.

Quais serão as relações possíveis entre os especialistas e os computadores? Como o trabalho passa a ser organizado com a chegada dos computadores cognitivos? Qual será a reação das pessoas a essa nova tecnologia? Quais serão os níveis de resistência a ela? Estas são algumas questões que podem orientar futuros estudos sobre essa temática.

Discussões sobre as fronteiras organizacionais

Há pressão para que as organizações busquem novas formas de colaboração para ganhar competitividade. Le Boulaire e Retour (2008) descrevem uma experiência de diversas organizações de tecnologia francesas que se reuniram para juntar forças e combater a competição internacional. Apesar de serem empresas concorrentes, ao reunir suas competências tornaram-se mais fortes. Não foi um processo fácil, visto que tinham uma história de competição acirrada e estavam em um processo de entregar, uma para a outra, informações críticas sobre seus produtos e processos produtivos. Porém, os profissionais envolvidos nessa transição estavam comprometidos com a construção de algo maior, que transcendia as fronteiras de suas organizações. Experiências colaborativas como a descrita por Le Boulaire e Retour (2008) são e serão cada vez mais frequentes.

Acompanhamos algumas experiências onde profissionais experientes e bem formados de secretarias da fazenda foram demandados a assumirem posições estratégicas em outras secretarias em função de seu conhecimento sistêmico sobre as estruturas do governo estadual e domínio dos aspectos financeiros e orçamentários. Já no sistema federal de energia elétrica, foram estabelecidas práticas de movimentação dos profissionais entre as empresas para desenvolvimento do sistema como um todo.

A colaboração entre organizações torna suas fronteiras mais fluídas e pode criar oportunidades inusitadas para as pessoas. Em que medida as parcerias e colaboração entre organizações pode criar novas alternativas de desenvolvimento e carreira para as pessoas? Nesses casos, como se definem os compromissos e lealdades das pessoas com suas organizações? São questões que estarão nas pautas dos gestores, privados e públicos.

CONSIDERAÇÕES FINAIS

O propósito das reflexões apresentadas neste capítulo não se encerra em apontar desafios. É importante pensar que o mais importante, no contexto atual da Gestão de Pessoas do setor público, é que esses desafios se convertam em oportunidades, tanto para as pessoas quanto para as organizações (VELOSO, 2012). A preparação para o futuro exige dois investimentos simultâneos. Um na modernização do sistema de Gestão de Pessoas e outro no estímulo e suporte ao desenvolvimento das pessoas a partir delas próprias. Para que tais investimentos ocorram no setor público, teremos que:

- Abandonar a ideia simplista e fatalista de que no setor público as coisas não funcionarão tão bem, que há amarras e forças contra as quais não vale lutar. Isso é uma meia verdade e pode gerar uma anestesia perigosa nos gestores. Ainda que existam fatores normativos limitadores, há espaço para transformações e atuações mais eficientes.
- Ter em mente a continuidade das ações, mesmo nessa dinâmica de se "estar gestor" e na dinâmica democrática de troca da gestão política de tempos em tempos. Propiciar que o núcleo técnico não se perca, que haja gestão do conhecimento e perenidade na aplicação de práticas, promovendo ações de Estado (duradoras e gradativamente evolutivas).
- Buscar continuamente o desenvolvimento do gestor, potencializar suas competências gerenciais, passando pela conscientização de que tal responsabilidade advém muito mais do autodesenvolvimento do que de uma obrigatoriedade da organização.
- Entender que cada contexto é único e não cair na sedução da "*best practice*". Ainda que seja salutar a realização de *benchmarking*, não se deve cair no erro de querer aplicar ferramentas ou soluções sem analisar as diferenças que possam haver entre as realidades. Um estudo de caso não nos trará respostas prontas, mas dará insumos para a reflexão de nossa realidade.
- Preparar-se para a adoção gradativa de gestão meritocrática, suavizando ou mesmo eliminando tradicionais práticas que até então se encontravam enraizadas na burocracia brasileira, como, por exemplo, a

ênfase nos critérios de antiguidade e escolaridade para movimentação na carreira.
- Atentar que, nos processos de mudança (implantação de ferramentas e metodologias) no setor público, é preciso observar as distintas partes interessadas (alto escalão, gestores públicos, especialistas técnicos de Gestão de Pessoas, servidores, sindicatos e sociedade), envolvendo-os nos momentos oportunos, adquirindo a legitimidade para a implantação da mudança. É preciso entender que a manutenção do novo *status quo* sugerido dependerá dos interesses desses atores em conviver com a nova ferramenta/metodologia. Portanto, é fundamental planejar, envolver-se na construção e comunicar adequadamente.

Em suma, como a questão do desenvolvimento é a força motriz para a evolução das pessoas e das organizações, a estimulação mútua nesse sentido será o alicerce para uma relação sinérgica entre servidores, organizações e cidadãos, possibilitando que se suportem as adversidades futuras e provendo, assim, o próprio desenvolvimento do país.

BIBLIOGRAFIA DO CAPÍTULO

ALBUQUERQUE, L. G.; FISCHER, A. L. Delphi 2010. São Paulo: PROGEP-FIA, relatório interno, 2011. Disponível em: <www.fia.com.br/progep>.

BARRETO, L. M. T. S.; SILVA M. P.; FISCHER, A. L.; ALBUQUERQUE, L. G.; AMORIM, W. A. C. Temas emergentes em gestão de pessoas: uma análise da produção acadêmica. *Revista de Administração de Santa Maria*, v. 4, n. 1, p. 215-232, 2011.

BRASIL. IBGE. Censo Demográfico. 2010. Disponível em: <https://censo2010.ibge.gov.br/>.

DA MATTA, R. *Carnavais, malandros e heróis*. Rio de Janeiro: Zahar, 1978.

FISCHER, R. M. *O desafio da colaboração*: práticas de responsabilidade social entre empresas e terceiro setor. São Paulo: Gente, 2002.

HALL, D. T. *Careers in and out of organizations*. London: Sage, 2002.

LE BOULAIRE, M.; RETOUR, D. Gestion des compétences, stratégie et performance de l'entreprise: quel est le rôle de la fonction RH? *Entreprise & Personnel*, Paris, jan 2008.

LÉVI-STRAUSS, C. *Tristes trópicos*. São Paulo: Anhembi, 1957.

MAINIERO, L. A.; SULLIVAN, S. E. *The opt-out revolt*: why people are leaving companies to create kaleidoscope careers. London: Nicholas Brealey, 2006.

PETTIGREW, A. A cultura das organizações é administrável? In: FLEURY, M. T. L.; FISCHER, R. M. (Org.). *Cultura e poder nas organizações*. 2. ed. São Paulo: Atlas, 2007.

VELHO, G. *Individualismo e cultura*. Rio de Janeiro: Zahar, 1981.

VELOSO, E. F. R. *Carreiras sem fronteiras e transição profissional no Brasil*: desafios e oportunidades para pessoas e organizações. São Paulo: Atlas, 2012.

VELSOR, E. V.; MCCAULEY, C. D.; RUDERMAN, M. N. *Handbook of leadership development*. San Francisco: Jossey-Bass, 2010.

WABER, B. People Analytics: How Social Sensing Technology Will Transform Business and What It Tells Us about the Future of Work. FT Press, 2013.

Pré-impressão, impressão e acabamento

GRÁFICA SANTUÁRIO

grafica@editorasantuario.com.br
www.graficasantuario.com.br
Aparecida-SP

2019